橫走波瀾

劉備傳

李柏◆著

你知道在歷史上劉備從來不以「劉皇叔」自居嗎？

若是這樣，劉備成就大業最重要的資產又是什麼呢？

劉備是個傳奇人物，他出身於中國東北，而成就於西南，

他流浪過大半個中國，與當代三分之二的大人物有過近距離的交遊，

他親身參與了漢末至三國的三大戰役；他屢戰屢敗，

但無論敵人如何佈下天羅地網，他總是能全身而退。

目錄

橫走波瀾劉備傳　出版序

我將這本作品定位為「歷史普及」作品，簡稱「史普」作品，與「科普」作品相對。與小說屬於虛構的創作不同，這本作品講的是絕對正經、有史料可稽的真實歷史，只是用現代普羅大眾所能接受的語言和邏輯講出來而已。

之所以會寫這篇史普作品主要是受了《明朝那些事兒》的影響，當初我出版《滅蜀記》時，大地出版社送了我前四集的《明朝》，社長提到《明朝》頗受歡迎，問我有沒有興趣朝這方向寫。我當時還沒讀過書，因此也沒有太多回應。

回家後我花了一個星期將《明朝》的前四本看完，之後又陸續自己補齊了剩下三本，深深為這套作品所著迷。這部作品之所以成功，不僅是作者俏皮的語言與說故事方法，更重要的是作者對史料既深且廣的掌握能力，使得許多原本無關的細節在故事中相互串連，創造出更合理而生動的歷史。看完《明朝》後，我便想，如果連明朝中後期的歷史都能寫得那麼有趣，那寫三國應該更是有趣翻了（無意冒犯，但個人覺得，明朝那些寫八股文出身的儒生靠嘴炮內鬥實在缺少靈魂和熱血）。

本作品的另一個寫作重點，就是企圖以更客觀的角度來描述三國歷史。撇除正經八百的歷史研究，通俗的三國作品很容易落入「忠、奸、強、弱」的英雄主義迷思中，幾個主要人物（特別是三大角色：曹操、關羽、諸葛亮）的道德善惡、能力高低一直是爭論焦點，彷彿全天下就是這幾位大人物大筆或大刀一揮所決定的。

事實上，我相信一千八百年前的人類社會和今日並無不同，一個政治人物的成就與否，存在著許多大環境的結構性因素，即便討論個人主觀能力，也絕非高低強弱所能一語概括。當我們在評價一個歷史決策時，不應只看最終成敗結果，而是應更廣泛地觀察決策者在決策時的主客觀環境，探討該決策理性或不理性的基礎，留意該決策執行過程中發生的變數，最後才能評價這是一個正確或錯誤的決策。我的認知是，在政治決策上沒有所謂的天才，派系、情報、階級、壓力、紀律這些一點都不浪漫的東西，成就我們心目中浪漫的英雄。

以劉備這個命運曲折、形象還不甚刻板的人物為主角，或許能給我們一個良好的視點，看看那些埋藏在英雄傳說之後的東西。

整篇作品創作期間約兩年，這期間我結束國外的學業，回國開始工作，雖然我盡可能希望維持每天寫作，但工作的忙碌還是往往令人力不從心，寫作進度不斷延宕，更可怕的是有時候難得一個週末推掉所有約會，都窩在家中寫作，但兩天下來卻只寫了兩頁，結果周一得抱著疲倦的大腦和很差的心情去上班，感覺更差。雖然之前寫過一些東西，但這還是第一次在工作同時產生的作品，雖然不能說字字血淚，但也死了不少細胞就是了。

在這邊要特別感謝大地出版社願意出版本篇作品。另外要特別感謝本篇作品在網路連載期間，各位網友給予的鼓勵與指教，我在後續修改中也納入了許多網友的指正意見，由於人數眾多，在此不方便一一列名致謝。

本作或可作為筆者讀三國史十年的一個小結，這是個美妙的世界，希望各位能分享到我的喜悅，也能從中獲得一些知性的樂趣。

李柏　台北　二〇一二・五・十三

前言

之前我在網路上發表過一篇《江夏戰神黃祖傳》，許多人或許會對於黃祖的敗戰後逃脫能力感到驚嘆，不過若和本篇主角比起來，那恐怕還是小巫見大巫，我們這位主角堪稱是三國時代的胡迪尼，帝王版的 Catch Me If You Can，不管戰事再怎麼慘，敵人再怎麼佈下天羅地網，抓不到就是抓不到。

相信大家都很熟悉，這位脫逃天王就是蜀漢帝國的開創者，劉備劉玄德。

當然，我會特別寫劉備這一個大家不算陌生的人物，並不是著眼於他的敗績；劉備是個傳奇，他出身於東北，而成就於西南，他流浪過大半個中國，與當代三分之二的大人物有過近距離的交遊，也親身參與了漢末至三國的三大戰役，以這樣傳奇的人生，我們也就不難理解為何戲曲與小說家們會那麼喜歡將劉備當作故事主軸了。

不過小說中的劉備只是「主軸」，並不是「主角」，他只是充當一個「載具」的角色，帶領讀者進入各個故事橋段，本身性格並非重點；相對地，他還得擔負起一個配角的責任，映襯其他主要角色的個性，包括諸葛亮的智、關羽的勇與曹操的詐，也因此劉備在小說上的形象，說白了就是一個呆呆的、弱弱的老好人。

這幾年很多人都企圖為三國人物的小說形象翻案，而曹操倒是擺脫演義中的形象，成為大眾的最愛，網路書店上「曹操」兩字可以到近百本相關作品，劉備就寥寥七、八部，也沒有人會用劉備的名字寫歌。當然，曹操是三國中的「真強者」，他的智謀、用兵與才華都無庸置疑，成為新一代的三國偶象那是必然的，不過就我的觀點，劉備還是一個最有趣、最值得發揮的人物，撇開傳統的「忠／奸」、「英雄／梟雄」二分法，這位傳奇皇帝究竟應該是個怎麼樣的人？他究竟是怎麼在亂世狹縫中搞出那麼多的名堂？他的逃脫術又是怎麼練成的？我參照後漢書與三國志的相關記載，加上自己的歷史解讀與想像，企圖為這位傳奇人物的一生做一個比較完整描述。

當然，不例外也要先寫個 disclaimer，我是一個小說家，不是歷史學家，我寫的東西都是史實，但不可避免加入我的主觀解讀和一些比較誇大的戲劇效果，還有一些是我自己的想像畫面，我都有加以註明。為行文順暢，我便不特別引注史實出處，大致上不出後漢書、三國志以及其注釋所引的文獻；時序上大部分參考資治通鑑，但部分通鑑排序不合理者，我會自行調整；地理上則以譚其驤教授編纂的中國歷史地圖集為主。在故事中，有很多記載在定年或是真實性上有所爭議或衝突，我主要是依照個人說故事方便而加以裁剪，但保證沒有做刻意的虛構或扭曲，若有任何謬誤，還請不吝指正。

劉備年表

西元紀元	中國紀元	中國大事	劉備大事
一六一年	延熹四年		劉備出生
一六八年	建寧元年	劉宏即位為漢靈帝。	
一七五年	熹平四年		從涿郡大儒盧植學習，同年盧植被徵為九江太守。
一八四年	光和七年 中平元年	1.二月，黃巾之亂起。 2.曹操任騎督尉，討潁川黃巾。孫堅為中郎將朱儁的佐軍司馬，討伐汝、潁黃巾。 3.七月，巴郡張脩興起「五斗米教」之亂。 4.十一月，黃巾之亂平定。西涼北宮伯玉、邊章、韓遂之亂起，以左車騎將軍皇甫嵩、中郎將董卓率軍鎮壓。	首度從軍，率部眾從鄒靖討伐黃巾。
一八五年	中平二年	1.西涼亂事擴大，八月，皇甫嵩被撤換，以張溫為車騎將軍接替，陶謙、孫堅為張溫隨軍參謀；董卓升為破虜將軍。	

一八七年	中平四年	1.幽州張純、張舉之亂。 2.夏天，馬騰叛漢，加入韓遂等西涼亂軍行列。 3.十月，孫堅改任長沙太守，平定區星之亂，封烏程侯。 4.十一月，曹操父親曹嵩為太尉。	1.受平原劉子平推薦，從青州從事討伐張純，戰敗詐死逃脫。 2.以軍功封安喜縣尉。
一八八年	中平五年	1.八月，漢中央設「西園八校尉」，曹操為典軍校尉。 2.九月，公孫瓚為騎督尉，討伐張純、張舉之亂。 3.十月，青徐黃巾又起。陶謙為徐州刺史，討伐黃巾。 4.漢朝中央設置「州牧」一職，劉焉為益州牧，派任益州。	毆打督郵，棄官逃跑。
一八九年	中平六年 光喜元年 昭寧元年 永漢元年	1.劉虞為幽州牧，張純、張舉之亂平定。 2.四月十一日，漢靈帝劉宏駕崩，劉辯即位，何太后攝政，何進為大將軍。 3.何進召董卓、丁原率軍隊進逼洛陽，製造誅殺宦官的壓力。	1.至京師洛陽。 2.隨毌丘毅至丹陽募兵，至下邳遇黃巾，力戰有功，任下密丞。

		4. 八月二十五日，洛陽政變，何進被宦官所殺，袁紹、袁術等發兵殺盡宦官，劉辯出逃。 5. 八月二十八日，董卓擁劉辯回洛陽皇宮，任司空，掌權。 6. 丁原的司馬呂布叛變，殺丁原，投靠董卓。 7. 九月一日，董卓廢少帝劉辯，改立劉協，是為漢獻帝，三日，毒殺何太后。十一月，董卓晉升相國。袁紹、曹操等都逃離洛陽。	
一九〇年	初平元年	1. 正月，十三路方鎮討董卓聯盟，袁紹為盟主。 2. 二月十七日，獻帝西遷長安，董卓火燒洛陽皇城。 3. 孫堅殺荊州刺史王叡，東漢中央以劉表接替。 4. 滎陽之戰，曹操慘敗。	棄官，加入關東聯軍討伐董卓。

一九一年	初平二年	1.孫堅進軍洛陽，董卓西撤，四月，董卓入長安。 2.袁紹任冀州牧，曹操為東郡太守。 3.青州黃巾西遷。十一月，公孫瓚於冀州東光大破黃巾三十萬。公孫瓚進軍磐河，向袁紹宣戰。 4.劉焉命張魯、張脩進軍漢中。益州內發生任歧、賈龍之亂，劉焉討平。	改任高唐尉，受到黃巾西遷逼迫，敗走投奔公孫瓚，受任為別部司馬。
一九二年	初平三年	1.襄陽之戰，孫堅陣亡。 2.界橋之戰，袁紹大破公孫瓚。 3.巨馬水之戰，公孫瓚反大破袁紹軍。 4.四月，王允、呂布合謀殺董卓。 5.四月，曹操任兗州刺史。同年大破黃巾，建立青州兵。 6.六月，李傕、郭汜攻陷長安，王允死，呂布逃亡。 7.馬騰與李傕等合作，進軍郿縣。	隨公孫瓚所任命的青州刺史田楷進軍青州，先任平原令，後升為平原相。
一九三年	初平四年	1.龍湊之戰，袁紹破公孫瓚。 2.封丘之戰，曹操大破袁術。	屯兵於高唐，為袁紹、曹操所破，向東撤至齊國，與田楷合兵。

		3. 秋，曹操東征徐州。 4. 十月，公孫瓚擊殺劉虞。	
一九四年	興平元年	1. 曹操軍糧耗盡，撤出徐州。 2. 三月，長平觀之戰，馬騰、韓遂與李傕、郭汜翻臉開戰，馬韓一方戰敗。劉焉的長子與次子被殺。 3. 夏天，曹操再攻徐州。 4. 陳宮、張邈迎呂布入主兗州，曹操撤出徐州。 5. 陶謙病逝，由劉備領徐州。 6. 孫策進軍江東。 7. 益州牧劉焉逝世，趙韙等擁劉璋接任。	1. 發兵救徐州，受陶謙表為豫州刺史，駐小沛。 2. 夏天，與曹豹合兵於郯縣，但被曹操所擊敗。 3. 受讓徐州，領徐州牧。
一九五年	興平二年	1. 李傕、郭汜長安混戰。 2. 定陶、東緡之戰，曹操擊敗呂布，奪回兗州。呂布逃亡徐州。 3. 七月，獻帝離開長安，開始東歸。 4. 鮑丘之戰，袁紹擊破公孫瓚。	收容呂布，使呂布駐兵於下邳西側。
一九六年	建安元年	1. 七月，獻帝抵達洛陽。 2. 袁術、孫策決裂。	1. 夏天，袁術進犯下邳。劉備與之戰於淮陰之間，不分勝負。

		3. 八月，曹操奉迎獻帝到許都。十月，曹操為司空行車騎將軍。 4. 劉表同意張繡入駐宛城。	2. 曹操將鎮東將軍一位讓給劉備，並封劉備為宜城亭侯。 3. 呂布偷襲下邳，曹豹與張飛衝突被殺，下邳丹陽兵反，迎呂布入城。 4. 劉備軍潰散，逃亡海西。後投降呂布，回駐小沛。 5. 袁術派紀靈攻小沛的劉備，呂布相救，袁術撤退。 6. 呂布主動進攻小沛，劉備被擊敗，投奔曹操。曹操提供兵力，正式任劉備為豫州牧，使他回駐小沛。
一九七年	建安二年	1. 春，袁術稱天子。 2. 正月，曹操討伐張繡，張繡投降又反，曹操兵敗。 3. 三月，袁紹為大將軍，都督四州軍事。 4. 呂布與袁術決裂，命陳登出使許都，與曹操結盟。下邳之戰，呂布大破袁術。 5. 袁術殺陳王劉寵。九月，陳國之戰，曹操破袁術軍。	楊奉、韓暹企圖離開徐州，與呂布衝突，於是和劉備結盟。劉備於小沛陰殺楊奉，韓暹之後被人所截殺。

		6.十一月，曹操再攻張繡，下舞陰。	1.九月，呂布、劉備再起衝突。高順、張遼擊敗夏侯惇援軍，攻陷小沛，劉備逃走，妻子兒女被俘。
一九八年	建安三年	1.三月，曹操再度攻擊張繡穰城。 2.九月，呂布再度與袁術結盟。 3.十月，曹操屠彭城，挺進下邳，圍城。 4.十二月二十四日，侯成等叛呂布降曹，呂布投降，絞殺於白門樓。 5.長沙太守張羨聯合零陵、桂陽二郡，連結曹操，反劉表。	2.隨曹操進軍徐州，圍下邳。關羽求妻事件。 3.呂布死後，劉備隨曹操返回許都，表為左將軍，關羽、張飛為中郎將，麋竺原為偏將軍、嬴郡太守，麋芳為彭城相。
一九九年	建安四年	1.三月，袁紹擊破易京，殺公孫瓚、田楷。 2.四月，射犬之役，曹仁斬眭固。 3.董承任車騎將軍。 4.六月，袁術病死江亭。 5.八月，曹操進軍黎陽，命臧霸入青州，于禁屯河上，九月還許都，十二月進軍官渡。 6.十一月，張繡向曹操歸降。 7.孫策破劉勳，十二月，沙羨之役，孫策大破黃祖。	1.劉備在許都三到四個月，發生：種菜事件、落著事件、許都田獵、衣帶詔事件。 2.約是四到五月，劉備督朱靈出兵徐州，攔截袁術，袁術死，劉備自留徐州。 3.約是六到七月，劉備殺徐州刺史車冑，背叛曹操。命關羽留下邳，自率軍屯小沛。東海昌豨歸於劉備。

			4.劉備擊破曹操所派的王忠、劉岱，並與袁紹連結。
二〇〇年	建安五年	1.正月，衣帶詔事件曝光，董承等夷三族。 2.二月，袁紹進軍黎陽，四月，白馬之戰，關羽殺顏良。 3.十月，官渡之戰。 4.孫策遭暗殺死，弟孫權繼承江東，殺李術，囚孫輔。 5.張羨病死，劉表一統荊州。 6.張魯背叛劉璋，割據漢中。 7.益州趙韙起兵攻劉璋。	1.正月，曹操親征劉備，大破之，妻子被俘；曹操又破下邳，擒關羽。關羽降，拜為偏將軍。 2.劉備北投袁紹。 3.四月，關羽殺顏良，封漢壽亭侯，後逃歸劉備。 4.趙雲來歸。 5.約是七、八月，劉備入汝南，糾合劉辟等黃巾，被曹仁所破。 6.劉備再入汝南糾合龔都等，擊斬蔡楊。
二〇一年	建安六年	1.四月，倉亭之戰，曹操破袁紹，九月返回許都。 2.益州牧劉璋平趙韙之亂。	九月到十月，曹操親率兵擊敗汝南的劉備，劉備往襄陽投靠劉表，駐新野。
二〇二年	建安七年	1.五月，袁紹病逝，袁尚、袁譚分裂。 2.曹操命孫權將兒子送到洛陽當人質，孫權拒絕。	

二〇三年	建安八年	1. 三月，黎陽之戰，曹操擊敗袁譚與袁尚。四月，曹操進鄴城。約六月，二袁內鬥，袁譚敗，逃平原，向曹操求救。 2. 八月，曹操計畫南征劉表，駐西平。 3. 十月，曹操改變心意，北上進軍黎陽。 4. 孫權一伐黃祖。	1. 約五月，劉備進軍葉縣，退軍後在博望擊敗夏侯惇。 2. 約年底，劉備改駐樊城，陸續發生「髀肉之嘆」與「躍馬檀溪」等事件。
二〇四年	建安九年	1. 八月，曹操攻克鄴城。 2. 并州刺史高幹向曹操投降。 3. 十二月，曹操進入平原，袁譚撤守南皮。 4. 遼東太守公孫度逝世，兒子公孫康繼任。	
二〇五年	建安十年	1. 正月，曹操攻陷南皮，斬袁譚。 2. 四月，黑山首領張燕向曹操投降。 3. 焦觸、張南等叛袁熙，向曹操投降。袁熙、袁尚逃往遼西烏桓。 4. 十月，高幹背叛曹操。	
二〇六年	建安十一年	三月，曹操攻下壺關，斬高幹。	

二〇七年	建安十二年	1.四月，曹操遠征遼西，八月，柳城之役，曹操大破烏桓，袁熙、袁尚逃到遼東，要求保護，反被公孫康所殺。 2.孫權二伐江夏。	1.劉備勸劉表趁曹操遠征柳城時出兵北伐，劉表拒絕。 2.三顧茅廬，諸葛亮出山。 3.劉禪出生。
二〇八年	建安十三年	1.春天，孫權三伐江夏，殺黃祖，佔鄂縣。 2.六月，曹操廢三公，自為丞相。 3.七月，曹操發兵南征荊州，八月，劉表病逝，九月，曹操到新野，劉琮投降。 4.十二月，赤壁之戰。 5.十二月，孫權攻合肥。 6.十二月，周瑜進攻江陵。	1.曹操南征，劉琮投降，九月到十月間，劉備從樊城南撤，在當陽追擊中大敗，改向東方逃亡。接受魯肅邀請進駐樊口。 2.十二月，與周瑜會師後西進，在赤壁擊破曹操。
二〇九年	建安十四年	1.江陵攻防戰持續，周瑜為南郡太守。 2.七月，曹操建立譙沛水軍，出肥水；張遼等掃蕩廬江軍閥。 3.十二月，曹操返回譙縣。 4.十二月，曹仁撤出江陵。周瑜任南郡太守，進駐江陵。	1.劉備表劉琦為荊州刺史，南征荊南四郡，以諸葛亮為軍師中郎將，統管內政。 2.劉備、關羽執行「絕北道」戰略。 3.劉琦病逝，劉備被推為荊州牧。 4.廬江軍閥雷緒率數萬人向劉備投降。

			5.劉備於南郡油江口築城，取名公安。
二一○年	建安十五年	1.周瑜病逝，魯肅為奮武校尉、漢昌太守。魯肅建議借荊州給劉備。 2.十二月，曹操發表《讓縣自明本志令》。 3.孫權任步騭為交州刺史，殺蒼梧太守吳巨，統領交州。	1.約是下半年，劉備、孫權京口之會。劉備為荊州牧，孫權為徐州牧、車騎將軍。 2.孫權嫁妹。 3.周瑜死後，「借荊州」安排成型，劉備正式領有南郡。 4.龐統投效劉備。 5.劉璋派法正拜會劉備。 6.劉備、孫權之間爆發征蜀糾紛。
二一一年	建安十六年	1.年初，并州商曜之亂，夏侯淵、徐晃討平。 2.三月，曹操向張魯宣戰。關中十部造反。 3.孫權遷都秣陵，改名建業。 4.七月，曹操親征關中，八月下潼關，九月大破馬超、韓遂，十二月班師，由夏侯淵為征西將軍，留守長安。	1.年中，劉備應劉璋之邀入蜀，於涪城大會百日，約是九到十月，劉備北上進駐葭萌。

二一二年	建安十七年	1.五月，曹操誅馬騰三族。 2.夏侯淵平定梁興等關中勢力。 3.馬超再起兵，襲捲隴右，包圍冀城。 4.十月，曹操發兵討伐孫權。	1.孫夫人回江東，諸葛亮、趙雲截江奪阿斗。 2.年底，劉備藉口救援孫權，提議東撤；張松陰謀洩露被處死，劉備、劉璋正式翻臉。劉備進軍涪城。
二一三年	建安十八年	1.正月，曹操抵濡須口，孫曹對峙。 2.四月，曹操班師，返回鄴城。五月，曹操為魏公。 3.八月，馬超陷冀城，斬涼州刺史韋康。九月，楊阜、姜敘等設計奪回涼州，馬超投奔張魯。	1.劉備下涪城、綿竹，包圍雒城。 2.諸葛亮、張飛、趙雲率軍入蜀增援。 3.張飛攻克江州，擒嚴顏。 4.蜀將扶禁、向存攻葭萌，霍峻堅守。
二一四年	建安十九年	1.七月，曹操再攻孫權。 2.十月，夏侯淵平定枹罕的宋建，虎步關右。 3.十一月，曹操殺伏皇后家百餘人。	1.龐統在雒城戰死。 2.雁橋之戰，劉備斬張任。 3.夏天，劉備下雒城，進圍成都。諸葛亮各軍到成都會師。 4.馬超降劉備。 5.年底，劉璋投降，被送往公安。

二一五年	建安二十年	1.三月，曹操攻張魯，至陳倉，張郃、朱靈攻武都，破氐人，五月屠河池，西涼小軍閥斬韓遂獻降。 2.年初，孫權遣呂蒙進攻荊州，連下長沙、桂陽、零陵三郡。 3.七月，曹操進抵陽安關，張魯退入巴中。 4.八月，孫權大舉包圍合肥。逍遙津之戰，張遼名震江東。 5.九月，巴郡板循朴胡、杜濩投降曹操。十一月，張魯投降曹操，被封為鎮南將軍。 6.年底張郃進軍三巴推進，被張飛所破。 7.十二月，曹操「得隴望蜀」之嘆，班師回鄴，留都護將軍夏侯淵守南鄭。	1.年初，孫劉荊州爭議爆發，劉備率軍回到荊州，最後雙方締結湘水之盟，中分荊州。 2.黃權做出「漢中——三巴——蜀」的立論，劉備同意；十一月，劉備派黃權進攻巴郡，擊破板循族，斬杜濩、朴胡。 3.年底，張飛於巴西宕渠瓦口擊破張郃。
二一六年	建安二十一年	1.五月，曹操為魏王，殺崔琰、逐毛玠。 2.十月，曹操再征孫權。	
二一七年	建安二十二年	1.華北大瘟疫。 2.正月，曹操到居巢，二月開戰，三月撤退。孫權獻降，孫曹同盟。	1.法正建議劉備進軍漢中，劉備同意。

		3.魯肅逝世，呂蒙接掌漢昌太守的位置。 4.許都金禕、耿紀、吉平等密謀奪取皇帝，聯合關羽。	2.下半年，劉備出兵北伐，張飛、馬超、吳蘭、雷銅進軍武都，屯下辨，與都護將軍曹洪、騎都尉曹休對抗。
二一八年	建安二十三年	1.正月，許都發生金禕之亂，被弭平。 2.曹洪破張飛，守住武都。 3.四月，曹彰破代郡、上谷烏丸。 4.七月，曹操西征。九月到長安，停駐不動。 5.十月，宛城侯音叛變。 6.年初，劉備親率大軍到陽平關，與夏侯淵、張郃對抗。	7.年初，曹洪破吳蘭，斬任夔、雷銅，吳蘭為陰平氐所殺。三月，馬超、張飛撤退。 8.陳式攻馬鳴道，被徐晃擊敗。 9.劉備攻廣石，被張郃擊敗。諸葛亮從成都支援後備部隊。
二一九年	建安二十四年	1.正月，曹仁破侯音，屠宛城。 2.正月，定軍山之役，夏侯淵戰死。 3.三月，曹操到漢中。 4.五月，曹操放棄漢中，遷移武都五萬餘村。 5.夏天，孫權再攻合肥。 6.九月，鄴城魏諷之亂。	1.正月，定軍山之役，劉備渡漢水，夏侯淵來攻，大敗，被黃忠所斬。 2.三月，曹操到漢中，與劉備軍對峙。 3.三～四月，黃忠劫糧失敗，被曹軍追趕，趙雲用空營計取勝。

	二二〇年
	建安二十五年 漢延康元年 魏黃初元年
7. 河南的陸渾縣發生孫狼之亂，與關羽連結。曹操考慮遷都。 8. 十月，孫權再向曹操稱臣，曹操領軍到洛陽，徐晃出兵襄樊。 9. 十二月，呂蒙病逝。 10. 十二月，曹操表孫權為驃騎將軍、荊州牧、南昌侯。 11. 劉璋病逝。	1. 正月二十三日，曹操病逝。 2. 三月，東漢王朝改年號延康。 3. 十月，曹丕篡漢，改元黃初。十二月，遷都洛陽。
4. 約五、六月，命宜都太守孟達北上攻破房陵，斬太守蒯祺；又由劉封順漢水東下，攻上庸，太守申儀獻降。 5. 七月，劉備為漢中王，以魏延為漢中太守。 6. 夏天，關羽攻襄樊。八月，關羽水淹七軍，降于禁、斬龐德，圍樊城、襄陽。 7. 閏十月，徐晃破關羽。 8. 閏十月，呂蒙、陸遜攻荊州，士仁、糜芳降，十一月，陸遜取宜都，孫權到江陵。關羽撤退至麥城。 9. 十二月，關羽走臨沮，被擒斬首。	1. 年中，孟達投降曹丕。 2. 年底，夏侯尚、徐晃進攻東三郡，申耽申儀兄弟叛劉，劉封戰敗逃回成都，被迫自殺。 3. 法正與黃忠逝世。

二二一年	魏黃初二年 蜀章武元年	1.四月，孫權遷都鄂縣，改名武昌，八月，築武昌城。 2.八月，孫權向曹丕稱降，遣送于禁等北返，先後派遣浩周、趙咨、沈珩等外交官前往洛陽。 3.十一月，曹丕封孫權為吳王，加九錫。 4.曹魏涼州發生胡人亂事。	1.四月六日，劉備稱帝，諸葛亮任丞相，張飛為車騎將軍，馬超為驃騎將軍，吳懿為關中都督。 2.約六、七月，劉備東征，張飛被謀殺。 3.約夏秋，巫縣大捷，蜀將吳班、馮習破吳將李異、劉阿於巫縣，蜀漢大軍進駐秭歸。
二二二年	魏黃初三年 蜀章武二年 吳黃武元年	1.九月，魏吳決裂，孫權建年號黃武，曹丕三路伐吳。	1.正月，吳將宋謙破蜀軍五營。 2.正月，劉備到秭歸，蜀軍大舉進軍，水軍到夷陵，二月，劉備親率陸軍推至夷道猇亭，黃權軍到夷陵，馬良至武陵號召五谿蠻。 3.閏六月，猇亭之戰，劉備慘敗，退入魚腹，改名為永安。 4.八月，收兵，再進巫縣。 5.十月，孫權求和。 6.十二月，漢嘉太守黃元反。 7.十二月，蜀漢特使宗瑋前往武昌，東吳特使鄭泉訪問白帝，吳蜀和解。

二二三年	魏黃初四年 蜀章武三年 建興元年 吳黃武二年	1.三月，魏吳戰爭結束，曹丕撤軍，返回洛陽。	1.三月，諸葛亮從成都到永安。 2.三月，黃元亂平。 3.四月二十五日，劉備崩於永安宮，五月還葬成都。謚號昭烈帝。 4.劉禪即位，改年號建興。諸葛亮封武侯，開府治事。 5.牂牁太守朱褒、益州郡大族雍闓、越巂夷王高定等紛紛起兵叛變。

第一章

邊城浪子

第一章　邊城浪子（161～192年，劉備0～31歲）

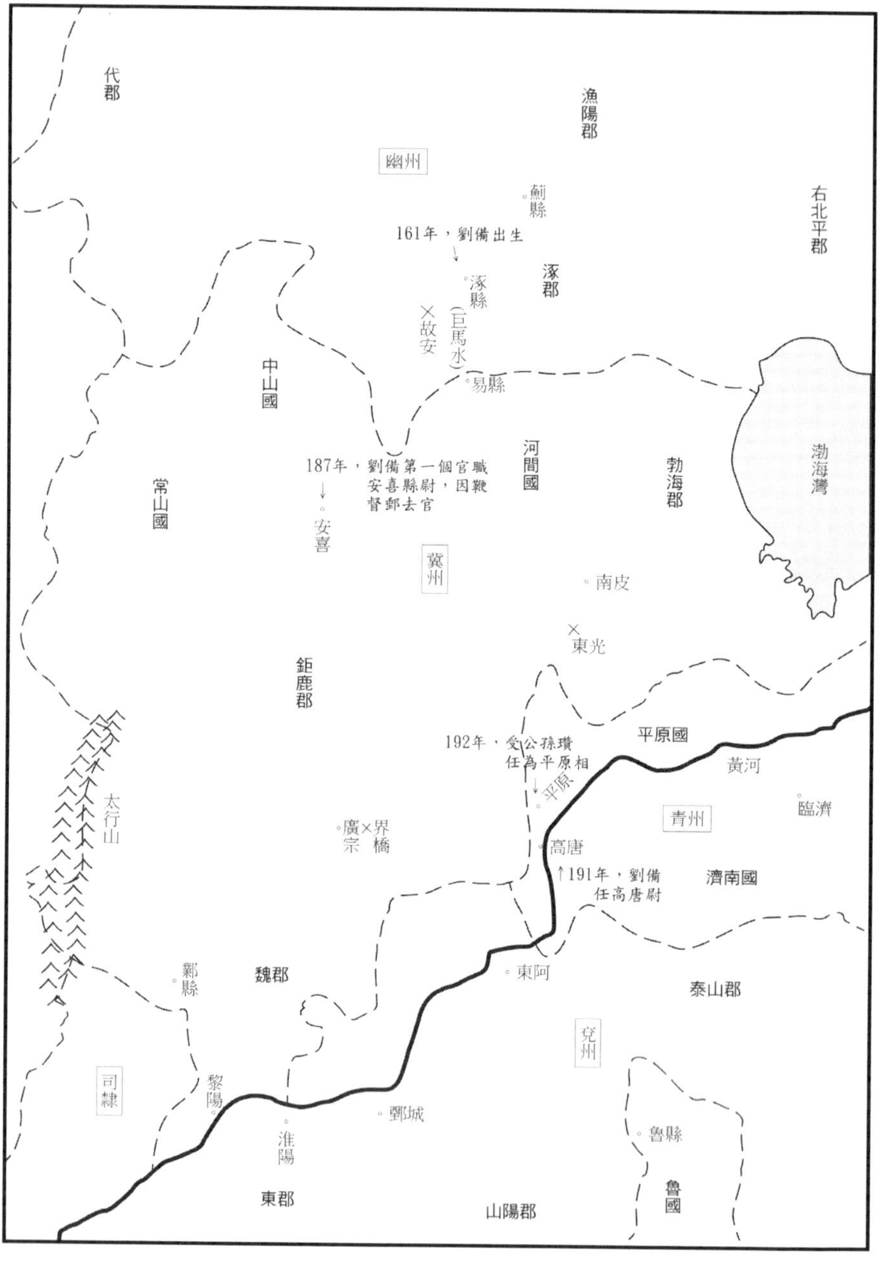

身世、背景與形象

劉備，字玄德，生於東漢桓帝延熹四年，西元一六一年，幽州涿郡涿縣人，是西漢景帝之子、中山靖王劉勝之後，劉勝的兒子劉貞被封為涿縣陸城亭侯，因此也有了涿縣劉氏這一族，但這位陸城亭侯劉貞沒多久就被漢武帝奪去了爵位，降為平民，換言之，早在劉備出生前二百八十年，他的祖先就已被踢出皇室階級，傳到東漢末年要說還有什麼皇家餘蔭，恐怕很難了。

不過瘦死的駱駝還是比馬大，中山國劉氏固然至東漢已非皇族，但還是當地大姓，這都要拜這位中山靖王所賜。劉勝是個模範貴族，他沒有野心，不問政事，白天就是喝酒作樂，晚上就是為繁衍而努力，據說他的小孩有一百二十個，全都封為中山一帶的侯爵，這大概可以破世界紀錄，因此中山劉氏人口興旺，枝葉繁盛，身為分支的涿縣劉氏自然也小不到哪裡去，即便非屬貴族，還是有資源將成員送入中上階級。劉備的祖父劉雄便舉過孝廉，當過東郡范縣縣令，他老爸劉弘也擔任過州郡官職，他應該還有一個叔父劉敬，是否也是當官的就不甚清楚。因此劉備雖然是貧寒出身，還是有一定的家族背景，也才有本錢去盧植門下當學生，並因此認識了他事業的第一個貴人公孫瓚。

劉備的外貌史書上有記載，他身高七尺五寸，大約是一七五公分上下，在古代也算是高大體面；他最有名的特徵就是手長耳大，手垂下來在膝蓋以下，自己可以看見自己的耳朵，這種外型實在有點難想像，應是政治上故意的誇大宣傳，為方便起見，我大概會想像成印地安那溜馬隊的Reggie Miller，稍微再誇張一些就是①。

劉備的外表還有一個特色就是他沒有鬍鬚，至少中年以後沒有，有可能是因為長年奔波導致掉鬚，也有可能就是那種天生不大長鬍子的人，這在那個男子以長鬚為美的年代並不是件好事，劉備對此事頗耿耿於懷，以致於後來惹出了一條人命。

關於劉備的個性，我想大概只有兩個字：神秘。讀完三國史料，我們會發現以一個記載詳細的領導者來說，劉備很少說話，就算有也很少是「肺腑」之言，他雖然很喜歡跟屬下一起睡覺，但卻很少看到像孫權那樣與屬下說些五四三的記載，他也不像曹操會寫些詩文表明心跡，因此究竟劉備真實上是一個怎麼樣的人，我只能說是一個謎。我想，至少，他不是一個外向的人，或許還有一些悶騷，年輕時還帶些外放的面向，中年之後就越來越深沉內斂，史書上記載他「少語言，喜怒不形於色」，應該是一個基本的描述，這使得他與曹操的慷慨豪邁，或是早期孫權的親切可愛有些區別了。

最後是劉備的公眾形象，我們在此先做一個簡單的結論，基本上，劉備是個軍人，他習慣於軍營中金戈鐵馬交雜的聲響，或是幾千名男人數十天不洗澡的那種酸臭味；相對而言，他對政務管理

①關於劉備特殊的外型，有人認為他是屬於馬凡氏症候群（Marfan syndrome）的患者，這是一種罕見遺傳疾病，患者的外型特徵就是身材瘦高，手腳不成比例地修長，伴隨有心血管的問題。事實上，在戰亂時代，高大的身材是領袖的優勢之一，魏晉南北朝時代，「手長過膝」可不是劉備的專利，許多當代梟雄都有同樣的特徵，包括司馬炎（西晉開國皇帝）、劉曜（消滅西晉將領，前趙皇帝）、苻堅（前秦皇帝，淝水之戰的侵略方）、慕容垂（後燕開國皇帝）、陳霸先（南朝陳開國皇帝）、宇文泰（北周開國皇帝）等。

的能力十分薄弱，對於繁雜的公文案牘感到沒輒，這使得他很長一段時間只能在「梟雄」與「流寇」之間遊走。

但劉備也有他的長處。首先是他會做人，從歷史記載來看，劉備的親和力十足，很容易就和別人成為勾肩搭背的好友。我相信這種親和力和所謂的「交際手腕」不同，那是一種天生令人親近的氣質，因此下至平民百姓，上至貴族公卿，都對劉備相當友好，這在劉備長期的流浪生涯中，起了很關鍵的作用。

當然光憑做人是達不到劉備的高度的，他有一個很重要的特色，不是什麼「仁德」或「英雄之氣」，而是他的出身。和當代大部分的方鎮相比，劉備的出身極為低微，他雖有受過儒家的經學教育，但程度不高，這使得他（與他的夥伴）一直保有很強的草根性。這種特性是劉備的資產也是負債，造就了他前半生的浮沉，但也成為他不死的保命符。在他後半生的事業裡，他開始了解了自己的長處與弱點，結合適當的助手，彼此彌補了能力的不足，才真正開創了他的事業。

綜上所述，我們可以想像劉備是一個高大、內斂、剛毅、帶點土味的軍人，善於出外廝殺，但看到數字或法律條文會頭痛。我比較會把他想成香港電影古惑仔中洪興的第一代老大蔣天生（任達華飾），不是那種講話大聲、豪邁充滿霸氣的角色，但也不會是看起來憨厚老實的中年大叔就是了。

以下就讓我們進入這位昭烈皇帝傳奇性的一生。

邊城少年

劉備生於幽州涿郡涿縣，大概在今天北京南邊一點的地方，這地方已是大漢帝國的邊疆，混雜著大量的烏桓移民，再往北就是鮮卑人的牧地。劉備的老爸劉弘雖然是州郡官吏，但大概職位不高，又早死，留下小劉備和他母親過著清寒的生活，必須靠家庭手工業織草鞋、草席為生；劉備大概從小就幫著媽媽幹活，因此養成隨手愛亂編織東西的習慣，到他中年後都還改不掉。

不過劉家再怎樣也是大族，因此雖然家境不好，劉備從小還是有讀書，劉媽媽也很重視孩子的教育，十五歲時就把劉備送去當代大儒盧植門下當學生。

漢朝自從漢武帝獨尊儒術後，經學講學的風氣便十分盛行，東漢時最高學府是洛陽的太學，各地方有也有政府設置的郡國學，除此之外，還有許多私人講學，若是名師開課，數千名學生也屬尋常。

盧植就是當時名師之一，他同樣是涿郡涿縣人，為當代大儒馬融的弟子、鄭玄的同門，兼學今文經與古文經，十分有名望。他學成之後就回到家鄉開班授課，劉氏為當地大族，當然搶著將子弟送來上課。當時劉備十五歲，還是愛玩叛逆的年紀，被媽媽硬拖著來給盧大師磕頭，大概也是千百個不願意。和他一起來上課的還有一位同宗的劉德然同學，劉德然的父親劉元起看劉備家境不好，就常常資助他，劉元起的老婆看不過去，就說了一句現在八點檔很常用的台詞：「明明就是不同家，各自過各自的，你這樣經常給人家錢，成什麼樣子？」劉元起則回了一句只有在三國時才會用的台詞：「咱們族內出了這孩子，不是平常人物啊！」

我們是不清楚劉元起從哪一點看出劉備的「不平常」，不過若是他發現劉備把他好心資助的學費，拿去搞些不三不四的課外活動，大概會氣得把「不平常」三個字吞下去。劉備對那些老派經學不怎麼感興趣，常常翹課搞些賽狗、跑馬、音樂賞析之類的活動，又喜歡穿漂亮的衣服，一副就是痞子德性。盧植老師恐怕根本不認識這個學生，而劉備的運氣也不錯，因為還沒過個一年，盧植就給朝廷徵任為九江太守，到遙遠的淮南去平亂去了；大師父不在，劉備當然就更大玩特玩，還搞起幫派來了。

話說回來，一般要成大事者，通常都不會是學校中的好學生，東漢時尤其如此。後來幾個漢末的大人物，曹操、袁紹等年輕時也是浮華無度，喜歡飛鷹走狗，也因此後來曹操遇到劉備時會當他是麻吉，大概就是找到共通的話題，聊聊哪匹馬比較帥、哪頭狗比較會贏錢之類的。只是人家曹操和袁紹是在首都洛陽搞花樣，劉備是在邊地涿郡，一邊是貴公子，另一邊就是花痞子了。

然而對劉備來說，在盧植門下求學的日子倒不是只有玩樂而已，在學校中雖然書沒念多少，劉備倒是認識了一個相當重要的人物，那就是公孫瓚。公孫瓚，字伯珪，來自於比涿郡更為偏遠的遼西郡，他的家世很好，是郡守級的家族，但因為母親出身微賤，連帶影響他的身分，使他只當了一個州郡小吏。但公孫瓚本身就是個出色的人物，他長得好看，聲音洪亮，記憶力強，反應又快，郡守相當欣賞他，將女兒嫁給他，使他身價快速上升，也有機會來盧植這邊留學鍍金。劉備這小子第一次見著這樣一個出色的大哥哥，深深為之著迷，公孫瓚也滿喜歡這個悶騷搞怪的小弟弟，兩人便走得很近；不久之後公孫瓚就回遼西當官去了，不過兩人這段時間非比尋常的關係，卻成為之後劉備出道的重要基礎。

幾年之後，劉備慢慢長大，按理說他不愛讀書也該找個正經差事做，他的家族人脈廣，在地方上不怕失業。不過劉備卻選擇了一個不算正經、但以某種角度看起來還滿不錯的工作，香港話叫「扛霸子」，台灣話叫「角頭」，日本話叫「組長」。

當時劉備大哥的樣子逐漸出來了，他長得夠高大、夠特別，雖然不愛講話，但懂得做人，喜歡和一些小流氓——史書上用比較好聽的用語：「豪俠」——來往，以他的背景和個人魅力，一下子就吸引涿郡附近的少年爭相投靠。這在當時也不算什麼太特別的事，尤其時值亂世，盜賊紛起，在政府功能不彰的情況下，組成幫會自衛是很正常的社會現象，許多三國名人名將均是這種幫會首腦出身，如曹魏名將曹仁、許褚等，相比起來，劉備的結社規模恐怕還比較小。在劉備這時所招募的草莽中，留下名字的有三個人：關羽、張飛、耿雍。

張飛和耿雍都是涿郡本地人，依之後的發展來看，張飛應該是幫會一等一的打手，耿雍則是個個性古怪、反映敏捷的鬼靈精，是個師爺的角色，他因為名字的發音常被人家以為是姓簡，後來就將錯就錯改成簡雍了（「耿」和「簡」用閩南語唸起來的確是很接近的，簡雍的外號八成也是「簡仔」）。關羽則是來自并州河東郡，因為犯法所以千里迢迢亡命來涿郡，也被吸收成為「玄德會」的打手之一。這三人家世背景都不詳，估計不是什麼好人家出身，但日後都是劉備成功的重要礎石。簡雍姑且不論，關羽和張飛的本事倒不是小說家蓋出來的，這兩人在還沒成名之前，就已經是受到當代大人物們所肯定的「萬人敵」。因此我們也只能說劉備的傳奇真的是風雲際會，誰會想到在一個偏遠地方一插旗，竟會招來當世名將，而且還一招就是兩個。

於此同時，經常於涿郡販馬的中山國商人張世平、蘇雙等，看到劉備又是「見而異之」，於是就主動出錢贊助幫會活動。當然「見而異之」這種事在漢末真的太多了，久了也就不奇怪，不過理論上來說，在邊地賣馬的商人本來就是遊走在黑白兩道之間，碰到一個新興的年輕人幫派，出點錢買一些關係，本來也是應該的。

就這樣，在有打手又有金主的支持下，「玄德會」逐漸壯大，有事幹架，沒事玩樂，日子過得逍遙自在。不過劉備並不是那麼單純的人物，他並不打算一輩子當個地痞流氓，他小時候曾想過當皇帝，但現在……二十來歲的他開始思考，要怎麼用這股力量，為自己創造更進一步的未來？

光和六年，西元一八四年，機會來了。

英雄不是那麼好當的

光和六年，西元一八四年，黃巾之亂爆發。

這是東漢帝國崩潰的第一個引爆點。鉅鹿人張角以符水治病等道術為號召，十餘年間吸引信徒達數十萬，他有組織地將各地信徒分為三十六方，每方置渠帥一名負責指揮，同時由高級使徒馬元義進入洛陽，負責組織首都的信眾，馬元義甚至滲透進皇宮，取得皇帝身旁宦官的合作。張角於是定下革命行動計畫，所有信眾以黃巾為幟，行動時間為光和六年三月初六，行動代號：「甲子」。

這大概是中國史上規模最廣、計畫最詳細、組織最嚴密的革命行動，若是按計畫實行，馬元義應可在第一時間率兵闖入禁宮，宰殺那個只會要錢的狗皇帝，切斷漢帝國的中樞神經，其餘各地黃巾軍將同時起事，攻佔城市要塞，阻截官軍的聯絡，只要幾天的時間，漢帝國就會陷入癱瘓，就算之後還能醒過來，天下也已經易主姓張了。

不過這嚴密的計畫卻敗在一個叫唐周的「抓扒仔」②身上，他在行動日之前一個月，向洛陽中央告密，漢政府馬上下令逮捕馬元義，車裂處死，同時搜捕洛陽皇宮內外的太平道信徒，處死千餘人，並下令通緝張角。張角只得倉促下令起事，一時之間，數十萬黃巾黨徒在全國各地揭竿起義，襲擊公署，攻殺官員，十三州中有八州陷入亂事，京師震動。死愛錢的漢靈帝這下也知道事態嚴重，他一面下令調動軍隊捍衛洛陽，同時派出朝廷中幾位最能打仗的將領：盧植、朱儁、皇甫嵩，負責圍勦冀州與潁川一帶的黃巾。

劉備所在的涿郡算是黃巾亂事較少的地方，不過當他聽到郡政府要派兵前往南方協助平亂時，他便了解，扭轉未來的時候到了。他大概向「玄德會」的弟兄們發表了一串如「大丈夫當帶三尺之劍立不世之功」之類的演說，就拉著弟兄們前往政府投軍，父母官見這群原本令人頭痛的孩子願意挺身而出都感到欣慰，也著實嘉勉了他們一番，便將他們納入校尉鄒靖的編制之下。沒幾日，這群未來的英雄們便踏上了他們第一次的征途。

史書上並沒有詳細記載劉備和黃巾作戰的過程，甚至連他在哪裡作戰都沒記明，當然也不會有關、張斬程遠志、鄧茂的橋段。依之後的發展，劉備可能去了東面的青州，最後征戰於青州與冀州交界處的平原國。雖然是初次上陣，但或許之前鬥毆的經驗給了劉備和他的弟兄們很好的基礎，使他們在戰場上頗立功勞，也開始打出了一些名號。

②台語中「告密者」的意思。

張角在起事後不久就病逝，這對於信眾們是一個很大的信仰打擊，也因此最初聲勢浩大的亂事僅歷經九個月就被漢政府給弭平。戰事之後劉備仍留在青州境內等待封賞，不過或許是漢政府還忙著處理其他地方的亂事（當時巴郡有張脩，西涼有邊章、韓遂，河北還有一票新興的黑山賊），因此封賞的詔令一直沒下來，劉備一等就是兩年。就在他有點不耐煩的時候，他的老家涿郡一帶，卻爆發了新的亂事。

中平四年，西元一八七年，張純、張舉之亂爆發。

張純和張舉都是退休的高級官員，張純不滿漢政府不讓他統率烏桓騎兵前往西涼平亂，索性便自己造反，他說服張舉與幾名烏桓大人共同興兵，張舉稱天子，他自稱彌天將軍、安定王，聚眾十餘萬，以遼西郡的肥如為大本營，兵勢漫捲幽、冀、青等州。

當時漢政府對西涼的亂事正焦頭爛額，於是便將幽州亂事交給中郎將孟益、騎督尉公孫瓚處理，同時下詔給東方各州郡，派兵前往幽州協助平亂。青州官方也收到朝廷的指令，由一名沒留下名字的「從事」帶兵前往，這時劉備在青州平原國一帶已小有知名度，一個名叫劉子平的平原人便向那位從事大人推薦劉備參戰；劉備大概之前打黃巾打得很順手，又想到可以回家，因此毫不猶豫便加入了青州部隊，向幽州進發。

小提一下，這位平原劉子平先生的名字讀者可以記一下，或許不是很重要，但可能很有趣。

若是劉備想著將張純、張舉當黃巾來打，他顯然是打錯算盤。張純等都曾是二千石官員，作戰行政經驗豐富，烏桓騎兵更非黃巾的農民軍可相比擬。劉備所屬的青州部隊剛進入幽州，便在野外遇著敵軍，交戰結果青州部隊大敗，那位領軍的從事大概還沒來得及說出名字就光榮殉國了，留下孱弱的士兵任烏桓鐵騎踐踏，就在全軍覆沒之際，受傷的劉備做了一件、以英雄角度來說實在不怎麼光彩的事。

裝死。

（想像畫面：張飛：「大哥！大哥！你怎麼了？」劉備（睜開一隻眼）：「噓……快趴下來跟我一起做。」張飛：「大哥……」）

不過不管是英雄狗雄，能活下來的才是好雄，劉備還未出道就深明此道，他靠著裝死逃過一劫，也在他的逃脫史上記下了第一筆，從今之後，他還有很多機會施展這項特殊能力。

大戰之後，劉備領著殘兵敗將退回青州，此時朝廷對他征討黃巾的論功行賞剛好下來，劉備於是取得了生涯中第一個正式官職：安喜縣尉。

安喜縣屬於中山國，大概在今天河北省保定市一帶，比涿郡稍南，但相距不遠。縣尉則是個說大不大，說小不小的官，主管一縣治安、征討盜賊之事，對於二十六歲的劉備來說，應已是個不錯的職務。他底下的弟兄們想來也相當興奮，便簇擁著大哥，到了安喜縣衙報到領了官印，換上正式的袍服，正經地幹起官差，懲奸除盜，力保太平。

不過天有不測風雲，劉備和一眾兄弟們保國為民的熱忱，很快就要被澆上一盆冰水。

怒鞭督郵

話說東漢末年民亂頻生，東漢政府每平定一場動亂，便生出一票像劉備這樣等著邀功領賞的人，大量封官的結果導致政府財政入不敷出，發不出薪俸，在別無他法的情況下，東漢政府只好做一件大家都不是很喜歡的事情：裁員。

劉備當時上任還不到一年，這一天正在辦公，突然一名弟兄跑進來，說縣內傳舍來了一個大官，劉備忙問是誰，那弟兄搔了搔腦袋，說：「好像是姓督名郵。」

這「督郵」並不是人名，而是東漢郡國下一個職官名稱，由郡守委派，主要工作是巡視各縣縣政，懲治不法，小郡可能設一個督郵，大郡則會設所謂的五部督郵；這職位可以說是一郡之內文官的第二把交椅，尤其是巡視期間就是郡守的化身，對縣級官員有極高的權力。

劉備之前就知道裁員的傳聞，這時聽到督郵來了，心下更覺不妙，早不來晚不來偏偏這時候來，這不是要罷我的官是什麼？他越想越不對勁，索性換上正式的深衣、綬帶，就要去傳舍探個究竟。

這邊稍微解釋一下，所謂「綬帶」是中國古帶官員披在衣服外的一條錦帶，屬於正式官服的一部分，不同階級官員的綬帶有不同顏色與款式，在東漢公侯將軍者背紫綬，太守二千石者是背青綬，如劉備這種縣尉二百石的小官就是背黃綬，大概和今天軍中背值星帶的感覺差不多。

劉備猜得沒錯，這位督郵就是要來傳達劉備罷官的指令，這會兒他在傳舍中聽著劉備求見，馬上表示身體不適、不見客。其實督郵這麼做也不見得是要擺什麼架子，他既然與劉備有職務上的利害關係，這時見面也只會多惹尷尬，因此為避嫌，不見倒是個合理之舉。

但這下可惹起了劉備的大哥脾氣。好嘛，這不見我就是真要罷我官了？知不知道我這縣尉也是死過一次才換來的，這要我怎麼回去跟弟兄們交代？橫豎官是做不成了，要走也要走個痛快，看我怎麼對付你這狗官！想著想著劉備就走回自己的衙門，手一招，大聲說：「兄弟們，抄傢伙。」然後就領著一票人馬回到傳舍，也不通報就踹開傳舍大門，直入正廳。這時督郵正坐在胡床上批公文，見劉備帶一群人闖進來，不禁勃然大怒，罵道：「他媽的你們這是造反了，擅闖傳舍，全給我拿下！」說著便命令自己的隨從上前抓人。只是這些隨從又怎麼會是關羽、張飛這種「萬人敵」等級流氓的對手，三兩下就被打趴在地上。劉備踏上胡床，彎下腰看著直發抖的督郵，緩緩地說：「督郵兄，在下奉府君的密令，特來收你，勿怪勿怪啊……綁起來！」

眾兄弟們二話不說，上前就將督郵來個五花大綁，然後一行人便騎馬出城，一直來到縣境旁一座樹林，劉備拎著督郵走到一棵大樹下，解下自己身上的綬帶，將督郵的頸子和樹幹綁在一起，然後拿起皮鞭和木棍就是一陣亂打，直把那督郵打得皮開肉綻，哀聲連連，劉備打了一陣，又要了刀子，看是要殺人，那督郵趕緊求饒道：「劉壯士，我也只是公事公辦，你看我上有八十老母，下有妻小，就高抬貴手，饒我一命吧！」

好在劉備流氓是流氓，多少還有些自制力，他打了一陣氣也消了大半，見督郵求得可憐，於是將刀子收起來，取出自己的官印往督郵頸子上一掛，拍拍他的臉頰，說：「你自己多保重！」說罷便上了馬，與眾兄弟揚長而去。

以上便是「鞭督郵」的歷史記載，當然我有些加油添醋，不過大致過程並無差池。說來這位督郵也是真可憐，他原是公事公辦，依理迴避，誰知道遇到劉備這流氓，竟差點掉了條命。他不但沒有留下名字，過了一千五百年，在小說中還被寫成是個貪贓枉法之徒，被張飛打了一頓伸張正義，人之不幸莫過於此吧。

卻說劉備他們奔離了安喜縣好一陣才停下來，但這下的問題是：要往哪裡去？這打督郵雖然是很爽，但可不是小罪，不是說罰個錢做個工可以了事，多半還要切去身上的哪個部位才行。眼下中山國是待不下去了，回涿郡似乎也冒險了一點，又還有什麼地方可以去呢？這時突然有人提議：去洛陽。「洛陽有很多大人物，憑我們的本事，一定可以在那混出的名堂；洛陽還有很多富人，不做官做部曲也活得下去；洛陽還有很多女人……」

有女人那還說什麼，於是乎，劉備一等人便離了安喜，向南方的首都洛陽朝聖去。

坎坷仕途

其實根據歷史記載，劉備離開安喜之後究竟去了哪些地方並不是那麼清楚，我試著將幾個相衝突的史料結合在一起，拼湊成以下的故事。

劉備到洛陽時約末是中平五年到六年之間，西元一八八年到一八九年，當時為漢靈帝統治的最後一年，洛陽城銅駝街上仍是磨肩擦踵、人潮如織，但高牆深院的皇宮裡頭，權力鬥爭卻已如滿張之弓，蓄勢待發。皇后的兄長大將軍何進，與宦官集團「十常侍」保持著東漢百年來外戚與宦官鬥爭的優良傳統，誓要將對方置於死地。中平六年年初，漢靈帝駕崩，太子劉辯即位，何皇后變成何太后，何進也成了國舅，他幾次想要殺盡宦官，但都被自己的妹妹給擋了下來，於是他決定採取比較強硬的做法：徵召駐外的軍隊如西涼董卓、并州丁原等進逼洛陽，以軍事壓力逼何太后妥協。同時何進為增強本身實力，也派了許多將官外出徵募士兵，例如王匡、鮑信前往青徐二州徵兵，張遼去河北，還有一位毌丘毅則被派去丹陽。

我們不知道劉備一行人是如何與何進拉上關係的，不過既然何進要招兵買馬，對外地來的民兵勢力自然歡迎，於是劉備便成為何進集團的的成員（當然是等級極低的成員），並加入毌丘毅丹陽募兵團的行列。

不過這趟募兵之旅並不平靜。一八四年底黃巾之亂平定之後，黃巾黨徒仍四處割據，至一八八年底，青州與徐州更是爆發大規模的動亂，數十萬黃巾軍造成東方州郡十分嚴重的威脅。毌丘毅、劉備一行人向東來到徐州下邳時，正好遇上黃巾部隊攻擊，劉備與黃巾也算老朋友了，當下率領自己的兄弟們參與了戰事，並立下功勞，官軍將領們倒也不是全無良心，便錄下劉備戰功，上報朝廷，有何進力挺，這回派令來得便快許多，劉備被任命為下密丞。

這任職雖然看起來是一種嘉獎，不過實質上是好是壞其實很難說，下密縣位於青州北海國內，大概在今天山東濰坊、也就是山東北側靠渤海的地區，在這個時候，這一帶正是青徐黃巾勢力最盛的地區，官員非死即逃，因此劉備被丟到這地方，也不知道是朝廷有意藉助他的實力對付黃巾，或是純粹就是一個「屎缺」，派給這沒啥背景的小朋友。「縣丞」一職則類似副縣長的位置，比起之前的縣尉可能稍稍大上一點，但也沒差多少。

不過劉備在下邳作戰的收穫倒不見得只是一官半職，他可能透過這個機會先後認識了兩個大人物，先認識的是陶謙，後認識的是孔融。

先說陶謙。陶謙是揚州丹陽人，個性狂傲，年輕時多任文官，到老來開始轉任武職，曾隨皇甫嵩、張溫等共同討伐西涼的邊章、韓遂之亂，並頗立有戰功，一八八年青徐黃巾再起，朝廷遂命陶謙為徐州刺史，負責平亂，當劉備在下邳一帶與黃巾力戰時，或有可能恰巧與前來平亂的陶謙有數面之緣，此下陶謙也已是五十來歲的老將，見著年輕武勇的劉備，留下頗深刻的印象，也為日後的「讓徐州」一節埋下伏筆。

至於孔融，他之後因得罪董卓，被外放到青州為北海國相，有機會成為下密丞劉備的頂頭上司，這層關係可能是之後劉備救北海的遠因。

就在劉備力戰黃巾、任下密丞時，洛陽發生了驚天動地的變局。十常侍不按規矩走，私下殺了何進，結果招來袁紹、袁術等軍官的報復，他們率領禁軍入宮殺盡宦官，幾名宦官頭頭挾持皇帝、太后逃出洛陽後，最後因走頭無路而自殺，留下小皇帝劉辯落入西涼統兵將領董卓的手裡。董卓一手把持皇帝，一手掌握全國最精銳的西涼兵團，很快就成為洛陽城中的獨裁者，控制了整個朝廷。

董卓是一個構造簡單的武夫，他一方面很有心搞些政通人和的樣子，一方面又無法克制炫耀權力的慾望，導致了他矛盾的施政。他為求和諧，大量任用反對派份子為地方軍鎮，如袁紹的渤海太守、韓馥的冀州牧、劉岱的兗州刺史等，但同時他又做了一堆會成為這些反對派攻擊把柄的事，例如放縱士兵姦淫擄掠、廢皇帝劉辯改立陳留王劉協為帝（即之後的漢獻帝）、以及毒殺何太后等。結果便是，這些受董卓大恩的反對派們，紛紛罵他是國賊，並以恩公派任的資源起兵勤王，形成初平元年，西元一八九年，正月的十三路關東方鎮討董聯盟。

這十三路方鎮當然不包括劉備這個小角色，不過劉備是否有參加這次的倒董戰役倒是有待釐清。《三國志》劉備本傳並無記載，但王粲所寫的《英雄記》則清楚記載劉備有「起軍從討董卓」。這有兩種可能，第一是劉備加入了由當時青州刺史焦和所率領的青州部隊，這位姓焦的刺史不顧州內黃巾為患，硬要出兵洛陽，導致青州黃巾一發不可收拾，而他本身也太鳥，連列在十三方鎮內的資格都沒有；另一種可能是，劉備根本就放棄下密丞的位置，以民兵身分響應討董，他或許考量當下密丞這種鳥官一輩子也沒啥前途，而參加討董聯軍反而較有機會擴展人脈、展示才能，因此便帶著人馬直接往洛陽去，或許這也能解釋為何劉備從下密丞「去官」的原因。

不過不管以何種形式參與討董，都只能證明劉備當時和一眾方鎮大員比起來，只是一個小朋友而已，至於演義上的幾個精彩橋段，經過多年宣傳，大家應該比較知道華雄是被孫堅軍所殺，自然沒有「溫酒斬華雄」這段，至於「三英戰呂布」，不能說完全沒這個可能，但可能性很低，至少不會是在虎牢，董卓軍和關東軍並沒有在虎牢開戰的記載。

董卓見關東軍勢大，深怕有什麼閃失，於是便在二月時將皇帝遷往西都長安，並燒毀洛陽宮殿，他自己則繼續留在東線與關東軍對峙，一直到次年四月為孫堅所逼，才西撤入長安。劉備等人在關東聯軍中跑了多久的龍套不清楚，只知道過了不久，他又收到的新的任職命令，這次是青州平原國的高唐縣，位置還是縣尉，至於命令是長安的朝廷所下，或是關東聯軍的酬庸則不明。

劉備接到這新職務時一定是滿肚子髒話。老子我繞了大半個中原，還是把我丟回青州去，還是幹一個半大不小的縣尉，現在回青州去還能幹嘛？還不就是一黃巾、二黃巾、三還是黃巾！然而不爽歸不爽，劉備也看出待在關東軍中搞不出什麼名堂，只好摸摸鼻子，帶著自己的兄弟們回青州上任了。

劉備任高唐縣尉沒幹多久就升職為縣令，成為一縣之長，不過這倒不見得是好事，多半是前任縣令壯烈殉國或孬種潛逃留下來的缺。劉備大概也沒啥心情慶祝，因為他的好朋友黃巾們馬上便為他送上了一份大禮。

卻說青州在諸位長官「寬大」的治理之下（青州刺史焦和北海相孔融為代表），成為黃巾的天堂，累積人數達百萬人之多，經過兩年發展，他們決定走出青州，與河北的黑山軍會合。於是初平二年，西元一九一年，三十萬青州黃巾由東向西，往冀州與兗州移動，而劉備所在的高唐，很幸運的，就落在他們的移動路線上。

劉備雖然之前打黃巾打得還算順手，但面對三十萬之眾也是無能為力了，他盡力與黃巾之眾打了一戰，結果大敗，只好施展他人生中第二次的逃脫術，從高唐往西逃，進入蒼茫的河北平原。此時他後有黃巾大隊，前方則是陷入軍閥混戰的冀州，三十歲的劉備，應是對人生充滿了惶惑與不安，感嘆天下雖大，卻不知何處有他立足之地。

然而天無絕人之路，一道熟悉的身影乘著馬出現在劉備面前。劉備不禁回想起過去的種種，那是十五年前的事了，當年他們都還年輕，一切是那麼新鮮，那麼有趣，而如今，兩人卻已各自歷經滄桑。

那是那個令他懷念的大哥哥，公孫瓚。

踏上方鎮之路

公孫瓚自盧植那兒畢業後便返回故鄉遼西郡擔任上計掾，負責向中央呈報地方事務，之後又轉任遼東屬國長史。他有勇力，善騎兵與矛術，很快就轉為武職，在一八七年張純、張舉之亂中擔任官軍前鋒，並於石門一戰大破敵軍，升職為降虜校尉，封都亭侯，兼遼東屬國長史③，統領邊境軍事。公孫瓚於是建立起自己的私軍，選善騎射之士，乘白馬，號為「白馬義從」，一時間在幽州烏桓間頗有威名。

不過原本在幽州的公孫瓚為何會跑到冀州來呢？這一切都來自於一個袁紹風格的陰謀。卻說董卓西遷長安後，「勤王救國」的關東聯軍便成了狗咬狗的局面，兗州刺史劉岱殺東郡太守橋瑁是一個引爆點，卸下面具之後的聯軍方鎮們互相廝殺，竭力壯大自己的地盤與兵力，渤海太守袁紹與冀州牧韓馥是另一個範例，韓馥擔心袁紹軍力太強無法控制，於是減少對袁軍的糧食供給，而袁紹則採用逢紀的計策，發書給在北方幽州的公孫瓚，請他率兵南下，以逼使韓馥主動交出冀州的統治權。

公孫瓚這時還只是個校尉，難入方鎮聯軍之流，他接到盟主袁紹的密函自是大喜過望，於是便率領邊境衛隊南下，表面上宣稱討伐董卓，私下卻是圖謀冀州。韓馥原本就不是什麼雄才大略的人物，後方被這麼一逼，再加上內部大將麴義造反，立刻興起了「不玩了」的念頭，初平二年，西元一九一年，七月，韓馥將冀州牧一位讓給袁紹，奠定了袁紹的河北霸業的基礎。

不過請神容易送神難，個人造業個人擔。袁紹既然邀請了公孫瓚南下，就得好好招待這位貴客。

③在東漢的制度下，「屬國」和郡、王國同為第一級的地方政府，屬國首長為屬國都尉，有點類似軍事佔領區的概念，最初西漢武帝設立屬國安置投降的匈奴部落，之後在東北的幽州、西北的涼州與西南的益州都陸續設立屬國，加強對少數民族的統治。

話說回來，劉備逃入冀州後，碰巧遇到公孫瓚南下的部隊，便前往投靠。公孫瓚看到這位可憐兮兮的小老弟，一面感到好笑，一面感到同情，但肯定也是十分高興的，畢竟亂世之中，能遇到一個老朋友、有過戰鬥經驗、而且還活著的機率實在不高。公孫瓚於是把劉備留在自己的陣中，暫時給他一個別部司馬的位置，讓他統領原有的部眾。

稍微解釋一下，東漢的正規軍隊編制為五人一伍，二伍為什，五什為隊，二隊為屯，一屯約是百人，以上則為曲，一曲人數約是二百至五百人，曲以上則為部，設部校尉一人為主官，軍司馬一人為副官，一部約是一千人到五千人，為最主要的戰鬥單位；部以上便是軍，由將軍統率，一軍通常有五部，但有時為機動起見，會設置五部以外、獨立編制的隊伍，便由「別部司馬」這個軍職負責統領。東漢末年，天下到處都是像劉備這種浪人部隊，軍閥們想不到什麼正式官職，就簡單任一個別部司馬，讓他們繼續統率自己的屬下。也因此這一職位大為氾濫，變成一個很基本的抬頭。

劉備見到公孫瓚，彷彿又回到當年在學校暖暖的時光，他看著公孫大哥強大的腹肌……喔，不，是騎兵隊，頓時感覺安心不少。但此下並非敘舊之時，三十萬青州黃巾已越過青冀兩州邊境，直朝渤海郡而來，劉備想到那漫山遍野的兵勢，不由得面有憂色；公孫瓚看出了他的憂心，當下用力拍了拍劉備的肩膀，說：「阿弟，不用怕，三十萬黃巾算什麼，便是來三百萬，也有大哥哥擋著。」一說完他提著慣用的兩刃矛，跨上白馬，朝著劉備拍了拍自己的左胸，道：「為了幽州。」

劉備倒沒那麼大的信心，他有氣無力地拍了拍自己的左胸，弱弱地說：「為……為了幽州。」④

④以上兩段，除白馬與兩刃矛為真實以外，其餘為想像畫面，請勿當真。

公孫瓚並沒有說大話。初平二年，西元一九一年，十一月，青州黃巾三十萬入寇渤海，公孫瓚率二萬步騎混合部隊，在東光縣迎擊，大破敵軍，斬首三萬，繳獲車重數萬輛，黃巾敗軍南逃渡河，公孫瓚強力追擊，於河畔又殺數萬人，河水為赤，另生擒人口七萬餘，車甲財物不可勝數。

這是公孫瓚成名的一戰，此戰之後，他被拜為奮武將軍，封薊侯，威震河北，正式躍入列強之林。至於劉備，他在此戰中應該沒有扮演太重要的角色，否則史書上早大書特書一番。

不過公孫瓚並沒有因為這場大勝而欣喜，此刻南方豫州傳來他弟弟公孫越的死訊，是死在袁紹所派任的九江太守周昂的箭下。公孫瓚原本對於自己被袁紹利用為奪取冀州的工具就十分不滿，這時又聽聞親兄弟被袁紹軍所殺，新仇舊恨一齊湧了上來，眼下他的兵力、財力與名氣都在狂飆階段，當然要一股作氣鏟除袁紹這個二百五，於是公孫瓚整頓大隊，進軍冀州中部的盤河，宣布袁紹十大罪狀，正式向袁紹宣戰，他同時還任命自己的下屬嚴綱為冀州刺史，單經為兗州刺史，田楷為青州刺史，一副就是要把袁紹吃乾抹淨不留骨頭的態勢。

懾於公孫瓚大破黃巾的氣勢，當時冀州大部分的州郡都向這位白馬將軍輸誠，使得袁紹只能被擠在冀南鄴城一帶，與黃河南岸的東郡太守曹操相依偎取暖。公孫瓚遂乘勢南下，大軍直壓到冀州南方廣宗一帶，耀武揚威，袁紹忍無可忍，主動出兵挑戰，初平三年，西元一九二年，河北兩大勢力遂決戰於廣宗東面的界橋。結果公孫瓚的萬餘騎兵遭袁紹部將麴義所設的強弩陣給擊潰，斬首千餘，而公孫瓚派任的冀州刺史嚴綱也在本戰中陣亡。

界橋之戰使得河北爭霸情勢逆轉，那些牆頭草的郡國太守們又倒回袁紹這邊，公孫瓚被迫撤回幽州的薊縣老巢。不過公孫瓚的整體實力並未受到嚴重打擊，初平三年沒過多久，公孫、袁家兩軍又在幽、冀交界處的巨馬水一帶再戰一場，這回輪到幽州鐵騎們喝采了，袁家軍慘敗，戰死達七、八千人。公孫瓚遂又南下，取得冀北部分郡縣，同時另闢東線戰場，由田楷率軍進入青州，而之前在平原與北海都待過的劉備，當然也是青州遠征軍成員的不二人選。

卻說劉備在這一陣子公孫瓚與袁紹的往來征戰中並未扮演什麼重要的角色，或許還是公孫軍菜鳥的關係，所以只能在後方出一些公差。不過劉備也沒閒著，他很認真地四處串門子、交朋友，為自己充實人脈。在這段期間內，劉備吸收了兩個在歷史上有留下名字的角色，一個成為他之後創業的重要夥伴，另一個卻因命運的捉弄緣鏗一面。夥伴的叫趙雲，無緣的叫田豫。

趙雲，字子龍，是常山國真定縣人，身長八尺，雄壯威武，相貌堂堂。常山當時在公孫瓚治下，派趙雲率部眾前來輸誠。劉備對這位英氣逼人的武將相當欣賞，便施展他過人的魅力和趙雲親近起來，後來劉備被公孫瓚指派為青州遠征軍的副手時，也就順便將趙雲帶上，讓他主管騎兵；不過趙雲之後因為兄長過世，暫時從劉備麾下辭退，劉備還拉著他的手，捨不得放，趙雲只好說些「終不背德」之類的話哄哄這位感情充沛的主子。

至於田豫大家可能就不怎麼熟悉，他是後來魏國的北疆重臣，對於鮮卑、烏桓都頗有戰功，官至并州刺史、衛尉。不過此下他還只是個不知事的少年，加入劉備麾下成為小弟，待劉備流浪到豫州時以父母年長為由而辭退。

故事回到劉備身上，公孫瓚派田楷、劉備進軍青州，經過初平三年一整年與袁紹軍的奮戰，大至上控制了平原國到齊國一帶地域，公孫瓚也頗夠意思，先讓劉備當了一陣子平原縣令，等他打了幾場仗，有些實績後，馬上就將他升為平原相。劉備收到這個任職命令時一定是感動萬分，自涿郡起兵以來七年，歷經生死交關、存亡榮辱，當官棄官幾回，率領一眾弟兄們手刃黃巾賊無數，終於老天開了眼，讓他踏上這個「二千石」的位置，雖然這只是公孫瓚私署的官職，但怎樣說也是一個可以端得上台面的稱號，從今以後，數天下群雄也該有他劉玄德的名字，可以和其他方鎮平起平坐！當然他也沒忘記辛苦跟隨他的弟兄，他馬上任命關羽和張飛為別部司馬，統領平原國下的部隊。

劉備在平原國待了大約一年（初平三年到四年），這其間發生了兩件相當有趣的事，可以用來觀察劉備早年的發展。

約莫在劉備擔任平原相不久之後，一日，平原城下來了一位不速之客，那是名武官，生得高大英挺，猿臂虎身，頷下一縷黑直長髯結辮紮在腦後，氣度不凡；他乘馬帶甲，身上背了弓箭，一副風塵僕僕的模樣。他來到門前對城上守兵大聲喊道：「東萊太史慈，奉北海相孔融之命，特來向劉府君求援！」

劉備此時應該還不知道太史慈是誰，但聽到「孔融」之名，立刻下令召見，太史慈也不多廢話，便將事由娓娓道來。

原來又是黃巾惹的禍。

卻說黃巾在冀、兗二州都被官軍擊敗後，只能回流青州，在管亥的率領之下，再度入寇北海，北海相孔融親自領兵出勦無效，反而為敵軍所圍困於都昌縣，至今已有十餘日，情況甚是危急，太史慈本來不是孔融屬下，只因孔融常資助照顧他的母親，因此他才犯險孤身進入圍城，自願為孔融討救兵。

太史慈對劉備道：「我，太史慈，東萊鄗人，和孔北海非親非故，非朋非黨，只是為了道義，我甘願為他分災共難。現在管亥為亂，北海被圍，孤立無援，危在旦夕，府君您有仁義之名，能救人之急，因此孔大人才特別派我冒白刃、突重圍，從萬死之中來向府君您求援兵，現在孔大人在圍城中引頸盼望，北海一地存亡，就看您的一句話了。」

劉備聽完太史慈這一番正氣凜然的言詞，不由得肅然起敬，於是正色說出了自從他揍督郵以來第二句歷史上有記載的話：「想不到孔北海還知道世界上有劉備這個名字！」當下便調精兵三千，由太史慈率領回北海平亂，黃巾見有援軍到來，當下解了北海之圍。

劉備在這邊看起來似乎不大有誠意，既然要救就應該親自領兵去救，怎麼會出兵不出面呢？其實這是因為漢朝有「二千石行不得出界，兵不得擅發」的規矩，劉備既然身為平原相，便不能率軍離開平原境，雖然這規矩後來一直被破壞，但此下劉備應該還是放在心上的。

從劉備對太史慈的回應，我們可以看出兩件事：第一當然是他當時還是個沒沒無名的小角色，因此對於孔融會找他求援感到無比驚訝。第二則是，他出兵的理由並不是為了什麼救國討賊，也不是太史慈說的仁義道德，他出兵是因為孔融這個大人物瞧得起他，給了他面子，在受寵若驚之下，他便義無反顧地伸出援手；這意味著，此刻的劉備亟欲成名，很需要面子，需要到他可以忘記一些更切身的利害，而揮霍手上寥寥的籌碼。

我們不能否認，劉備出兵救孔融這項「義舉」，肯定為他的名聲加分不少；孔融在當代士大夫界中可以說是周杰倫般的人物，他是孔子的二十世孫，在那個以經學為尊的年代，這可是神一般的血之繼限，他本身又有才華、善議論，很快就成為當代名士中第一把交椅，凡是與他結交或是受他稱讚的人，身價都會往上翻個兩翻，因此劉備這一救，準是將他從一個平凡無奇的小軍痞，拉抬到「天下英豪」的水平，這對劉備之後的事業有很大的幫助。不過以當時劉備身處的客觀環境來看，借兵之舉是否真的無所非議，那值得多費思量了。這個我們可以和以下的事件合在一起談。

第二個事件應該發生在劉備擔任平原相一陣子之後，平原有一個叫劉平的人，因為看劉備不爽，便找了刺客去刺殺他，劉備當時對百姓相當好，大量分發財糧給民眾，凡是有客人造訪，他一定招待客人同席而坐，同桌吃飯，完全不分貴賤；那名刺客便利用這個機會，主動造訪劉備，而劉備並無絲毫查覺，同樣熱情款待他，結果那名刺客為劉備的精神所感動，不忍心動手而離去。

從這段記載我們可以拉出三個有趣的觀察點，為劉備生涯的第一章做個總結。

先說最不重要的。這位主使刺殺劉備的平原郡民，名叫劉平，若是各位記憶不算差，西元一八七年張純、張舉之亂爆發時，推薦劉備從軍平亂的，也是一個平原人，叫劉子平，兩者的名字只差一個「子」字，而這個名字中間的「子」字，在古書上有時是可以省略或有可能被誤繕的，因此這位劉平與劉子平或許是同一個人。

那問題就來啦，為何這位劉先生當年欣賞劉備武勇，推薦他從軍，這會兒卻又要派人殺他？老實說，我也不知道，史書上說劉先生是因為素來看不起劉備，不想當他底下之人才動了殺機，這或許可以扯出一些道理來；或許劉先生沒想到當年那個愣頭的邊城小子，不過五年便回來當了個二千石的官，爬到自己頭頂上，一口氣嚥不下，才決定下殺手；又或許劉先生從頭就看劉備不爽，推薦他去從軍其實是陷害他（也差點成功了），這回只是第二次動手而已。

不過這並不是重點，只是讀書一點樂趣而已。

第二，從這段記載，我們可以看出劉備成功最大的原因。我們要知道，「平原相」是個極尊貴的位置，是那種一般百姓仰頭還望不到天界，而劉備這位平原相竟然沒有半點官架子，對於所有來訪的百姓一視同仁，招待的熱情連刺客都會感動，當時其他世家出身的方鎮們，要不就是奢華無度，要不就是只招待名望之人，有哪個人會像劉備一樣，和百姓一起吃飯喝酒搏感情？這也難怪當時平原「眾多歸焉」，陳壽寫史到此，也不禁感嘆劉備「其得人心如此！」

第三，然而，這也是劉備失敗的原因。

郡守親民是很好的，但親民親到連刺客近身卻一點警覺都沒有，那就是糊塗了。同樣的，史書記載劉備在平原的施政是「外禦賊寇，內豐財施」，「外禦賊寇」也是很好，而且也是劉備所擅長的，但「內豐財施」就有問題了，我們不要忘了，這時平原仍處於戰備狀態，西邊是袁紹的主力大軍，東邊則有青州黃巾為亂，劉備沒有「內豐財庫」就算了，還將寶貴的軍糧施捨給民眾，當然以人道觀點來說要為他大大地記上一筆，但這是否是一個方鎮明智的決策，就有待商榷了。

我個人認為，此下的劉備雖然升到了二千石的位置，但並沒有這個位置的認識，他將平原相當成「玄德會」的大哥來做，他將全郡國內百姓都當成自己的兄弟，大家不分彼此，同甘共苦，能吃飽就好；至於打仗？老子上馬提刀就可以打了啊，怕啥？

救孔融一事也是一樣。劉備當時在平原有多少軍隊不清楚，但從他之後救陶謙只有千餘人來看，他在平原時所部應該也不過五、六千人；當時孔融與公孫瓚或田楷都沒有政治或軍事上的合作，只因為孔融當他是個人物，劉備就免費奉送三千精兵，花掉了大半老本，這與那種在賭桌上美女稱讚個兩句便不看底牌直接梭哈的大哥並沒有兩樣。

或許這就是劉備最大的問題，他是個「夠狠（對黃巾）、義氣、兄弟多」的大哥，和當代方鎮相比，他顯得格外可親可愛，因此民眾會願意接近他，甚至為他效死，但他缺少當一個成功軍閥所應具備的組織與管理能力。

在亂世之中，有了地盤，有了名聲，吸引民眾，取得資源，便能夠成為一方之霸，但沒有把人力財力物力組織起來的本事，這些資源只是手中流沙，傷不了人，更不能用來爭強鬥勝，最多也就是流寇之輩，在正規的軍鎮之間亂竄掙扎。也因此，一個集團要在亂世中崛起，所依賴的不是只有勇猛衝鋒的將領，或是出奇計詭策的謀士，還要有一些人，默默地埋首在法律會計等繁文縟節中，將人員、軍隊、糧草、物資都擺在正確的位置上，供英主猛將謀士盡情發揮使用。所以曹操的背後有荀彧、毛玠、棗祇、任峻；孫策的背後有張昭、呂範。

而劉備什麼都沒有，甚至他根本不知道該有。

其實這不能怪劉備，除了那些穿越小說的主角外，沒有人天生下來就會當軍閥，都是要經過歷練與學習，劉備沒有在政府高層待過，也沒一個帶他出道的老爸，他打從一開始就是個武人，率兵打仗是他本行，自然沒想過君主的選單中還有個「內政」的選項，更不會想到更細節的如財政、民政、地政、稅務、軍隊管理、人力資源等。

想像上的例子，劉備帶兵打仗就是登高一呼，所有人都熱血沸騰，願意為他效死，當有人問：「劉大人，咱們怎麼打？」劉備會用他那低沉的嗓音，豪氣沖天地說：「只要往前進，殺到天的盡頭便是了。」當然，這樣的部隊面對那種連仗都不想打的敵軍時，還能戰無不勝，但遇到紀律嚴謹、指揮分明的部隊時，那就遜不止一籌了。

在平原的期間，劉備對這些還沒有認識，事實上，我會認為，在接下來的十年之間，劉備都還不能真正學到組織管理的重要性，他雖曾遇到幾個相當有能力的行政官，卻只能微笑與他們擦肩而過，這時劉備所愛的，還是如趙雲這樣威武雄壯的武者而已。要一直等到他遇上了那個人，合作彌補了彼此能力的不足後，才真正創造了他的霸業。

當然那還是很久之後的事情。

第二章

徐州得失

第二章　徐州得失（193～196年，劉備32～35歲）

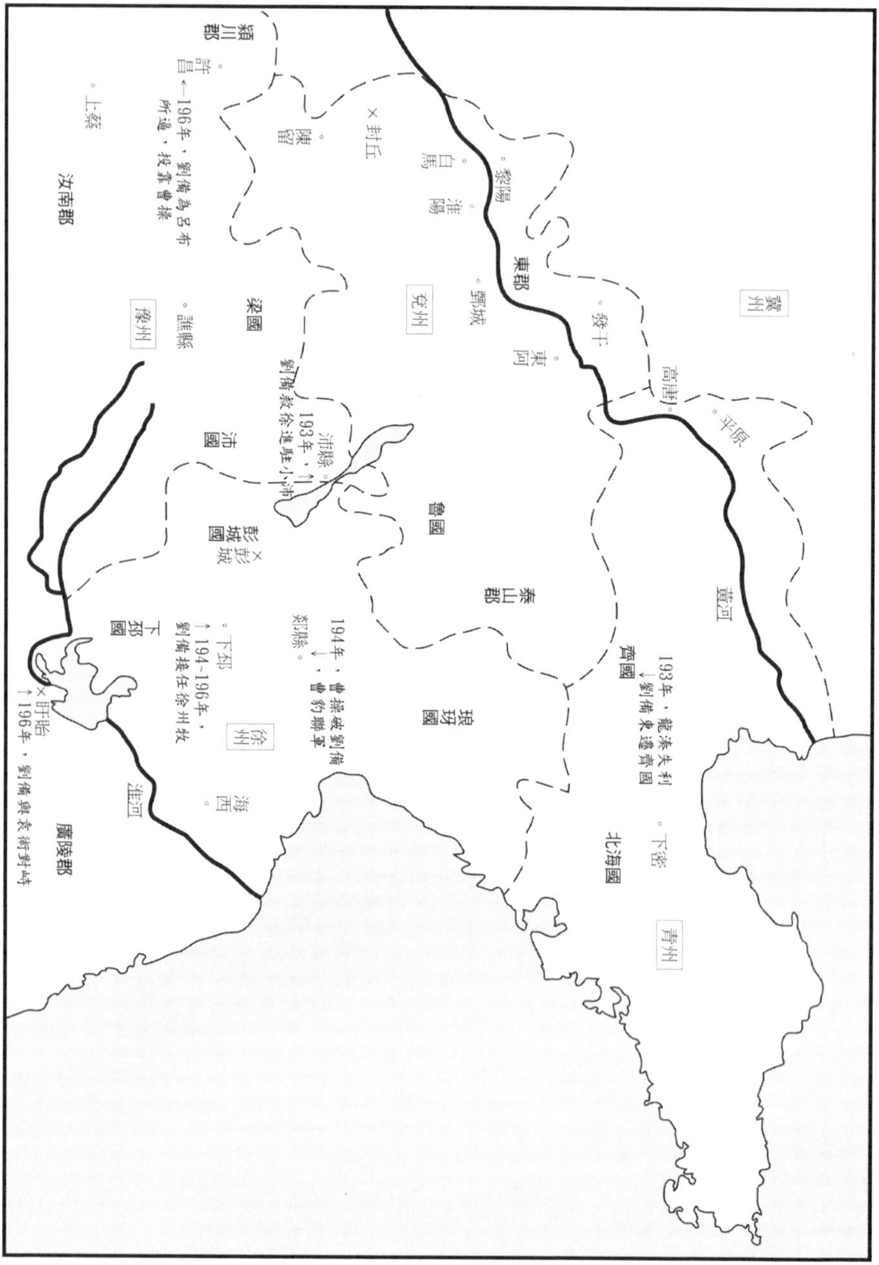

天敵：曹操登場

初平四年，西元一九三年，關東群雄混戰關鍵性的一年。

兩大集團已明顯成形，壁壘分明。一邊是袁紹、曹操、劉表（姑且稱為「縱貫線集團」），另一邊則是袁術、陶謙、公孫瓚（姑且稱為「環狀集團」），雙方在冀州、兗州、豫州、荊州掀起漫天戰火。一九二年是屬於「縱貫線集團」的一年，劉表擊斃來犯的袁術大將孫堅、袁紹於界橋擊敗公孫瓚、曹操於兗州大破黃巾三十萬，使得原本稍嫌弱勢的「縱貫線集團」一時間聲勢大漲，大有一掃亂局的態勢。為扳回一城，「環狀集團」在一九二年底到一九三年上半年間，展開大規模反擊，先是袁術北上進軍陳留，屯封丘，並派部將劉詳進軍匡亭，與附近黑山部隊與匈奴殘軍結合，直逼曹操大本營鄄城；公孫瓚則將主力移至青州，由單經主屯平原，自己率軍挑戰位在平原南側龍湊一帶的袁紹軍；陶謙攻勢更兇猛，他率軍進入兗州泰山郡奪取了華、費等城市，再向西攻略任城國，然後兵鋒轉西北進入東郡，屯於黃河北岸、兗冀交界處的發干，離曹操的重鎮鄄城、范縣、東阿等只有一河之隔。

至於劉備呢，他在這場大戰中屯駐於他的老地盤高唐，大概是做為前線機動調度之用。雖然史無明載，不過依「環狀集團」的部署，袁術等應是企圖南北夾殺曹操，使三軍會師於東郡一帶，則黃河以南便非袁曹所有，然後再由東、南、北三面攻打冀州，袁紹覆亡也是遲早的事。

不過再好的戰略都無法彌補戰術上的低能，事實證明，曹操和袁紹就是比公孫瓚等人能打。先是袁紹在龍湊一地大破來犯的幽州兵團，公孫瓚一次敗掉所有冀北的地盤，退回幽州，再也無力南下。接下來便是曹操拿袁術來試練新收的青州兵，雙方先在匡亭決戰，結果塚中枯骨兵團大敗，袁術退到封丘，兩軍再戰，袁術再敗，退到襄邑，再戰，再敗，退到寧陵，再戰，再敗，袁術最後挾著尾巴逃進九江，不敢再打兗州的主意。

南北兩大主力都失敗，剩餘的配角也無力回天了。曹操與袁紹合兵進入河北，陶謙、單經均被擊破，劉備在高唐，自然也躲不過失敗的命運。

史書上對於這場高唐之役並沒有詳細記載，或許這是劉備第一次在戰場上看見「曹」字軍旗，此刻他還沒認識到，這個「曹」字將成為他往後人生中揮之不去的夢魘。

龍湊一戰失利後，平原國成為袁紹長子袁譚的駐地，劉備只能向東奔逃到田楷駐軍的齊國。此時青州與公孫瓚大本營幽州間的陸路交通已被切斷，劉備和田楷擠在小小的臨淄，除了要對抗節節進逼的袁譚部隊，還要應付持續為亂的黃巾，誠可謂是山窮水盡，進退無門。

就在此時，下人來報，說是徐州牧陶謙的使者求見。

田楷和劉備當時就像兩隻溺水的小貓看到一塊浮木般，大喜過望，畢竟陶謙是目前「環狀集團」中唯一有能力對抗袁曹的人，雖然在發干一仗失利，但徐州根基未損，陶謙收留關中、洛陽出逃的難民百餘萬，加上成功的屯田政策，造就了徐州十萬雄師、糧草千萬斛的榮景；陶謙本身又素有勇名，手下戰將必然更是不凡，有他出手協助，不要說復興青州有望，要反攻兗冀二州、稱霸關東，也非全無機會。

不過這兩隻小貓很快就要失望了，因為他們會發現，那塊浮木其實只是第三隻同樣掙扎、甚至溺得更深的小貓而已。

田楷與劉備對陶謙的實力認知是沒錯的，陶謙的確是當時華北實力最雄厚的方鎮，即便輸了發干一仗，他仍保有泰山郡南部的華、費二縣，前線形勢完整，有進可攻、退可守的優勢。因此當陶謙聽說曹操的父親在華縣遇刺身亡時，心下也不怎麼在乎，大概就叫手下包個白包過去而已。曹操要給個說法？你老頭死在我的地盤上沒叫你除晦氣就不錯了，還要給個說法？曹操要出兵，叫他洗好屁股準備挨打吧，那一點兵力就敢來捋虎鬚？

不過事實證明，在曹操的面前，陶謙不是老虎，只是隻小貓而已。曹操部隊自陳留展開復仇東征，如摧枯拉朽般擊破陶謙佈置在兗州與豫州前線的所有防守，連下十餘城，兵勢直抵陶謙老巢彭城，也就是今天江蘇北部徐州市一帶。陶謙這才大夢初醒，佈陣與曹操在彭城決戰，結果徐州軍大敗，死者萬餘，泗水為之不流。陶謙驚恐萬狀地逃往東邊東海郡的郯縣，同時趕緊派員前往青州找田楷求救，曹軍試圖東進但無法突破，於是南下進入下邳國，展開三國史上第一場大規模的軍事屠殺，所殺平民達數十萬，令原本富庶的佛國下邳一時成為雞犬不聞的廢墟。所幸興平元年春天，曹軍軍糧耗盡，暫時撤退。

至於「徐州救星」劉備，不知有意或是無心，等到曹軍撤退後才率兵來到徐州。陶謙知道領軍者是當年在下邳英勇對抗黃巾的那個年輕人，還帶了「幽州胡騎」過來，不禁大為振奮，趕緊下令召見。卻見劉備穿著一套破舊的盔甲，兜鍪邊還缺了一角，一副落魄的模樣。陶謙心裡放下的大石又提了起來，他問劉備：「不知府君帶了多少精銳騎兵過來？」

劉備回禮道：「不多，大概一、二百騎。」陶謙抽了口涼氣，再問：「那總兵數是多少？」劉備誠實答道：「大概就一千多人吧。」陶謙臉上畫過三條黑線，又問：「但我看府君您帶的人數遠不止千餘人，那其他是？」劉備說：「喔，是一些朋友，路上遇到的，他們說想找地方吃飯，我便將他們帶上了。」陶謙問：「那有多少人？」劉備道：「大概五、六千人吧。」然後他又補了一句：「大人是不是先發一下便當，我想大家都餓了。」

陶謙當下八成有血壓狂飆的感覺。

以上這一段當然是想像畫面，不過劉備的確是只帶千餘士兵加上數千飢民就跑去「救」陶謙了。這也說明，日後劉備在荊州帶百姓撤退不是臨時異想天開，而是他一貫作風。至於陶謙這邊雖然感到失望，但他看看自己麾下最能領兵打仗的將領是一個叫曹豹的傢伙，馬上就覺得劉備是個人才，於是就將自己身邊最精銳的丹陽兵四千人撥到劉備麾下，還送給他一個更高等級的抬頭：豫州刺史，讓他屯駐於徐州西面、豫州沛國的小沛，大約在今天徐州市沛縣。

劉備就這樣背棄了在青州苦苦掙扎的田楷，投到了陶謙帳下。

那年劉備三十二歲，短短數年間從縣令升到一州刺史，雖然比賽內容不怎麼樣，但帳面戰績可以說是很好了。當劉備帶著雄壯威武的丹陽兵踏入小沛城時，想到當年劉邦也是從這裡起兵，創建大漢基業，他便有感覺，這地方是他的根了，他將效法他的老祖宗，在這裡成就一番轟轟烈烈的事業。

這直覺只對了一半，今後數年間，劉備的確要在小沛進進出出好幾回，不過說到成就事業，還差得很多。

陶謙給的這個「豫州刺史」基本上還是個屎缺。豫州大約是今天河南南部與安徽北部一帶，下頭轄有梁、陳、魯、沛四國以及潁川、汝南二郡，在當時是各路方鎮勢力交雜的地區。最南方的汝南郡與東方的沛國在袁術控制之下，北方的梁國大概是一些白波部隊的根據地，西邊的潁川名義上由長安政府送給了呂布，但實質上應是曹操勢力；中間的陳國由陳王劉寵獨立統領，陶謙大約控有東邊的魯國以及沛國最東北角的小沛，將劉備放在這地方很明顯就是為徐州當看門狗，當時還有一個正牌的豫州刺史叫郭貢，不知駐於何地，劉備這「豫州刺史」也只是個山寨版的頭銜而已。

最屌的是曹操還沒忘記徐州。劉備到徐州後不到三個月，興平元年，西元一九四年，夏天，曹操再度大舉伐徐，兵勢同樣兇猛，連下五城，直達濱海的東海郡，大肆劫掠。劉備於是從小沛向東回軍，與徐州上將曹豹會師於郯縣東面，估計是要斷曹軍退路。徐州吏士們第一次見到兩大名將攜手合作，一定是無比振奮，心想這回曹操孤軍深入，必是死路一條。

不過這又是一群小貓的想像。曹操知道有人抄他後路，馬上回軍還擊，展開史實上第一場正式的劉、曹對決。結果徐州部隊在劉備的率領之下仍不是對手，慘遭擊破，連郯縣旁的襄賁都掉了。好在劉備有神功護體，兵敗後安然撤離，百忙中大概還對曹豹抱怨：「平平都是姓曹的，怎麼差那麼多？」

這是劉備與曹操的第一次碰頭，或許在這次交手中，劉備看見了曹操的用兵能力，曹操看見了劉備軍團的勇猛，為未來雙方複雜的合作關係埋下伏筆。

曹操在徐州肆虐了兩、三個月，打到連陶謙都想逃回丹陽老家，就在徐州快撐不住的時候，曹軍突然全軍拔寨，如旋風般地快速撤退。徐州軍民們這才像捱過暴風雪的土撥鼠一般，紛紛探出頭來查探個究竟，經過一陣子情報往返，才明白原來是曹操家的後院失火，迫使曹操不得不放掉徐州這塊到嘴的肥肉。

這個放火的人當然不是個簡單人物，他將會主導接下來一大段的故事。他的名字叫呂布。

誰讓徐州？

拜小說、漫畫與電玩之賜，呂布應該是三國中前五受歡迎的人物，大部分的讀者應對他的事蹟頗為熟悉，不過為故事流暢起見，在此還是簡要交代一下呂布的背景與生涯。

呂布，字奉先，并州五原郡九原人，約是今天內蒙古的包頭，在當時是邊境的邊境了。呂布弓馬嫻熟，力氣過人，在邊疆得了西漢名將李廣才有的外號：「飛將」。他最早是擔任駐并州騎都尉丁原的主簿，後來丁原奉何進之命率軍入洛陽，呂布也隨軍擔任副手。之後呂布為董卓所收買，謀殺丁原，率領并州軍團為董卓效力。董卓西遷長安之後，呂布又與同是并州人的司徒王允合謀，刺殺董卓，此舉引發涼州兵團的集體反抗，呂布遂被迫離開長安開始流亡。他先打算投靠袁術，但因他恃殺董卓之功而驕，令同樣十分驕矜的袁術感到不快，於是拒而不納；呂布遂向北轉投靠袁紹，協助袁紹清勦黑山軍，然而又因為放縱屬下抄掠，與袁紹鬧翻，只得回并州投靠河內太守張楊。之後呂布與控制長安朝廷的涼州軍團和解，受任為穎川太守。

興平元年，西元一九四年，曹操第二次出兵徐州，將大本營兗州留給他的兩個生死至交陳宮與張邈看管，誰曉得陳宮與張邈一齊叛變，私下迎接呂布入主兗州，一瞬間奪去曹操大半領地，迫使曹操不得不撤離徐州，回來穩住自己的地盤。在之後一年多的時間裡，曹操便與呂布在兗州內混戰，留給徐州喘一口氣的空間。

呂布很快就會進入劉備的生命之中。在這邊我先簡單表明我個人對呂布的觀感：打仗一流，做人下流。之後我們會在相關的部分再提到。

曹操既退，徐州暫時安定了下來，劉備又回到自己小沛的駐地，繼續當他的豫州刺史。在這段相對穩定的期間內，他身邊的人事有了些變動，在幽州時開始跟隨他的田豫，表示為奉養年長的父母，決定北返幽州，劉備相當不捨，嘆息道：「阿讓啊（田豫字國讓），可惜不能和你共成大事了！」田豫回到幽州後在公孫瓚帳下待了一陣子，公孫瓚敗亡後，他勸幽州軍閥鮮于輔歸降曹操，開始了他在曹魏的仕途。

不過此下劉備帳下也加入了一文一武兩個相當傑出的人才。文者為陳群，字長文，是穎川陳家子弟，在穎川一帶頗有名聲，估計是透過孔融牽線，劉備才特聘他為別駕。這應該是劉備第一次用士族子弟為幕僚，從之後發展看來，兩人合作似乎沒有很愉快，後來陳群歸入曹操帳下，成為日後曹魏重臣。武者則是汝南人陳到，字叔至，他是一個勇猛卻極為神秘的人物，在劉備帳下似乎是負責最核心的安全工作，有點類似火影忍者中的「暗部」吧，以至於他的事蹟在入蜀前幾乎完全不見於史冊，若非楊戲在他的《季漢輔臣贊》將他與趙雲並列，恐怕世人完全不知道還有這一號豫州猛將存在。

劉備在小沛整頓了一陣子，一天，他的官署前來了兩個人物，身後跟著大批隨從，人人披麻帶孝，神情肅穆。劉備或許早有耳聞，也已做好心理準備。

「陶使君他……」

「是，主公日前病逝，得年六十有三。」帶頭二人中較年輕的一人道。

另一名較年長的人道：「主公臨終前吩咐，非劉使君不能安徐州。還請使君顧念主公遺願，顧念徐州千萬百姓之福，接掌徐州。」他一說完，後頭數百名隨從一齊跪下，齊聲道：「盼使君接掌徐州。」

劉備請眾人起身，對帶頭兩人道：「陳大人，糜大人，請裡面細談。」

這兩人中，年輕的一人名叫陳登，字元龍，徐州下邳人，時任典農校尉，主管州內屯田事宜。年長一人名叫糜竺，徐州東海郡朐縣人，乃徐州大賈，家產億萬，僮僕數千人，為陶謙別駕從事，是州牧底下的第二把交椅。據他們表示，陶謙自曹操退兵後便陷於重症，病篤時特別交代「非劉備不能安徐州」，日前陶謙病逝，他的兩個兒子均未仕官，因此陳登與糜竺便決定依主公遺願，請劉備擔任州牧，統領徐州。陳登對劉備拜道：「現在漢室飄搖，天下傾覆，使君欲立功立事，就看今天。徐州殷富，戶口百萬，正是立業之基礎，我等恭請使君屈臨本州，統領州事。」

劉備之前或許有隱隱約約想到這個可能性，但當事情實際發生時他仍不禁打了個顫。「徐州牧」，多麼好聽的名字，別說「州牧」比「刺史」在字面意義上原是高出一級⑤，一個紮紮實實的徐州牧，遠比他這個光桿的豫州刺史要強上太多，那是至少四個郡國的頭頭，十萬大軍的統帥，百萬

⑤「刺史」一職在最初僅是監察官性質，品秩只有六百石，由中央委派，前往各郡國監察二千石的官員（郡守、郡尉或國相）有無貪污、違紀、濫權的行為。東漢末年，天下大亂，東漢中央聽從劉焉的建議，將刺史改成品秩二千石的「州牧」，成為郡國以上的另一個地方層級，也是東漢末年方鎮們主要的頭銜。

黎民的領導，一個不開心就可以將一個小軍閥給抹去的位置。

但問題是事情不能只看好的一面，位置越高風險越大，徐州牧這大位也不是那麼好坐的。第一當然是不知道曹操哪天抓狂又要打回來，屆時他殺不了陶謙，大概就要找現任的徐州牧出氣；第二是原本的盟友袁術，自從被曹操打到屁股翻過來後，開始改打徐州的主意，自稱什麼「徐州伯」，並積極經略徐州南部廣陵郡；第三是老對手袁紹，他兒子袁譚已經打下大半個青州，哪天從北邊壓下來，那可不是鬧著玩的；第四個是臧霸、孫禮等為首的泰山集團，他們原是陶謙底下的獨立軍團，率泰山部隊協助平定徐州黃巾，之後便駐於琅琊國，自成一軍，現在陶謙死了，要是他們鬧起來，那也是不好收拾的。

當時劉備直線思考的腦袋有沒有計算那麼多不清楚，不過至少他是懂規矩的，他很客氣地說：「這徐州牧的位置在下恐怕還坐不來，不過我知道左將軍袁術眼下就近在九江郡壽春，他乃名門之後，四世五公，海內眾望所歸，自然要比在下強得多，各位請袁將軍入主徐州，該較為妥當。」

陳登搖了搖頭，道：「袁術驕傲奢靡，絕非治亂之主。今天我等為使君所準備的，是徐州十萬雄師，上可以匡主濟民，成就五霸之業，下可以割地守境，留名千古，使君若有心，還請細思！」說著他露出一種詭譎的微笑，道：「若使君您聽不進在下這些建言，那恐怕在下再也聽不懂使君您的話了。」

劉備一時被這個言語犀利的年輕公子給擠住，說不出話來，然而這時不同的意見出現了，劉備的別駕從事陳群跳出來，為劉備分析時局道：「將軍三思啊，現在袁術仍強大，其志在徐州，若將軍入主徐州，必定會和袁術起衝突，屆時呂布若偷襲您後方，我怕您縱使得了徐州，也是一事無成啊！」

陳群這話是奠基在當時的情勢上，當時呂布已佔有兗州大部分，而曹操則坐困黃河沿岸三城，因此在這邊陳群為徐州設的假想敵便是呂布了。誰知道後來時局變化，竟讓陳群給誤打誤撞地預言中了，也讓史家為他記上一筆，順便說一下劉備悔不當初的樣子。

陳登、陳群一正一反的言論似乎沒個定論，便在此時，最有分量、嘴炮一流的北海相孔融開金口了，他對劉備道：「說到對袁術的認識你就淺了，你以為他是那種憂國忘家的人？大錯特錯，至於什麼四世五公，不過就是一堆塚中枯骨，何足介意？今天這事，百姓會選擇你是因為你的賢能，這是天賜的大好良機，你若拒絕，恐怕會後悔一輩子。」

等一下，原本在青州的北海相孔融，什麼時候跑到豫州的小沛來了？其實還是一個老原因：黃巾。簡單來講，孔融雖然嘴巴說得一把罩，但行軍打戰就是不行，有一回他隔著淶水與黃巾對峙，黃巾派前部與孔融相持，左右二翼逕渡河直攻城池，孔融竟然一無所知，還一邊飲酒一邊指揮，瀟灑自如，結果城被攻破，軍隊無所歸，只好潰散逃亡。就這樣幾年亂搞下來，孔大人終於丟光了北海所有的城池（看來劉備當年借的三千平原兵也是凶多吉少了），不得以只好避禍於徐州，或許和劉備先前有借兵救難的關係，孔融就來到小沛，也為劉備引薦了陳群；劉備同樣很夠意思，用自己豫州刺史的身分，表孔融為青州刺史。於是兩個光桿的州刺史就擠在小沛裡面，大概孔融每天就講一些大道理，劉備就安安靜靜地聽。

孔融一席話憑份量就足以壓垮陳群，他所說的「塚中枯骨」是指袁術的先人，後來在小說中變成曹操對袁術的評論。當然，曹操說這話比孔融說起來有說服力多了。

在陳登、孔融、麋竺的支持下，劉備最後同意領徐州牧一職，他隨著一眾徐州吏士回到小沛，交接官印，正式領到一張「角逐天下」的入場券。想三年前，劉備還是一個被黃巾打得沒地方跑的高唐縣令，竟然在短短時間之內，在沒有打過任何一場史書有記載的勝仗的情況下，扶搖直升至東漢最高等級的地方首長，還轄有中原最強的軍隊之一，這簡直是比張無忌練就九陽神功後又發現乾坤大挪移還要神的奇遇。

以上便是歷史上「讓徐州」的經過。與小說中陶謙又哭又鬧的場景相比，歷史上陶謙只在病重時說了一句「非劉備不能安此州」而已，這句話是否真的代表陶謙有意將徐州牧一位讓給劉備，其實還頗有疑問。甚至，由於這是遺言，我們還不敢肯定陶謙是否說過這句話。但話說回來，如果陶謙沒有要讓徐州，又是誰讓徐州？為何又要讓給劉備？

綜觀歷史記載，劉備接任徐州牧一事，乃是麋竺與陳登二人一手促成，這兩人都是陶謙帳下徐州本籍的高級幹部，麋竺為商賈，陳登為世家，或許二人所為正代表著大多數徐州中高階人士的想法。這在東漢末年其實很正常，例如曹操的兗州刺史，也是靠陳宮一張嘴說服大多數的兗州士宦所換來的，只是當年曹操有擊破黃巾的大功在先，可以合理解釋兗州士宦的支持；劉備到徐州後不要說勝仗，連力氣出的都不多，為何徐州士宦會願意拱他當頭頭？

其實這問題沒有確切答案，當然劉備的仁德、義名或是人際關係都可以是原因之一，我自己的解釋則是：派系問題。

前面有提到，陶謙是揚州丹陽人，史書上記載：「丹陽山險，民多果勁，好武習戰，高尚氣力，精兵之地」，也因此陶謙麾下主力，除了難以控制的泰山兵以外，就是他從故鄉招募而來的丹陽兵。相反的，徐州本籍人士雖為陶謙核心幹部，但卻不曾見到有徐州人擔任重要軍職的記載。這種「文承徐州，武承丹陽」的權力形態，必然帶給徐州士宦很大的不安，畢竟琅琊一地已被桀驁不馴的泰山諸將所霸佔，若是丹陽諸將也想畫地為王，那整個徐州就要被這些外來者給吸乾了。這樣的不安在丹陽兵總頭領陶謙過世後升至最高，在缺少夠份量的本土軍官的情況下，徐州人亟需一個有聲望的武職人員接管徐州，以鎮住丹陽兵將，而接任者最好不要再帶入新的派系，威脅到徐州本地人的利益。

這樣看來看去，也就只有那個愣頭愣腦的劉玄德最適合。

在拱劉備上位的過程中，陳登費的心思無疑是最多的，他出身於下邳陳家，乃是名門之後；當時他與劉備約是一樣三十初頭歲數，對於這個從平民階級竄起來的軍人十分欣賞，他力勸劉備接管徐州，同時為應付之後可能面臨的威脅，他也準備了後續的外交策略。

劉備甫一接手徐州，陳登馬上派人出使冀州，先對袁紹通知陶謙死訊，然後說明：「為避免徐州一地為奸雄（應指袁術）所趁，致盟主大人憂慮，我等共同擁載平原相劉備為宗主，使百姓有所依歸，因現在世局混亂，劉使君不能解甲向您請示，謹以使者向盟主稟報知悉。」

在這段訊息中，陳登很明確地用了「盟主」這兩個字稱呼袁紹，等於承認了袁紹在關東諸方鎮間的領導地位，袁紹也順勢回禮，稱劉備是「弘雅有信義」，今天徐州百姓自願擁戴，盟主我也是樂觀其成。

我看過很多文章就袁紹對劉備的稱讚大作文章，說什麼連老敵人都稱讚劉備有信義，可見他的仁義指數有多高；我個人倒不覺得袁紹說這五個字需要什麼特別的解讀，袁紹可能只是單純想不到要怎麼形容劉備而已；要說「海內知名，家世顯赫」，顯然有點誇張；要說「英武善戰，雄姿傑出」，又想不到什麼戰績可以該當這樣的稱讚，既然沒啥好說的，只好說一個「弘雅有信義」了。

陳登的這步棋下得很妙，事實上，袁紹眼下就算不樂觀其成，也管不了徐州之事，他北邊和公孫瓚打得正熱鬧著，南邊還不時要憂心一下小老弟曹操和呂布的戰事，根本抽不出手來。陳登便是利用袁紹無暇東顧，主動示好，一舉掩蓋了劉備之前隸屬公孫瓚或陶謙的立場問題，同時透過結好袁紹也免去了曹操再攻徐州的可能性，而透過曹操的聯盟又能有效地扼制袁術的野心，可以說是一舉三得的外交策略。

像這樣外交策略的大轉彎應是出於陳登之手，當時劉備的腦袋可能還不到這個檔次。當然，陳登會選擇向袁紹陣營靠攏也不見得是為劉備著想，多半仍是出於徐州士宦的共識，畢竟當時袁曹集團已明顯居於上風，趁老主公死的時候快點轉換立場，才能確保徐州的利益。

就這樣，劉備和曹操、袁紹的關係一轉眼便密切了起來，劉備以他豫州刺史的身分，舉袁紹的長子袁譚為茂才，曹操稍後也將自己鎮東將軍的位置讓給劉備，並上表朝廷封他為宜城亭侯。然而在另一邊，劉備的大哥哥公孫瓚則是自暴自棄地將自己鎖在易京的城堡中，眼睜睜看著袁紹一步步地殲滅他的勢力；田楷則在青州繼續掙扎，不知道是死是活。政治上沒有永遠的敵人，也沒有永遠的朋友，這個道理在這邊得到完美的實踐。

就在陳登等徐州士宦的重重算計之下，劉備踏上了他前半生最高等級的地方方鎮之位。徐州士宦們興高采烈地慶賀新使君的就職，認為劉備這個百戰之將一定可以壓倒丹陽兵將，為徐州人謀福造利。

但有些事情總是超出意料之外，劉備很快令徐州士宦們失望了。

天堂與地獄

從興平元年底到建安元年初，即西元一九四年到一九六年，其間約一年多的時間，是劉備起兵以來過得最安穩的日子，徐州內部秩序安然，穩定地從大屠殺中復甦，外部敵我無犯，只要坐看呂布曹操混戰。劉備以州牧身分統領徐州，駐於下邳，長安天子遠在天邊，他在州內便是萬人之上的位置，這是劉備這輩子以來第一次享有那麼高的權力。

一個三十四歲的健康男性，在日子穩定下來，有錢有權以後，下一個想到的，當然就是女人。這時候劉備身邊第一個有記載的女人出現了，她就後來劉禪的生母、昭烈皇后甘夫人，她是小沛人，當劉備在豫州的時候嫁給了劉備為妾，從此以後就跟著劉備流浪，最後在荊州過世。甘夫人被劉備納為妾至少說明三件事，第一，她一定不是什麼名門大族的女兒，第二，她一定長得夠漂亮，第三，劉備當時已經有了至少一個女人。

劉備之前與以後究竟有過幾個女人我們不清楚，不過我我認為他應該是一個滿有魅力的男人，長的雖然不俊美，但高大黝黑，手腳修長而壯健，手掌大而粗糙，沉默時帶有一點神秘的氣質，微笑起來則是充滿溫暖；這樣的男人應該不會缺女人的，至少在他赤壁之前，娶過的正妻就不只一個，只是大哥的女人不好當，最後都死光光了，只有這位甘夫人命最硬，她為劉備處理家事，並有本事撐到為劉備生一個小孩。

至於另一位麋夫人要等到稍後的故事中才會出現，他是麋竺的妹妹，不過史書上記載更少，她沒有生小孩因此沒有后號，我們甚至不知道她死在哪裡的。

簡言之，這一年的時光對於劉備簡直是天堂，有權有錢有女人，無敵無病無災禍，或許王霸就是如此，劉備開始感受到權力的痛快了。

不過亂世梟雄的命格絕對不是那麼單純，好日子一年很快就過了，地獄的使者已戴著面具，悄悄地扣著劉備的命運之門。

興平二年，西元一九五年，春，曹操經過二年熬戰，終於在定陶一戰將呂布決定性地擊敗，取回了兗州的統治權。被擊潰的呂布已無落腳之地，只好領著殘軍來到了徐州，希望尋求一個蔽護。和小說不同，當時劉備底下倒沒有什麼人勸他拒絕呂布，而以劉備大哥的性格，對呂布這個落難軍閥也很難說不，於是一場兩大流浪系軍閥的見面會就這樣展開了。

說起來，劉備和呂布是有頗多共通之處，他們同是邊境出身，同樣以武職為主，手下同樣有一票驍勇而死忠的弟兄，同樣流浪過許多地方，在許多不同的方鎮底下待過。不過兩人不同的地方是：呂布要比劉備會打仗，而劉備要遠比呂布會做人。就因為這些共同與不同的特質，使得劉備與呂布的互動格外有趣。

這場會面的時間地點已不可考，只能依記載想像當時會面場景。呂布見到劉備，大概立即熱情招呼道：「劉老弟！哈哈哈……老弟啊，咱們終於見面了，你和我，是不是，都是邊地人嘛，多有緣啊！來來來，不用客氣！」接下來在宴席之中，酒過三巡，呂布又開始向劉備大吐苦水，他道：「老弟啊，咱們邊地人和內地人就是不一樣，那些內地人啊，個個都是沒心肝的混蛋，我告訴你啊，當年我看到關東起軍，就有意思要和大家合作殺董卓了，結果後來我真殺了董卓，來到關東，這些內地人竟然沒一個肯接納我，還都要殺我哪！你看他們壞不壞？還是咱們邊地兄弟夠意思，是不是？哈哈哈……」等到宴會結束，呂布又請劉備到他的軍帳中，讓劉備坐在他老婆的床上（這床不是用來睡的，而是一般用來坐的），命他的老婆們向劉備行禮。

《英雄記》上說此時呂布很尊敬劉備，但我從這段記載，怎麼也看不出呂布有尊敬之意，反而覺得他是在裝熟，還是很白目的裝熟。先扯邊地人的共同背景就算了，竟然還直呼劉備為「弟」，即便呂布當時年紀是比劉備長個幾歲，但兩人之前根本沒見過面，再加上呂布此下是來逃難的，不稱個「明公」就算了，也該正正規規稱個「使君」，怎麼會稱「弟」呢？擺明就是想拉近關係搞錯方向。命妻子向劉備禮拜一事又更扯了，這種「升堂見妻」在漢朝是十分親近的禮儀，只有朋友間極為熟稔又相惜時，才會互相拜見對方女眷，呂布和劉備才沒認識多久就搞這一套，對劉備來說八成很尷尬，不知道是否也要讓呂布見自己的妻子。

從呂布和劉備相處的這段記載，大概就可以推知為何以呂布的實力，竟然沒辦法在關東立足。他大概就是整天把「殺董卓」掛在嘴上，自以為對關東諸鎮有功有恩，便得寸進尺地和主子把臂裝熟，當然會惹得人家反感。劉備算是比袁紹、袁術要容易親近、有容人雅量的，但看到呂布這德性，也是表面上敷衍，心裡不甚高興。

無論如何，呂布是在徐州待下來了，劉備供給他糧草，讓他駐紮在下邳西面的某個地點。很多小說或議者都稱呂布是駐在劉備的舊駐地小沛，不過史書上並沒有清楚記載，只知道是下邳西面，超過四十里的地方而已。

之所以會認為呂布駐小沛，主要是因為這是當時劉備唯一合理安置呂布的方式。第一，小沛位在徐州最前線，夾在曹操、袁術勢力之間，就是一條看門狗應該站的位置；第二，小沛本身是個孤城，南面沛國是袁術之地，在此駐兵搞不出什麼花樣；第三，小沛和下邳之間隔了個要塞彭城，若是呂布要反咬一口，也沒那麼容易。

然而從之後呂布偷襲下邳的速度來看，他應該是駐紮在更靠近下邳的地方，可能在彭城國境內，甚至有可能就是彭城；再說，當時劉備才與曹操改善關係，沒理由放一個呂布在曹操附近，挑起曹操對徐州的舊恨。總而言之，呂布軍就在徐州內駐了下來，一駐就是半年之久。

這是劉備在徐州犯下最嚴重的錯誤。

建安元年中，徐州又捲入了戰亂，這回是袁術。前面說過，袁術自從封丘一戰被曹操電得吱吱叫之後，便將目標轉向東方的徐州，他先以孫堅的妻弟吳景為廣陵太守，經略徐州南面靠長江的廣陵郡；西元一九六年，袁術親領大軍進入下邳國，渡過淮水直逼劉備主營下邳城。劉備這時已取得曹操、袁紹的支持，於是便率大軍南下，至盱眙、淮陰一帶對抗袁術，留下自己的麻吉張飛（終於有戲份了）、徐州前上將現任下邳相的曹豹、丹陽將領許耽等留守下邳。

這留給了呂布一道雖有上鎖、但鎖不怎麼緊的後門可開。

劉備與袁術之戰的規模如何並未記載，不過依雙方實力，各自三萬的兵力應該跑不掉；這是劉備第一次指揮大軍團的戰鬥，他事前必然做很多功課，面對戰績不怎樣的塚中枯骨兵團，劉備應是信心滿滿，要在這仗中揚名立萬。不過事實證明，此下的劉備和袁術也不過是半斤八兩，雙方在淮陰石亭一帶數次交戰，各有勝負，拉鋸了一個多月。

呂布並不是一個頭腦靈光、會主動找機會的人，像他這種能力很強，但短視近利、輕率決策者，註定要成為其他人的一枚戰棋；袁術則剛好相反，他是那種志向遠大（想當皇帝）、但能力卻弱到掉渣的角色，他看出呂布的利用價值，於是在與劉備交戰之初，袁術就寫了一封密函給呂布。信的第一段稱頌了呂布最愛提的「殺董卓」，第二段則讚揚呂布破兗州一事，第三段便提到劉備，袁術表示：「我袁術有生以來，還沒聽過天下有劉備這個名字，這種卒仔逼竟然舉兵與我對抗，真是天大的笑話；若袁術能借將軍之力，擊破劉備，那是將軍的大功，我袁術願生死以奉，將先送上前金米糧二十萬斛，後謝將隨後奉致，若將軍兵器戰具有所缺乏，也請儘管吩咐，袁術自當從命。」

袁術這信既有虛名，又有實益，呂布看完自然是心花怒放，隨即點起兵馬，水陸並進，向下邳進發，到下邳城外四十里處紮營。正要討論怎麼攻城，一名不速的夜行客卻來到呂布軍中，那是徐州軍司馬章誑，他奉丹陽兵將領許耽的命令前來尋求呂將軍協助；原來日前，下邳城內張飛與曹豹起了爭執，張飛擅殺曹豹，導致城中大亂，目前有千餘名丹陽兵聚於城西白門，聽聞呂布前來均甚興奮，願為呂布內應。呂布當然不會放過這個千載難逢的機會，他便依章誑建議，趁夜進軍下邳白門，丹陽兵果然開門呼應，呂布軍大舉入城，放火進擊，大破張飛軍，並俘虜劉備的妻子與部曲。

劉備在淮陰得到消息，趕緊回軍，然而從淮陰到下邳短短百里的路程，劉備竟然走不完，他的軍隊在中途潰散，劉備瞬間失去了一切，只能向東逃到廣陵海西，苟延殘喘。呂布遂坐穩下邳，自稱徐州牧。

「呂布取徐州」是一起意外又神秘的事件。在這起事件中扮演關鍵角色的，是前徐州上將曹豹，關於他的出身史未明載，不過依他和陶謙的關係與下邳內鬨看來，他應該是丹陽兵中僅次於陶謙的第二把交椅，也是陳登、麋竺等本土派最忌憚的角色（不過他不是呂布的岳父，那是小說之言）。他究竟與張飛起了何種爭執是個謎團，但或許這便是過去一年檯面下內派系傾軋的爆發，丹陽派在劉備離開後試著出頭，遭到張飛反制，殺了曹豹，其餘丹陽將領於是奉迎呂布入城。而劉備帶去打袁術的部隊，應也是以丹陽兵為主，一旦得知自己派系獲勝，這些丹陽兵隨即散去，劉備於是從堂堂一方之鎮又摔回一介草寇，重新展開的他的流亡生涯。

從呂布投奔開始，劉備薄弱的對內能力便暴露無疑。我並不是說他不應該接納呂布，而是應該想好怎麼處理呂布這支強悍的部隊，至少劉備有半年的時間可以思考，但最後他卻什麼都沒做。他可以逐漸拆散呂布的部隊，或是拿呂布去打袁術、去打泰山將、甚至去打曹操，然而劉備卻像是忘了，任由一支強大的部隊在原地休整，人家閒太久沒事做當然只好打你了。從平原相到徐州牧，劉備顯然還是沒學會怎麼當個成功的方鎮，沒認識到權力的微妙之處，以至於養虎為患，自討苦吃。

若是像呂布這麼明顯的問題，劉備都視而不見，那我們更無法期待他處理內部細微的派系問題了。事實上，劉備這一年多來在徐州，除了多了一個名叫孫乾的幕僚以外，他究竟幹了什麼，史書上隻字未提，我很懷疑他是否又像擔任平原相一樣，每日與民眾搏感情，而對於底下徐州與丹陽兩派的權力鬥爭拙於處理，以致於他一離城張飛得用暴力手段處理，最後竟使下邳在離自己不到百里的地方遭人奪去，而主力部隊也是未戰而散。

另外的可能是，或許劉備原本認定他這回出征，後防應該無礙，他只到淮陰，對手袁術會快速被擊敗，因此下邳守備只是小事，前線戰事才是至關重要。這種重外輕內、重前線而輕後防的態度是劉備這類武人的通病，他的好兄弟之後也就死在這個問題之上。

既然劉備犯了那麼多錯，那就下地獄吧。

投奔曹操

劉備在下邳潰敗後，收拾殘軍，向東南撤入廣陵，當時廣陵郡大部分已是袁術的地盤，劉備以敗軍試圖奪取，但此下軍隊士氣已失，慘遭袁術軍擊敗；這時劉備部隊糧食將盡，於是劉備找上了比他還要慘的白波流浪軍楊奉、韓暹，這兩個人自從在穎川被曹操擊敗後，就流落到江淮之間為寇，劉備遂主動攻擊，企圖奪取兵糧，結果雖然都取得勝利，但戰果不大。劉備最後退守濱海小城海西，這時部隊完全失了士氣，傷殘者眾，糧食吃盡，劉備軍於是陷入最絕望的食人地獄，而且是駭人聽聞的「吏士大小自相啖食」。

「人相食」或「易子而食」（交換孩子殺來吃）的記載並不罕見，到了亂世飢荒，赤地千里，唯有人肉最多的時候，「吃人」變成活下去唯一的選擇，隋唐五代間，更多的是那種以人肉為糧的軍隊。但一般軍隊吃人，要不就是吃敵軍，要不就是吃百姓，劉備的部隊在此卻是軍隊自相殘殺，吃彼此弟兄的肉，多半還是從老弱傷殘者先吃起，可見其處境慘絕。劉備面對著茫茫東海，或許要扳指頭開始算著，一、二、三、四、五……十一、十二，十二，自涿縣起兵以來十二年了，走過半個中原，當過大小官職，享過榮華富貴，結果竟落得一個人吃人的慘境，究竟我劉備是個英雄？還只是個在強梁之間無知跳躍的小丑？

然而就在這慘絕之境，救星出現，那就是東海麋竺。他從自己東海的家中搬出大量金銀，以資軍需，又交給劉備僮僕二千人，補充人力，這才使軍隊稍稍振作，最偉大的是，麋竺在這個當下竟以劉備妻子被擄為由，將自己的妹妹獻給劉備為妻，也就是日後的麋夫人，我只能說，麋家真的是在劉備身上砸了老本，非要將他撐起來不可。

經過麋竺的大量補血，劉備終於稍稍振作起來，並開始使用他那個不大常用的腦子。他決定要先活下去，而且要繼續貪心地活下去，眼下他只有一條出路，那就是回去下邳，投降呂布。

劉備此舉已是絕境中的上上之策，他不能肯定呂布會像他自己一樣來者不拒，呂布可能直接殺了自己，也可能將他軟禁、流放、或是用酷刑鞭打，但劉備還是得賭一把，這是他唯一的希望，至少到現在為止，他還沒跟呂布正面對抗過。

呂布是坐在下邳宅邸中，笑著見劉備的，關於襲取徐州一事，呂布沒給解釋，劉備大概也不敢問，倒是呂布半開玩笑地說：「我幾個部將聽到你回來，馬上建議我開刀殺人，他們說，劉備啊，反覆難養，不甘居於人下，最好是早點處理，以免生後患……老弟啊，你說我該怎麼辦呢？」

劉備驚出一身冷汗，同時也知道下邳絕對不是久留之地，他跪下叩首道：「備願還屯小沛，為將軍看守徐州大門。」

呂布哈哈大笑道：「正合我意，老弟，你便回小沛去吧，別忘了，咱們邊地人都是兄弟，不是敵人，咱們真正的敵人在壽春，那個叫袁術的混球。在小沛好好給我幹，明白？哈哈哈……」於是呂布為劉備準備了刺史的車馬排場，又送還他的妻子部曲，沿路鼓吹奏樂，送劉備回到小沛。

呂布不殺劉備的理由只有一個，那就是對付袁術。早先袁術致書呂布，要他偷襲劉備後方，目的是為幫自己贏這場仗，這下邳原該是「徐州伯」袁術的囊中物，想不到陰錯陽差之下，竟變成呂布自取下邳，還領了徐州牧，這自然讓袁術大大不快；呂布也明白袁術在打徐州的主意，此刻他的西邊還有曹操，北面還有袁紹，為求保險，他留劉備一條小命，讓他看管四戰之地的小沛，同時他又令年輕戰將張遼屯於小沛北側的魯國，增強徐州的西線防禦。

袁術對呂布是有忌憚的，但對劉備就不放在眼中了，他知道呂布將劉備安排在小沛，還搞不懂呂布是打著什麼算盤，因此決定試探性地打一下。建安元年底，袁術派部將紀靈率軍三萬，攻打在小沛還沒站穩的劉備。呂布在下邳得到消息，他底下的將領都認為反正劉備一定得死，這下借袁術之手殺之，也是不錯的選擇；但呂布卻有自己一套見解，他認為若讓袁術拿下小沛，就會與北方泰山諸將連成一線，包圍徐州，因此這小沛是不得不救的。

我不大確定是我自己讀史有誤，或是呂布剛到徐州搞不清狀況，所謂的泰山諸將應是指臧霸等人，那時候正駐紮在靠海的琅琊，他們只是本籍泰山，但軍隊並不在泰山，因此呂布這邊說的「北連泰山諸將」，似乎有點誤會了。不過呂大人既然說要救，那就一定要救，還要救得帥氣、漂亮，於是便有了「轅門射戟」的經典情節。

呂布只帶了千餘人，便來會紀靈的三萬大軍，紀靈等聽到呂布來，都不敢再攻城，雙方客氣地開桌吃了個飯。呂布告訴他們：「劉備是我們家小弟，被你們圍毆，我只好來救他。不過我這個人最愛好和平，不喜歡幹架，只喜歡勸架……我看就這麼辦……」說著就命一個倒楣的營門官，舉著一支戟站在營門口，然後說：「我現在要射戟上分出來的小枝，若一發即中，各位就罷兵回去，若是不中，你們就打吧。」說完也不等紀靈同意，隨即彎弓搭箭，果然一箭就射中小枝。紀靈等人紛紛發出狗熊一般的讚嘆，直稱呂將軍天威，於是呂布又和袁術軍將領們喝了幾天，袁術軍就這樣退了。

三萬人就這樣撤退也算是夠離譜的，唯一的解釋就是袁術只是試探性地攻擊，想確認呂布的態度。既然呂布出面干涉，那就要另定戰略方針。

呂布大概和劉備見了一下面，老弟老弟的說了一陣後，就回下邳去了。劉備一輩子閱人無數，但實在也猜不透呂布這人在想啥，只好繼續在小沛待著，回復元氣，憑他劉備驚人的影響力，沒過多久就聚眾萬餘，漸成氣候。呂布知道後「奇蒙子」又差了起來，當下也顧不得對抗袁術了，便率領他的并州兵團直撲小沛。這是劉備呂布軍隊第一次交手，劉備新組軍不久，碰上的又是天下一級戰將呂布，自然不是對手，三兩下新收的萬餘大軍便給擊潰，劉備只能撇下軍隊，撤出他留駐數年的小沛。

此下劉備又恢復了「單身」，帶領一眾兄弟開始新的流浪。眼下中原已不是五年前那個小軍閥割據的場面，幾個大方鎮穩定地瓜分華北大地，劉備眼下的選擇已然不多，他於是領著部眾橫越兗州，來到一座不大、但是正在大舉翻修的城池前。他遞出自己鎮東將軍、宜城亭侯的名束，守門將士狐疑地看著這一群破爛頹敗的軍隊，然後下去通報。

劉備等在城外等了好一陣子，正心慌時，城門大開，一名身材略嫌矮胖的中年男子服深衣紫綬，向他疾行而來，同時高聲道：「劉使君遠來，曹某迎遲，恕罪、恕罪！」

劉備下跪拜道：「下臣參見司空大人。」

那男人道：「快快請起，都是一朝之臣，如何行此大禮？」他一面將劉備扶起，一面說：「劉使君，您在徐州之事，我都聽說了。呂布狼子野心，反覆無義，劉使君信義之人不免受其所害。不過您放心，這徐州之事便交給我曹孟德，一定給使君一個交代。」

劉備拜道：「多謝大人。」

曹操笑道：「何必謝，這是公事，使君遠來疲憊，還請先入傳舍小歇。請！」劉備行禮答謝，便隨著司空曹操進了許都城。

就這樣，劉備在曹操帳下待了下來，展開了二年多「我在曹操身邊的日子」。這是劉備生涯中關鍵的二年。

他從曹操身上，學到了真正的王霸治術，也認清了自己不足的地方。雖然有點晚，但還不算太遲。

但也就在這段時間內，劉備自陷於致命的危機中，改變了他後半身的生涯方向。

附錄：下邳陳家：神秘而強大的家族

香港漫畫家陳某的《火鳳燎原》中，將河內司馬家描繪成一個縱橫天下的大商家，年輕的主事者司馬懿更是屢屢靠著龐大的資金與秘密的刺客部隊介入政治，暗中影響著天下大勢。

當然這是創作者的創意，在歷史上，司馬家乃是東漢傳統的經學士族，除了念書以外就是當官，沒有人會去做買賣，也沒有養刺客。

不過那個時期的確有著一個縱橫方鎮間的家族，而家族的主事者也是一個年輕的傢伙，他穿梭於東方諸雄之間，運用各種矛盾為籌碼，傾全力保護自己家族的利益。在我看來，劉備、呂布、袁術、曹操都只是這個家族的棋子而已。

那就是陳登的下邳陳家。

陳家在下邳原已是知名大族，將這個家族真正推上漢末歷史舞台的是陳登的伯祖父陳球。陳球兼通儒法，在靈帝時官至太尉，後來因圖謀誅除宦官，反而為宦官所誣害，死於獄中，這樣壯烈的表現使得陳家聲望大漲。陳球的兒子陳瑀後來官至吳郡太守，陳琮官至汝陰太守，他的姪子陳珪——即陳登的父親——則是沛相，俱至二千石之位。陳登二十五歲舉孝廉，任東陽長，史書上對他四個字的形容詞很多，幾乎全都是正面，包括學貫古今、文武兼具、知禮守法、有雄資異略等，是個出身士族卻有奇謀詭略、豪氣縱橫的特別角色。

由於同是公族子弟的關係，陳瑀、陳珪與袁術乃是舊識，而陶謙入主徐州不可避免地也需要下邳陳家的支持，於是初平年間，下邳陳家便遊走於陶謙和袁術的聯盟之間，陳珪被任為沛相，坐鎮兩強間的沛國，陳登任徐州典農校尉，負責闢土種糧，陳瑀則被袁術私署為揚州刺史，坐鎮大城壽春，可謂是一門風光。

不過隨著世事發展，下邳陳家開始面臨路線上的挑戰，其一是來自於徐州內部丹陽勢力發展的威脅，這點我們在前面已經討論過；其二則是袁術稱帝的野心，這使得累世仕宦、忠義自詡的下邳陳家相當反感，決定加以反制，因此在往後數年中，「制袁術、抑丹陽」便成了下邳陳家的主要路線，陳瑀、陳珪、陳登等不惜運用手上一切資源，捍衛陳家的安全與利益。

與袁術的決裂來得很早，西元一九三年封丘之戰後，袁術領著被曹操痛擊的殘隊撤入揚州，正打算前往壽春整頓，豈知老朋友陳瑀竟突然翻臉不認，拒絕袁術軍入城，這下可是將袁術氣得火冒三丈，他隨即撤入小城陰陵，重組軍隊，準備反攻壽春，結果陳瑀敢說不敢做，一聽說要打仗馬上嚇得溜回下邳，省了袁術一番功夫。不過也就因為如此，陳家與袁術徹底決裂，也使得阻止袁術取得下邳，成為陳家接下來十分重要的課題。

這或許也是陳登力拱劉備上位的原因之一，又要對抗袁術，又不能依賴曹豹的丹陽兵將，放眼徐州也只有劉備才有這種能耐。根據記載，陳登非常欣賞劉備，說他「雄姿傑出，有王霸之略」。陳登是第一個明確評論劉備有王霸野心的人，這是基於兩人於徐州共事的經驗，比起袁紹說那個「弘雅有信義」有說服力多了；而劉備也很欣賞陳登，曾在別的場合說他有古人之風，當代人是比不上的。

這問題就來了，既然陳登和劉備那麼麻吉，劉備之後落難海西，陳登當時在何處，為何不見他出手相助？劉備離開徐州後，為何又不見陳登相隨？比起麋竺傾家蕩產，隨劉備周旋四方，陳登對劉備的讚賞，是否只是純嘴炮而已？

我想以下是一些答案：第一，劉備落難海西時，陳登看起來應該在下邳，他無法出身協助可能是因為下邳失陷得太快太突然，因此他下一次在史書上出現時，已成了呂布的下屬；第二，陳登之所以無法隨劉備周旋，主要是因為這種世家大族都是根植於地方，經濟上倚賴農田租佃，人脈上門生故吏佈滿郡縣，一走就失了根，成本太高；相較起來，麋竺是商人，資本有比較高的移動性，地域性比較沒那麼強。

除此之外，我認為陳登與劉備的割離還有第三個原因，那就是二人的階級差異，劉備來自於社會底層，陳登則來自士族階級，這在二人之間造成無可避免的落差，也或許就是因為這種落差，兩人在某些觀念與行事上差異太大，以致於理性上都知道對方是好的，卻無法妥善共事。事實上，劉備入主徐州的一年多之中，陳登幾乎是消聲匿跡，多少也反映了他在劉備帳下不受重用的情形。

同樣的情形也發生在劉備與陳群的關係上，劉備入徐後，原擔任劉備豫州別駕從事的陳群並未跟隨，反而之後是以「避禍」為名，和父親陳紀一同進入徐州，並於稍後被呂布招攬。劉備與陳群曾有賓主關係又同在一州，卻無法共事，階級問題是最有可能的阻礙。

當然，這種問題並不能單單歸咎於劉備或是陳登、陳群一方，這應該是雙方互相的不協調。劉備本身並不好經學儒學，大概也無法習慣東漢士族那套嚴謹煩雜的禮儀，同時他此下對內政尚不重視，也不認為有必要對這些名士們壓低姿態。另一方面，士族們或許對劉備有「英雄」、「王霸」或是「好做陣」的美譽，但在他們眼中這終究只是一個粗俗的武夫，可以捧但不能跟，更不值得為他犧牲家產或生命。

這也是劉備前半期始終無法站穩腳步的原因之一。我們稍後會提到東漢士族政治的發展過程，到了東漢末年，地方上大型士族一方面掌握田林等經濟資源，一方面透過「門生故吏」掌握了政治資源，一個軍閥即便兵力再強，只要缺少這些士族支持，便如失根的浮萍，在地方上落不住腳。劉備並沒有意識到這點，他仍然是率性而為，將徐州士族們屏除於自己的小圈圈之外。

陳登回應劉備疏離的方式，就是棄子，對陳登來說，劉備就是一顆棋子，他本身受不受劉備重用是一回事，重點在於劉備是否能發揮「制袁術，抑丹陽」的功能，結果劉備讓陳登失望，淮陰之戰打得零零落落，還激起丹陽兵造反，完全失去原有的利用價值，因此對於劉備落難海西，陳登保持冷眼旁觀，而他也很快地發現，勇猛善戰、輕於決策的呂布，其實是比劉備更好的一枚棋子。

曾當過丁原主簿，又曾一度霸佔帝國中央的呂布比劉備明白士族政治的遊戲規則，他不但網羅了被劉備屏棄的陳群與袁渙，還將腦筋動到當時已仕於孫策麾下的張紘身上（張紘為徐州廣陵人），因此雖然他做人白目，他向陳家靠攏的程度遠大於劉備，自願成為陳家手下的一枚戰棋。首先是陳珪成功地說服了呂布拒絕袁術的聯姻要求，將倒楣的求婚使者韓胤送到許都斬首，促成不可思議的曹呂同盟。之後在袁術入侵下邳的戰役中，陳珪更協助呂布大破袁術軍，徹底阻擋了袁術北上的企圖。然而棋子就是棋子，陳家也看出呂布絕非值得投資的對象，於是當陳登奉呂布命令出使許都時，便吃裡扒外地和曹操達成消滅呂布的共識，並受任為廣陵太守。

建安三年，西元一九八年，曹操東征呂布，陳登率廣陵部隊助戰圍攻下邳，最終殺呂布於白門樓，戰後，陳登被封為伏波將軍，位階遠高於曹操帳下將官；隔年，袁術因病而死，正式解除下邳陳家心頭大患，陳家遂改以廣陵為根據地，開始打起江南孫家的主意。陳瑀被曹操任為吳郡太守，和陳登幾次聯繫吳越一帶豪帥侵擾江東大後方，對孫策、孫權勢力發展造成很大的牽制，在匡琦一役中，陳登更大破來犯的孫家軍，給了江東小霸王軍旅生涯中唯一的一敗。稍後陳登被改任為東城太守，廣陵民眾紛紛舉家相隨，可惜陳登三十九歲時，就因為吃太多生魚片，得寄生蟲病而英年早逝，陳家後繼無人，從此退出歷史舞台。

總而言之，下邳陳家可謂是一大神秘家族，他們不成一方之霸，卻成功地在列強之間尋找平衡，成為東方一隻看不見的黑手。不過若認為陳家是徐州的守護者那可能太超過了些，依我看來，陳登等也只是為家族利益而戰，還沒說守護一般百姓，否則他也不會和屠殺徐州數十萬百姓的曹操合作了。

第三章

刺曹大計

第三章　刺曹大計（197～200年，劉備36～39歲）

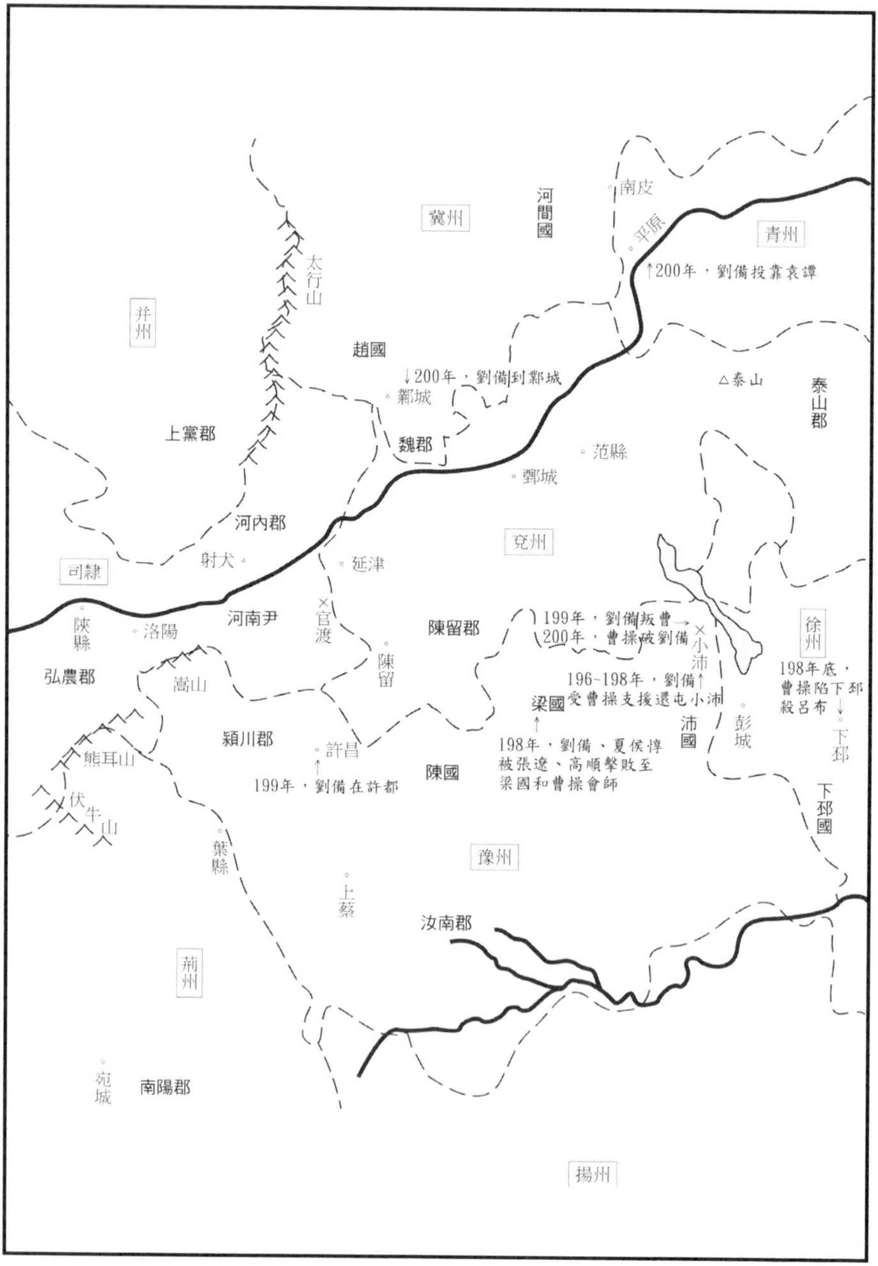

曹孟德

劉備或許沒意識到，當他進入許都時，一柄刑刀已架在他的頸子上。

當時有人向曹操建議：「劉備有英雄之志，不早殺除，必成後患。」曹操詢問他手下參謀郭嘉的意見，郭嘉表示：「這話是有道理，但主公您起兵為民除暴，以誠信招攬俊傑，還正擔心誠信不夠，現在劉備有英雄之名，窮途末路前來投靠，卻被主公您殺了，恐怕主公得擔上一個『害賢』的惡名，到時候智謀之士對主公的誠信感到懷疑，另投他主，您又要和誰商量定天下之事？殺一人而沮四海之望，不可不察！」曹操拍拍郭嘉瘦弱的肩膀，笑說：「奉孝，You got it。」（原文：「君得之矣。」）

曹操不殺劉備的理由有很多，收買人心當然是其中之一，事實上，對於主動前來投靠的落難軍閥，曹操多半友善接納，例如之後投降的張繡，或是被孫策擊敗的劉勳，當然，之後能否好好相處是另一回事。此外，劉備這時狼狽的樣子，應該也激不起曹操殺他的念頭，甚至我認為，在這段時間內，曹操一直沒將劉備放在眼中，留給了劉備一個隙縫，在曹操多疑的陰影下存活下來。最後，劉備特殊的背景對曹操有很大的價值，這一點我們之後再加以討論。

曹操雖收留的劉備，也有心利用他打擊在徐州的呂布，但眼下的他實在是有心無力。一年前，他才死戰擊破呂布奪回了兗州統治權，稍微休養之後，又派兵西入洛陽奉迎漢獻帝，並與白波軍閥楊奉打了一戰；遷入許都腳步尚未站穩，董卓的西涼軍又在張繡率領下，經劉表同意進駐了南陽郡的宛城，離許都不過百里之遙，這迫使得曹操不得不先掉轉槍頭，對付南邊難纏的張、劉聯盟，而對東方的呂布採取比較被動的策略。

於是劉備又再度被賦予了看門狗的任務，而站的崗位同樣又是小沛，但曹操也不算虧待他，不但提供了部分的兵力與糧草，還用漢朝的名義，正式任命劉備為豫州牧。這是劉備方鎮的地位第一次獲得漢朝中央的背書，貨真價實的堂堂劉豫州就這樣誕生了。

獲得朝廷（曹操）的奧援，劉備肯定是精神一振，他率領著整頓過的軍隊回到小沛，出乎意料地並沒有受到呂布任何抵抗。劉備隨即號召殘兵，秣馬厲兵，打算好好當個討伐呂布的馬頭卒。孰料世事變化總是比計畫快，在陳圭、陳登父子的策畫之下，原是死敵的曹操與呂布竟結成了同盟，曹操將原本袁術頭上的左將軍一職改送給呂布，還噁心巴拉地寫信給呂布說：「現在世道不好，國家沒好的金屬，所以我拿自己家裡的金屬刻將軍印給您；國家沒有紫綬，我就拿自己帶的紫綬給您（按：可能還留有味道），將軍就將就用著，只要記得對國家效忠就是了。」

在這種氛圍下，劉備就算再報仇心切，也只能暫時被和諧掉了。劉備在小沛一待就是將近兩年，這段期間，曹操打張繡，袁紹打公孫瓚，呂布打袁術，孫策持續橫掃江東，劉備卡在四戰之地小沛卻是閒來無事，也算是奇事一樁。

趁著劉備中場休息的空檔，我們簡單介紹一下曹操，雖然大家都對曹操有一定了解，但為說故事順暢起見，在此還是扼要敘述這位劉備天敵先前的事蹟。

曹操，字孟德，沛國譙縣人，東漢桓帝永壽元年，西元一五五年出生，比劉備長了六歲。曹家並非傳統士族，曹操的父親曹嵩來路不明（有一說是譙縣夏侯氏出身），認了桓帝的大宦官曹騰為義父，之後又捐了一億錢買了個太尉的位置，才使曹家躍入富貴之流。曹操循著一般貴冑子弟的仕途，二十歲舉孝廉，歷任洛陽北部尉、頓丘令與議郎等中央與地方官職。黃巾之亂時，曹操受任為騎督尉，率兵平亂，之後又升為「西園八校尉」之一的典軍校尉，統領中央禁軍。董卓入京後，曹操棄官至陳留，舉兵討董，卻在滎陽卞水一戰慘敗給董卓的大將徐榮，差點丟了小命；曹操為了補充兵源，親自南下丹陽郡募兵，結果好不容易募到的四千人中有三千五百人叛變，囧到不行的曹操只得入駐河內，培植實力。

隨後數年內，曹操藉著討伐民變勢力以戰養戰，初平二年一戰大破青州黃巾、收其中精銳者為「青州兵」後，更是實力大增，頭銜也從東郡太守升為兗州刺史，成為袁紹南方最忠實的盟友；之後曹操破袁術、陶謙，又與呂布爭奪兗州。曹操奪回兗州後，應董承之邀，出兵洛陽奉迎漢獻帝至許縣，自任為司空、行車騎將軍事，開始了他「挾天子以令諸侯」的事業。

在我的歷史想像中，曹操是個一手提酒壺、一手持屠刀的浪漫屠夫，他有著詩人率真易感的一面，但他從不讓這份感性干擾他果斷殘酷的行事風格。他絕頂聰明，精力充沛，又歷經過大風大浪，在年過四十的當下正值人生巔峰，無論用人、施政、用兵、手腕等能力均無懈可擊，因此即便此下曹操的「硬實力」仍弱於袁紹，他仍然被許多人看好能一掃方鎮割據的亂局。

曹操和袁紹曾是最緊密的盟友，曹操早期戰況不利時，常靠袁紹的大力支持才能安然渡過難關。然而隨著外敵漸去，兩人的關係也產生變化，西元一九六年曹操奉迎天子的舉動，更在袁曹之間投入一記震撼彈。或許之前袁紹當曹操是個小弟，認為他會始終支持自己的霸業，但曹操奉迎天子之舉卻透露出他別有野心，自然令之前無怨無悔付出的袁紹不快。曹操當然也清楚若真要成為一人之下萬人之上，袁紹是他最大的絆腳石，兩大勢力遂沿著黃河逐漸裂開，而其他方鎮——包括劉備——也隨著這陣漸起的風暴而被牽動著。

下邳圍城

劉備約是於建安元年，西元一九六年底投奔曹操，隔年一九七年春天，袁術終於忍不住傳國玉璽的誘惑，於壽春自稱天子，成為萬槍瞄準的出頭鳥，不但盟友呂布背盟，原本的屬下孫策也修書決裂，令袁術一下喪失大半的揚州領地；隨後袁術於進攻下邳的作戰中慘敗給呂布，進攻陳國又敗給曹操，加上那年江淮大飢荒，袁術原本就不怎麼樣的實力幾乎徹底崩盤，從此退出爭霸舞台。

當團結的誘因消失，曹操、劉備、呂布這三個歡喜冤家之間的恩怨，似乎也得做個了斷。

挑起火頭的是在小沛鬧得發荒的劉備。建安三年，西元一九八年，春天，一隊商旅打下邳出發，帶著大量的金錢準備前往司隸的河內郡，這是呂布的馬匹採購團，當時河內太守張楊是呂布最好的麻吉；豈知這隊採購團經過小沛地界時，卻遭到劉備士兵的打劫。從已有的記載看來，整起事件對曹劉陣營似乎是個意外，當時曹操正與張繡、劉表的軍隊於穰城纏鬥，河北也傳來袁紹可能奇襲許都的消息，在腹背皆敵的情況下，曹操似乎沒有理由授意向呂布挑釁，而在沒有曹操支持的情況下，劉備似乎也不可能命手下士兵放手搶劫。但對呂布而言，這起搶案是個絕佳的藉口，他早看那個在小沛動作頻頻的大耳兒不爽，現在袁術已破敗，曹操又被牽制，正是將那個大耳兒送進墳場的大好時機。

但呂布在這次作戰上似乎顯得過於謹慎一點，他先派人前往壽春，和奄奄一息的袁術修好結盟，一直拖到八月左右才正式對小沛用兵，當時曹操已脫離張繡劉表的軍事包圍，安全撤回許都，剛好有餘力照料東方。這回呂布並不自己出馬，而是打出手上兩張王牌：魯國相張遼與中郎將高順，統率包括呂布麾下最精銳的「陷陣營」的部隊，向小沛發起猛烈攻擊。曹操見呂布不出手，也不願意親自領兵出征，而是派了手下身分最高的將領夏侯惇，率軍前往救援劉備。

在很多小說和電玩上，夏侯惇總被塑造為曹操麾下第一戰將，但實際上，夏侯惇地位雖然崇高，作戰成績實在是不怎麼樣；之前在兗州和呂布軍作戰，不但丟了重鎮濮陽，還被綁架，當成肉票勒索（悲慘的是他的屬下韓浩還不顧他死活），在稍後的作戰中又被呂布軍士射瞎左目，換得一個他超討厭的「盲夏侯」外號。或許就是這些新仇舊恨，在這次對呂布的作戰上，曹操讓夏侯惇打頭陣，給他一個上訴的機會。

不過夏侯惇和劉備這兩個八、九棒連線，還是抵不過張遼、高順這種三、四棒的火力。張遼是并州雁門人，算是呂布的小師弟，年紀輕輕就擁有「武勇過人」的稱號，兩人都曾在丁原底下做事，之後又一同跳槽到董卓陣營，董卓死後，張遼率領他的直屬部隊隨呂布流浪，呂布入主徐州後任張遼為魯國相，鎮守徐州西面大門，當時張遼還不過二十八歲。至於高順則應是呂布底下部曲出身，忠誠勇猛，個性嚴明，呂布讓他統率麾下精銳部隊八百人，每戰必勝，號稱「陷陣營」。

在張、高二人以及陷陣營的猛烈攻擊之下，劉備苦心經營的小沛城與夏侯惇所率領的精銳曹軍都顯得不堪一擊。約是九月，小沛城陷，劉備再一次地施展大絕成功撤退，不過他倒楣的老婆們（包括甘小姐與糜小姐）與子女（不是劉禪，估計這些子女最後都死光了）又再次地被他給拋下，成為呂布軍的俘虜。

劉備和夏侯惇率殘軍西撤至梁國，緊急向許都求救，當時許都中許多人認為張繡、劉表問題未解，北方又有袁紹威脅，不宜向東方用兵，不過曹操幾個大參謀荀彧、荀攸、郭嘉等均強力建議先討伐呂布，他們普遍認為張繡等問題不大，與袁紹的衝突也還不明顯，倒是呂布素有驍勇之名，若讓他連結袁術，整合淮泗間的零星勢力，甚至之後與袁紹同盟，必成禍患，應速速除之。曹操深表同意，建安三年九月，曹操親自率軍，會同郭嘉、荀攸、樂進、于禁、徐晃等文武將官東行，先至梁國會合了劉備、夏侯惇的殘軍，然後直指徐州彭城，而他原本安排好的內應陳登，也從南邊的廣陵郡率兵北上，兩面夾殺呂布。

曹軍兵鋒銳利，十月一戰先克彭城，俘虜了呂布任命的彭城相侯諧，同時屠城，以教訓這些叛逆罪惡的徐州人；當時人在下邳的陳宮建議呂布主動出擊，但被呂布否決，呂布自恃騎兵強大，決定採取守勢，將戰場設在下邳泗水一帶，打算利用平原與河川地形，一舉殲滅曹軍。

但呂布沒料到曹操的部隊三年來已進化到另一個層次，兩軍在下邳城外交鋒三次，名聞天下的呂布騎兵均是大敗，驍將成廉也在作戰中陣亡。呂布驚駭之餘只得撤守城池，據險固守，而曹操也不願放掉勝果，他下令築起包圍圈，將下邳城團團圍住，交相攻打。

下邳是徐州首府，有城牆三重，堅固難攻，儘管曹軍在野戰中佔盡上風，對下邳城卻是屢攻不下，這一圍就是二個月。

在圍城期間，曹劉陣營這邊發生了一件小八卦，雖然不甚重要，但也足供茶餘飯後的消遣了。事情出在關羽身上。

或許因為同是并州出身的關係，關羽和呂布麾下一些將官關係都不錯，例如他和年輕的張遼就很要好，張遼還當他是「兄弟」。和關羽關係不錯的應該還有一位叫秦宜祿的老兄，他在呂布底下當什麼差我們不清楚，之所以推測他和關羽關係不錯是因為關羽應該見過他的老婆杜夫人，除非是意外，否則這至少代表了一定程度的友誼。

關羽一見這位杜夫人倒是放在心裡了，當時下邳圍城，秦宜祿奉呂布命令去找袁術求援，不在城內，關羽便跑去對曹操說：「曹公，我老婆一直沒生，希望攻下下邳之後，能將秦宜祿的老婆杜夫人賜給我當細姨。」當時杜夫人已經有了一個兒子，證明她的生育能力正常，曹操心想不孝有三無後為大，關羽的要求也算正常，於是就首肯了。豈知隨著圍城戰況日漸吃緊，關羽卻一而再再而三地向曹操提起杜夫人的事情，曹操某部分特別敏感的神經不禁被挑起，除了密密麻麻的軍情報告，他心裡也為這個女人留了一個位置。

這是「杜夫人三部曲」的第一部，事情未完，留待下回分解。

卻說時序進入臘月，天寒地凍，曹軍屢次進攻下邳均不能取勝，士氣逐漸低迷；曹操自己對這場戰爭也感到身心俱疲，於是動了撤兵的念頭，這時荀攸和郭嘉趕緊跳出來，告訴曹操都打到這種程度了，我累敵更累，此下不但不該退，還應該要急攻，一舉克定呂布。曹操這才鐵下心來，採取水攻，引泗水、沂水的河水灌城。古老的夯土城牆牆基防水功能並不好，久浸水中，部分下邳城牆已開始鬆軟崩塌，但反過來說，曹軍要在寒冬中涉水攻城，也是困難倍增。呂布倒沒有被這水攻之計擊垮，他與他的部將們仍堅守著下邳城牆，雖然他們同樣也已被逼至崩潰的邊緣。

朔風刺骨，泥濘陷足，眼下兩軍所比的，便是意志力了。

白門樓大審

建安三年，十二月二十四日，呂布投降。

壓垮呂布的最後一根稻草是一場兵變。他的親戚魏續，以及部將侯成、宋憲一齊叛變，將高順與陳宮這一文一武兩大支柱逮捕，率眾出城降曹，這對原本已是疲憊不堪的呂布來說，實在是致命的一擊，他登上下邳南門的白門樓，看著城外蜂擁而上的曹軍，嘆了口氣，吩咐左右：「你們把我綁了去見曹操吧，對你們有好處的。」他的左右能留到現在的好歹都是鐵錚錚的漢子，不願幹這種賣主求榮的事，呂布最後自己下城，向曹操請降。

曹操下令將呂布綑綁，提到帳下受審，他自己擔任審判長，陪席法官則是也曾吃過呂布大虧的劉備。就這樣，曹操、劉備、呂布這三大梟雄第一次也是最後一次的對話、精彩詭譎的白門樓大審，隆重登場。

卻說一見面，呂布又發揮他裝熟的本領，對曹操道：「明公怎麼瘦了？」

曹操嚇了一跳，道：「閣下怎麼認得我？」

呂布道：「當年在洛陽時，在溫氏園見過，明公怎麼就忘了？」

曹操笑道：「的確，我倒是真忘了，呂兄，我之所以瘦，都是因為沒能早些逮著老兄你啊！」

呂布他挺直了腰，道：「明公啊，我告訴你一個秘密，那就是……從今天之後，天下已定。」

曹操覺得有趣，問道：「哦？怎麼說？」

呂布道：「天底下明公會掛在心上的，就是區區在下小弟我了，現在我投降，對明公而言，不是大勢已定嗎？從今以後，在下帶騎兵，明公您帶步兵，天下有誰會是我們的敵手？」呂布看著曹操似笑非笑的表情，又道：「當年齊桓公不計射勾之仇，用管仲為相，稱霸天下，今天呂布願降，盡股肱之力，盼明公成全！」

曹操此下大概心底暗自訕笑。無論是不是真心要降，也該表現得低調一點，你這手下敗將算哪根蔥，竟敢討兵權，還敢跟我平起平坐，你當這裡還有你討價還價的餘地？再說你還真以為自己是什麼天下無敵的「人中呂布」？你的騎兵都被我打爛了，我有什麼理由用你來練騎兵？

曹操搖了搖頭，道：「若真如閣下真的如此天下無敵，又怎會被我綁在這個地方呢？」⑥

呂布一愣，隨即道：「唉，這我也不知道，我一向待我手下不薄，只是大難臨頭各自飛，那些混蛋緊要關頭聯合起來背叛我，難到呂布錯了嗎？」

曹操冷笑道：「我聽說，你都背著自己的老婆，和你手下的老婆們勾搭，這算哪門子的『不薄』？」

呂布被曹操搶白了一陣，不禁語塞，這時他將注意力放到坐在一旁的劉備身上，他呼喚道：「玄德（沒叫阿弟了），你為座上賓，我為階下囚，你也幫我說幾句話吧。」

劉備還沒來得及回應，卻聽著曹操大笑說：「呂兄有話就直說嘛，何必要麻煩劉使君呢？」說著回頭下令道：「來人，為呂將軍鬆綁。」

劉備聽出了曹操的弦外之音，剎那間，他已了解這個遊戲的規則：呂布是死定了，問題是誰該

---

⑥這句話是想像畫面，為連接故事用。

下手；當有人不想讓自己的名聲沾上血污，就得由另一個有份量、有動機的人操刀，或許這也正是他被邀請坐在審判席上的原因。劉備點了點頭，簡短地說了一句：「曹大人難道忘了當年丁原、董卓的事？」

曹操手一舉，示意鬆綁的人住手，同時對劉備緩緩地點了點頭，可憐呂布仍未明白，他對著劉備咆哮道：「你媽的劉玄德，你這大耳小子最無信義！」

那天，縱橫天下的人中呂布，被縊死於白門樓下。

《三國志呂布傳》以及裴松之注引《獻帝春秋》都有記載，在大審時，曹操曾一度想饒了呂布一命，是因為劉備或是主簿王必提起丁原、董卓的慘事，才決心痛下殺手。

我認為這樣的記載，要不是政治宣傳，要不就是曹操的戲演得太逼真。

以當時主客觀條件，曹操都沒有接受呂布投降的理由。主觀上，呂布是被打到無路可走才勉強投降，就算不計較他前科累累，也沒有理由相信他現在是誠心歸順。客觀上，呂布並不只是一個武夫，他是一個方鎮，在地區上有著相當的影響力，尤其是當年連陶謙都指揮不動的臧霸、孫觀等泰山將，在呂曹作戰期間，竟主動出兵協助呂布，在這種情況下，曹操即便愛才，也沒有理由將呂布留下，為自己潛藏一道麻煩。

但就像不殺劉備一樣，曹操此下並不想擔上一個殺英雄的罪名，因此在宣傳上，劉備便得分擔些責任，他是一個被呂布奪去一切的人，充當兇手本是動機充分，他一句話點出呂布背叛丁原、董卓的前科，頓時將呂布從梟雄貶低到「無恥小人」的位置，也讓曹操的刀下得更名正言順。

無論如何，一位中原的大人物走入了歷史，他曾是邊境草原上最驍勇的武士，他曾短暫當上帝國的實質舵手，他曾以一支流浪部隊攪亂天下局勢，但此下他只是一具頸子上纏了麻繩的屍體，下體腥黏地沾著失禁而出的屎尿。劊子手一刀砍下他蒼白的頭顱，那將懸在許都城頭，向天下宣示亂臣賊子的下場。

殺了呂布之後，曹操仍忙著處理戰後事宜，他又殺了陳宮、高順二人，接受張遼的投降，擢升立下大功的陳登，然後處理臧霸等泰山將的棘手問題。不過百忙之中他倒還記得關羽所說的事，他先見過杜夫人，果然是個風情萬種、儀態萬千的人妻，是他最喜愛的類型，曹操二話不多就將杜夫人納入自己的胯下……不是，是偏房，同時任命那位帶綠帽的丈夫秦宜祿為沛國銍縣長，算給他一點補償。

倒是關羽什麼都沒拿到，他知道曹操納杜氏後，並不是憤怒，而是感到不安。

關羽的不安是可以理解的，他對杜夫人並沒有愛到發狂，被別人搶走再找另一個就好；但當杜夫人變成曹太太，而曹操又知道關羽對她有意思的時候，就算曹操表現得不在意，關羽面對曹操自然也會有所疑慮，不知道他這麼豁達究竟是真？是假？

話說回來，若關羽當年是以生育的觀點來看杜夫人，他的眼光應該是滿準的，這位杜夫人除了原來的兒子秦朗外，之後又幫曹操生了曹袞、曹林兩個兒子，以當時標準來說，算是位很稱職的媳婦了。

以上是「杜夫人三部曲」的第二部，還有一個小小的後續，容後待表。

就這樣，徐州的風起雲湧終於暫時告一段落，曹操除了讓臧霸統領青、徐戰事外，又任命車冑為徐州刺史，劉備、關羽、張飛則隨著曹操班師，帶著呂布、陳宮等人的首級，回許都過新年。

不過，這只是「暫時」的落幕而已，徐州、下邳、小沛，我們還是會回來的。

那一年，我們那麼好

建安四年，西元一九九年前半年，是劉備待在許都的日子，也是劉備與曹操走得最近的一段時間，他的官職原本就是豫州牧，待在豫州潁川郡的許都也是頗為合理的。

曹操對劉備集團極為慷慨，糜竺因為地緣關係，被拜為偏將軍、嬴郡太守（嬴郡自泰山郡中劃出），糜竺的老弟糜芳被任為彭城相，俱是二千石大位。原本只是非編制別部司馬的關羽與張飛則被提拔為中郎將，至於老大劉備則掛上了之前袁術、呂布的頭銜：左將軍。

簡單說明一下，依東漢建制，前、後、左、右四個將軍號約當是國家副部長級的位置，再往上只剩下四個將軍稱號，由低到高分別是衛將軍、車騎將軍、驃騎將軍以及大將軍；換言之，僅以將軍號比較，劉備的左將軍已是當時一等一的尊位，全天下在他之上，只有三位將軍，分別是大將軍袁紹、行車騎將軍事的曹操、以及衛將軍董承。

左將軍、豫州牧、宜城亭侯，構成劉備在東漢建制上合法的最高頭銜。

除了名義上的官銜之外，曹操對劉備也相當禮遇，企圖拉近兩人的私人關係，每當外出時，便與劉備同乘一車，入座時，則和劉備同坐在一張席子上，彷彿兩人是深交多年的麻吉一般，天生意氣相投、肝膽相照。

當然我們不能排除曹操真心喜歡劉備的可能，但這種政治上的速食友情，多半仍是基於利益關係，換言之，曹操之所以待劉備那麼好，是因為劉備對他有這樣的價值。

那話說回來，劉備對曹操究竟有什麼價值？

有些人會直覺地想到劉備的皇家血統，認為曹操積極拉攏劉備這個大漢「皇叔」，是為了鞏固並正當化他對帝國的宰制地位。

我認為這是目前一些論述中對劉備最大的誤解。

「劉皇叔」這個名詞並不見於史料，甚至劉備是否真的有晉見過漢獻帝，史書上也沒有明確記載，演義上獻帝「按譜認親」的片段，當然是小說家的創作。而且如前所述，劉備的家族幾百年前就被踢出皇室，在劉備打天下時，搞不好隨便砍死的一個姓劉的小軍閥血緣上都比他更接近皇帝，更遑論幾個真正擁兵的大角色如劉虞、劉焉、劉表、劉寵等。劉備自己也鮮少以皇族的身分做為宣傳，根據記載，劉備唯一一次說自己是為漢室親族，是在二十年後他任漢中王時給獻帝的上書；其餘稱劉備為「王室之冑」的政治語言，則散見於諸葛亮說孫權與張松說劉璋時，這些都發生在諸葛亮的隆中對策之後。至少我們可以說，在劉備前半期的奮鬥生涯中，「漢室之冑」從來不是他對外宣傳的重點。

在曹操眼中，他在洛陽隨手一抓就是「一咩」正港的皇叔、皇伯、皇阿公之輩，自然不會著眼於劉備和皇帝這種要追上十八代才連得起來的關係。

我認為，曹操所看重的，是劉備對於平民階級的號召能力。

要討論劉備對平民階級的影響力，首先要簡要說明東漢乃至魏晉的「士族政治」。自漢武帝獨尊儒術以來，儒家知識成為進入政府大門的不二鎖鑰，在造紙印刷技術都不甚發達時，這些知識很自然地為特定族群所獨佔。部份政府制度也促成了官職與知識的世襲化，例如東漢恢復「任子」制度，現任公卿、校尉、尚書家族中，得有子弟一人為政府後備官員，而不問受選任者的德行學識；東漢明帝也特別為功臣子弟設立學校，使得這些原本就有社會經濟優勢的第二代，又更容易跨過公職的門檻；即便以最接近庶民的察舉或徵辟制而言，也逐漸成為大族之間交易的籌碼，不復為一般庶民所接近。

政治地位的世襲也造成經濟上的優勢地位。和後代政府越來越小氣相比，漢朝給官員的薪水算是很大方的，以東漢安帝延光年間為例，一個品秩四百石的小縣縣長，月領米十五斛外加二千五百錢；簡單換算，一斛十斗，一斗十升，一升約是現在的二〇〇CC；我們現在煮飯用的量米杯，一杯約二四〇CC，一杯米約可煮兩碗白飯，假設一個成年人一天吃四碗飯，那一個月就會吃掉一百二十碗飯＝六〇杯＝一萬四千四百CC＝七十二升＝七點二斗的白米，換言之，一個縣長一個月一百五十斗的俸米約可以養活二十人，外加上額外的俸錢，整體上算是滿充裕了。若能升到品秩中二千石的高位，月薪就有米七十二斛加錢九千，是一等一的高薪了。

有了那麼多錢花不完，又沒有股票期貨可以投資，這些士族們只好開始買地，於是幾百年下來，至東漢末年是「大族田地有餘，而小民無立錐之地」，形成嚴重的貧富差距。

在這種政治、經濟資源都被士族掌握的背景下，劉備的崛起本身就是一種對庶民階層的鼓勵。他是個織草鞋出身的孩子，在沒有任何士族投資的情況下，平地一聲雷成為國家最高的中央將領以及地方首長，相較起其他方鎮不是士族就是邊將出身，劉備之於東漢平民就像歐巴馬之於美國黑人一般，那是一種突破階級的象徵，為活在水深火熱中的困苦平民們帶來一絲向上的希望。

當然，可能有人會說劉備也不是什麼貧下中農出身，他祖父還當過縣令，老爸也當過吏佐，並不算真正的庶民；但一樣的，歐巴馬也是黑人和白人混血，但仍無妨他在黑人族群中的影響力。在政治上的宣傳中，實質並不重要，重要的此一象徵意義能被宣傳對象能接受。

除了出身低微外，劉備在奮鬥過程中始終保持著相當的草根風格，他招待平民飲宴一事，便是當代方鎮所難以企及的；又如之前介紹陳登時所述，劉備的集團中始終沒有士族出身的成員，或許也間接反映出他與士族格格不入的管理風格。以現在的方式想像，劉備總是穿著一件破舊的工作褲，搭上洗得泛白的簡單T-shirt，走進最平凡的人群之中，他沒有虛偽的笑容，沒有行禮如儀的握手，他寬闊的臂膀可以輕易攬住每個苦難的人，用最誠懇的表情聆聽他們的不幸，他和大家吃一樣的稻穀，喝一樣的污水，偶爾口出幾句髒話消遣一下那些高高在上的士大夫。相較起那些西裝革履、裝腔作勢的政治人物，大多數的平民自然會集中到劉備身邊，即使客觀上劉備的前景並不佳。

從救陶謙帶有數千飢民，到駐小沛短短時間內能聚眾萬餘，顯示出劉備對平民的號召力隨著他的官階而有所成長。曹操本身是沛國人，他透過親族耳目八成已經聽說劉備在小沛「遠士族、近平民」的古怪事蹟，曹操於是在劉備身上看到了自己缺少的東西，自起事以來，他忙著招攬「英雄」，卻從沒將不是英雄的小民擺在眼中，徐州幾場大屠殺下來，他肯定已成為百姓口中的惡魔，這在對抗呂布時或許還不重要，但當袁紹、劉表等強大勢力壓境，任何一點資源的流失都可能造成根本性的敗亡，能取得劉備這樣一劑特效藥，快速凝聚平民的向心力，自然是有必要的了。

或許有人會說，劉備與曹操同樣是「寒素階級」出身，應該沒有那麼大的差異。但這種論點未免太拘泥與形式上的士庶之別；史學家會稱曹操是寒素階級是與正港士族袁紹或司馬懿的比較，但若是要將一個老爸會花一億錢買個半年太尉做好玩的人，與一個織草鞋沒舉過孝廉的人放在同一個階級比較，未免也太無視於現實了。

事實上，袁紹與劉表也都看出了劉備的平民價值，這兩個擁有正統士族基因的方鎮，更需要劉備為他們填補失落的DNA環節，因此當劉備與曹操決裂後，南北兩大軍閥均對劉備禮而納之，使劉備有如三窟狡兔，到處逢源。

這就是劉備平民背景的兩面刃效應，他與士族的疏離使得他失去政治與經濟上的支持，成為一個流浪軍閥，但他與平民的結合卻為他在眾方鎮間開拓出一片廣闊的藍海，成為他不死的保命符。劉備日後也逐漸了解了自己的優勢，並刻意放大這種特質，形成他後期帶有爭議的行事風格，但也成就了他的事業。

將來的事後暫且慢表，眼下在許都，劉備過的是人人稱羨的生活，住的是將軍宅，領的是侯爵俸，又是曹大人身旁的大紅人，對一個戎馬半生的人來說，實在是一個絕佳的退休規劃。劉備可以安穩地留在曹操帳下，像之後張繡一般，成為曹軍中的一員，而關羽和張飛也可能像賈詡一樣受到曹操的重用，在將來的曹魏政權中飛黃騰達。

不過三十九歲的劉備並不願意就這樣停下來，他進到了帝國的核心，見到了真正的權勢，他的野心盈滿，壯志灼燃，他要的是曹操坐的那個位置。

至於曹操，這個討人厭的絆腳石，自然是非死不可！

三流陰謀家

當然，劉備謀殺曹操的動機可能並不是他自己的政治野心，他可能是真心要為民除害，為數十萬無辜慘死的徐州子民報仇，也可能他確實收到獻帝血淚撰成的衣帶詔，憑著忠誠，為國除賊。

無論如何，劉備進入許都的同時，也一腳踩進了這場政治風暴的核心；而掀起風暴的不是別人，正是將軍位排行天下第三的董承。他同時也是漢獻帝的岳丈大人，東漢王朝倒數第三位外戚，他手握獻帝親筆的衣帶詔，串聯朝中的零星勢力，意圖刺曹。

以馬後炮的角度來看，劉備與董承共盟刺曹，實在繼收容呂布以來的第二個重大錯誤。這並不是說劉備不該背叛，或是曹操不該殺，而是劉備選錯了合作的對象，如果他好好讀過董承的履歷，應該會知道和董承這種這種彆腳的陰謀家合作殺曹操，就像找隔壁的阿伯去和 Kobe 打三對三一樣，自己本來已經不是對手，還要承擔一加一小於一的效果。

《三國演義》為了小說效果，將董承寫成公忠體國的形象，然而歷史上的董承可能沒有那麼高的情操。董承的出身有點爭議，裴松之認為董承是漢桓帝老婆、漢獻帝阿媽董太后的姪兒，換句話說董承是漢獻帝的表舅，和董太后一樣為冀州河間人；另一說則認為董承和董旻、董璜一樣，為董卓的兄弟或姪兒，換言之董承應是隴西臨洮人。以董承為牛輔部曲出身的記載來看，我比較傾向董承和董卓有親戚的關係，但應是比較疏遠的血親。

牛輔是董卓的女婿，他所直轄的部隊為西涼軍主力，後來西涼四天王其中三人李傕、郭汜與張濟，早期都僅是牛輔帳下校尉。董卓被呂布、王允所殺之後，牛輔首先帶頭反抗，卻遭左右親信刺死，李傕、郭汜、張濟等遂躍至第一線，在賈詡的協助下攻下長安，殺王允、逐呂布，掌握了帝國朝廷。董承大概因為輩份太低，還進不了決策圈，只封了一個雜號的安集將軍，默默培植勢力。

興平二年，西元一九五年，西涼四天王開始狗咬狗的窩裡鬥，先是李傕與郭汜聯手殺了樊稠，接著兩人又翻臉，一人挾持天子，一人挾持百官，在長安中殺得不亦樂乎，直到張濟從東方的陝縣過來調解，郭、李二人才勉強罷兵。漢獻帝逮住這個和平的剎那，表示希望能東還洛陽，這時幾個二線的西涼軍閥趁勢站出來，宣誓願鞍前馬後隨侍聖上。於是天子東行護衛團就這麼成型了，帶頭的是後將軍楊定、興義將軍楊奉、還有就是安集將軍董承。

然而這些東行團的成員也只不過是小一號的李傕、郭汜之流，他們首先東行來到華陰，當地的軍閥段煨同樣是董卓舊部，在董卓時期封中郎將，地位還比楊定、董承等高出一階；對於天子，段煨展現了西涼軍閥中少有的尊重，妥善地提供獻帝與隨行官員飲食物資。但護衛團團長楊定卻掛記與段煨的舊仇，聯合董承發兵攻打段煨。結果留在西面長安的李傕、郭汜知道情況不對，遂合兵來救段煨，楊定這個小孬孬一聽消息嚇得連軍隊都不要了，獨自繞跑到終南山，剩下楊奉、董承帶著天子向東逃亡，在十二月的寒冬，來到了黃河南岸的弘農，也進入了張濟的地盤。

張濟是促成獻帝東行的大功臣，他當時封驃騎將軍，也算是位高權重，但是西涼軍閥遺傳的「不搞內鬥就會死」的症候發作起來，輩分或官階都算不了什麼，楊奉、董承一到弘農，很快就與張濟鬧翻，張濟反而回頭與李傕、郭汜聯手，三天王合兵在黃河畔的東澗大破護衛團部隊，朝廷士兵百官死傷慘重，皇家儀典也全部喪失，漢獻帝狼狽地逃到小縣曹陽，身旁兵力已所剩無幾，眼看就要再成為郭、李的臠肉。

然而一股神秘的力量卻在此時冒了出來，關鍵人物是楊奉，他並不是正統西涼軍出身，他本是山西民變軍白波集團的統帥，當年董卓派牛輔討伐白波軍不能取勝，遂改以招安的方式，將楊奉納入麾下。此時護衛團所在的弘農郡，與白波殘部所在的河東郡僅一河之隔，於是楊奉一面假意與李、郭和談，另一方面則急召來白波帥韓暹、李樂等人的部隊，結果西涼軍在沒有防備的情形下被白波軍擊破，楊奉遂趁機帶著漢獻帝渡過黃河，進入河內郡，在河內太守張楊的支持下稍微安穩地過了個年。

不過新年剛過完，護衛團成員的內鬥症頭又「牙」⑦起來，董承與楊奉、韓暹就在別人家裡開戰，雙方混戰近半年，在獻帝的調停下才勉強和解，由張楊先導，兩軍殿後，護送獻帝南下洛陽。興平元年七月，獻帝終於回到殘破的洛陽城，完成他將近一年的苦難東行之旅。

董承大鬥小鬥了一整年，終於排除了卡在他上位的傢伙，坐上最接近皇帝的位置，他受封為衛將軍，負責宿守洛陽附近關卡，當時曹操曾派曹洪往洛陽輸誠，董承固守關卡拒不放行。估計也就在這個時候，董承將自己的女兒送給了獻帝為貴人，希望靠著這道裙帶，將自己拉到梁冀、何進等外戚前輩一般的高度。

不過天不從人願，沒過多久，董承就發現自己制不住楊奉、韓暹的白波勢力，半途殺出的韓暹竟然被任為大將軍，楊奉則為車騎將軍，位階都在董承之上，於是董承又發揮了最擅長的「拉一打一」計策，主動邀請曹操進兵洛陽；在董承的合作下，曹操順利地入主中央，並擊敗韓暹與楊奉，

⑦閩南語「發作」的意思。

將獻帝移到許縣。曹操自任司空兼代理車騎將軍，董承則多了一個列侯的頭銜。

董承雖又排除了兩顆絆腳石，但也搬來了一塊更大的石頭。曹操和之前董承所面對的西涼或白波軍閥是完全不同等級的對手，他不只擁有兵力，更有政治與管理腦袋，藉著潁川大族的支持和成功的屯田政策，曹操掌握中央的力道遠超過董承所想像，為了不讓先前的辛苦化為流水，董承決定再幹一次政變，這一次，他要找一個能夠操控的幫手。

董承和劉備什麼時候搭上線的我們不得而知，我認為劉備應該在進入許都前便已獲得董承的邀請，至少已表達他「不會倒向曹操一方」的態度。如之前所述，於一九六年底到一九八年之間，劉備受曹操之命駐於小沛，而董承當時則以衛將軍身分奉命對抗袁術，因此不排除兩人在沛國、汝南一帶曾共事，也交換了彼此的野心。

除了劉備之外，董承的陰謀名冊內還包括了長水校尉种輯、偏將軍王子服、將軍吳蘭、議郎吳朔等，其中除了种輯曾和荀攸合謀刺殺董卓以外，其他幾位都是未見於史料之輩。當初董承在說服王子服加入政變行列時，曾清楚地告訴他：「當年呂不韋投資子楚贏高而發達富貴，就是閣下和我今天的榜樣！」

以呂不韋自居，充分顯露了董承的野心，他的反曹政變不為什麼漢室或天下黎民，但為他自己的權勢富貴；不過董承與呂不韋的水準差得太遠，這場刺曹陰謀連一刀都沒落下，便以慘敗收場。

陰謀與八卦

以時間來看，這場刺曹大戲最晚應在建安四年，西元一九九年，三月，也就是曹操討伐完呂布後不久，便已開始策畫，但到隔年正月陰謀敗亡之間將近一年，董承在許都中都沒有任何動作，反倒是後來才加入的劉備稍有作為一番。董承之所以遲遲不動手，原因也很簡單，因為曹操很忙。

河北袁紹的壓力在建安四年上半年日益沉重，首先是二月，河內太守張楊被部將楊醜所殺，楊醜的部將圭固又殺楊醜，率眾投降袁紹，使袁紹的勢力進入司州河內郡。三月，袁紹與公孫瓚八年的纏鬥告終，在公孫瓚準備自焚時，袁紹部將搶先一步砍下他的腦袋，宣告了幽州勢力的瓦解（不知劉備在許都聽到這消息時，是否有暗暗為他的大哥哥掉幾滴淚？），袁紹以其長子袁譚領青州，次子袁熙領幽州，幼子袁尚領冀州，外甥高幹領并州，正式成為盤據四州，兵甲數十萬的超級大鎮，並開始積極籌備攻擊許都的作戰計畫。

為應付空前龐大的敵人，曹操幾乎大半時間都在黃河南岸的軍隊中部署。他在二月時回到他原本的大本營、兗州中部的昌邑，四月向西進軍臨河，派大將曹仁、史渙於射犬擊敗圭固，收復河內；八月曹操向北進軍黎陽，九月返回許都，十二月再進軍官渡。既然目標人物一直行蹤不定，董承在許都內籌備政變籌備得再開心，也是苦無下手機會。

唯一有下手的機會卻是關羽，時機是在一場官方的圍獵活動上。古代的圍獵和現代的暴風雨山莊一樣，都是謀殺的絕佳地點，數百名全副武裝的戰士在百來頃的山林中追逐獵物，要是有什麼損傷，也是很合乎情理的事。劉備有幸受曹操邀請共獵，他和關羽在山林中馳乘半天，忽見前方一騎獨行，周圍空無一人，正是曹操。劉備與關羽都屏住氣息，關羽緩緩地抽出腰間的環首刀，向曹操背後一指，示意殺人。

雖然歷史記載曹操也是頗曉武術，但在萬人敵關羽的刀下，恐怕還是只有當肉醬的份。關羽一手握韁繩，一手持大刀，只等劉備一點頭，就要縱馬上前，給曹操來個一刀兩斷。誰知道劉備想了一陣，竟緩緩地搖了搖頭。

「大哥！」關羽沒有說話，但臉上糾結的表情卻清楚表達他的心情：「千載難逢啊！」劉備的表情仍是一樣冷靜，他按下關羽持刀的手，搖了搖頭。⑧

事隔多年，在荊州當陽，劉備被曹操打得慘敗，領著敗軍與關羽乘船順漢水東下，看著眼前渺渺江水，關羽突然一股火上來，對劉備抱怨道：「看吧，都是你，當年在圍獵時，要是聽我的，今天就不會搞成這副德性了。」當時劉備已經被諸葛亮帶壞，嘴炮練得頗為純熟，他說：「唉，我當時也是為了國家留曹操一命啊，要是上天有道，輔導曹操走向正途，誰知道這不是國家的福氣？」

這句話真是標準的政治語言，劉備既然有心與董承合謀殺曹操，哪還來這套「天道輔正」的理由。裴松之就明白地吐槽劉備，認為當時劉備不聽關羽之勸，也是顧忌曹操手下眾多，哪來可惜曹操之理！只是因為事過境遷，死無對證，所以就嘴炮放一放，讓自己形象漂亮一點便是。

除了以上這場「圍獵記」，關於劉備刺曹還有兩個很經典的八卦，分別是「種菜記」與「落箸記」。

⑧以上這兩段是想像畫面。

先說「種菜記」，這是出自於吳人胡沖所著的《吳曆》。話說當時許都籠罩在曹操的恐怖政治中，曹操派秘密警察四處刺探那些有部曲賓客的官員，動輒找藉口殺害，劉備於是下令自己的部曲們在左將軍府中閉門種蕪菁，曹操探子看到堂堂左將軍和兩個中郎將竟然在種菜，馬上回去覆命，遲鈍的劉備這才了解自己的錯誤，他跟關羽、張飛說：「X，我劉備怎麼會是個菜農？曹操八成要起疑心了，此地不宜久留，走為上策！」當晚就開後門，留下所有賞賜的衣物，與關羽、張飛等人輕裝逃離許都，回到沛縣聚兵造反。

至於「落箸記」也就是傳統上著名的「青梅煮酒」，不過歷史上的記載既沒有青梅，也沒有煮酒，只有掉筷子，因此我就暫且稱為「落箸記」，這段故事比較詳細的記載，是出於東晉時蜀人常璩的《華陽國志》。根據《華陽國志》，當時劉備已和董承合謀刺曹，但尚未動手，而曹操則命劉備領軍截擊袁術；大概就在出征前的踐行酒會上，曹操忽然隨興地說：「天下英雄，就使君與我曹操而已，袁紹之輩根本就不算什麼。」劉備聽完一驚，手上的刀子與筷子都掉在桌上（漢朝時吃肉像是我們今天吃牛排，要自己拿刀切的），當時剛好打了個雷，劉備於是把話題帶開，說：「聖人說：『迅雷風烈必變』，真的有道理，想不到雷震的威力，可以這麼驚人。」

「迅雷風烈必變」出自於《論語》的鄉黨篇，意思是說當有雷震迅風這種天候劇變時，我們應該要端坐正色，以表示對天地的尊重，劉備雖然以前不是好學生，臨時掉的書袋卻是恰到好處。不過敏銳的曹操並沒有那麼容易就被唬弄過去，他發覺了劉備的不對勁，然而曹操並不是起疑，而是後悔說了這句會讓人不舒服的話。劉備回去後，曹操派了密探前去查看，只見劉備命小廝剝蔥，小廝剝不好，劉備拿起棍子就打；曹操得到這消息後，說：「這大耳仔看來是沒聽懂我的意思了。」

劉備當晚就率軍向東疾行，是到了徐州，殺了曹操任命的徐州刺史車冑，興兵造反。

之所以會說「種菜記」和「落著記」是八卦，是因為這些內容都太細微，很難說是太客觀的記載，而且這兩段中提到劉備離開許都的原因與方式，和《三國志》上「劉備奉命出征」這種官方性的記載並不相同，益發顯示了這兩段記載道聽塗說的性質。

其實除了劉備離開許都一節眾說紛云，便是曹操要殺劉備一事，歷史上也有不同記載，前面引述曹操和郭嘉討論是否要殺劉備的對話，是來自王沈的《魏書》，在另一本當代記事《傅子》中則相反，變成郭嘉建議早點對付劉備，曹操不願動手；陳壽《三國志》本文中，則是記載了程昱建議殺劉備，曹操不肯動手。

我想關於曹操和劉備的關係，真相只有一個，那就是我們不知道；不過這麼多相衝突的記載，可以說明劉備在許都的日子，在當時是一個很「夯」⑨的政治八卦，尤其最後曹操不但莫名其妙地放走劉備，還給他軍隊，使劉備成為史上唯一一個生還的刺曹者，這樣的事實與曹操精明、多疑的形象實在衝突太大了，那些政論名嘴們於是捕風捉影，各式各樣的說法也因應而生。

陳壽的《三國志》對種菜一事完全不採，落箸一事也只記載了曹操那句「英雄論」與劉備掉筷子，劉備難得的引經據典以及剝蔥之事都被忽略。而且《三國志》上關於幾個事件的時間順序與《華陽國志》也不相同，根據《三國志》記載，劉備在和曹操吃飯時，尚未與董承合作，是聽了曹操那句話被嚇到，才加入刺曹的行列，之後袁術北上，曹操命劉備督領路昭、朱靈等部，前往徐州

⑨閩南語「熱門」的意思。

截擊，恰好袁術病死，劉備便將路招、朱靈遣回，然後殺了徐州刺史車冑，公開反曹。

就我個人的感覺來說，《華陽國志》的時序比較合理，照《三國志》記載，好像董承的陰謀是網路購物，還有十天鑑賞期，可以讓劉備選擇要不要加入；不過《華陽國志》記載劉備趁夜逃跑一段又嫌誇張，不及《三國志》的官方說法來的合理可信。

排除掉一些相衝突的傳言，有幾個片段我認為應該還算清楚的：一、曹操說了那句「英雄論」；二、劉備掉了筷子；三、曹操派劉備出征。在這三個事實背後的是一堆問號：曹操說那句話是什麼意思？劉備心虛掉了筷子曹操有沒有看出來？曹操又怎麼會讓劉備帶兵出征，縱虎歸山？

易中天老師《品三國》的第十三講便以「青梅煮酒」為題，討論了這些疑點，不過我的感覺是，易老師應該是個曹操控，和第十二講「天下歸心」講曹操用人與第十四講「天生奇材」講郭嘉相比，「青梅煮酒」一講真的是弱到令人失望，除了重述演義上的片段外，所得的結論就是「劉備是個英雄」與「曹操當時沒那麼壞」而已，感覺沒搔到癢處。

關於這些記載的解釋，最傳統的看法就是曹操已對劉備起了戒心，說「天下英雄惟使君與操爾」的目的，是要試探或是威嚇劉備；然而這種看法並不能支持曹操之後力排眾議派兵給劉備的行為。

我比較直觀，我認為，曹操會對劉備說那句話，只是因為愛打嘴炮而已。

曹操的甜言蜜語可以說是三國第一，中肯點就說人家是「子房」、「周亞夫」，誇張點就說「我不愛荊州我只愛你」，這樣看來，他說劉備是天下唯一與他比肩的英雄，也不過就是個普通的曹式恭維。反倒是劉備這邊心中有鬼，失態掉了筷子，還要東拉西扯，試圖遮掩。曹操或許發現對方誤解了自己的意思，但也沒多疑心，搞不好還親自幫劉備換一副刀筷。

換句話說，當時的曹操對於劉備的反意是完全沒有意識的，他的「英雄論」一則可能是誠心的稱讚，二則也可能是持續他對劉備的拉攏工作。「天下英雄惟使君與操爾」也可以解讀為「能拯救這個世界的英雄只有你和我了，因此只要我們好好合作，這世界就有救了」，只是這樣正面的意涵並不被劉備或是大多數後世的論者所接受，反而是負面的概念「有你就沒有我」比較受歡迎。

政治上有很多東西是不能說開的，就算最不會做人的政客，也不會當著政敵的面說：「你就是我的敵人，有你就沒有我。」更何況是曹操這種政治精算師。

事實上，當時的曹操不但沒有對劉備起疑心，對大主謀董承也沒有絲毫的懷疑，就在建安四年三月，袁紹消滅公孫瓚時，曹操將自己代理的車騎將軍一位讓給了董承，明顯就是要進一步拉攏這些零散的內部勢力，避免他們與袁紹結合。曹操完全沒有想到，這些看似溫馴的家犬只是將利齒藏在顫動的唇顎下，只要他一露破綻，這些家犬就會像當年張邈、陳宮一般，將他撕扯進最深的地獄。

不過這回地獄的使者沒有找上曹操，也沒有找上劉備，董承不僅能力不強，運氣也不好，他沒有劉備的逃脫本事，只能為自己的失誤，賠上一切的一切。

再見徐州

建安四年，西元一九九年，夏天，袁術的天子之路走到了盡頭。

在接連被呂布、曹操痛宰之後，袁術已失去一切，包括一個士族方鎮最基本的尊嚴，他破產、虛弱而且眾叛親離，周瑜、魯肅棄官南投孫策，部將陳蘭、雷薄宣告自立，劉勳獨領廬江，對舊主的困境不理不睬，袁術別無選擇，他讓出帝位，率殘兵經徐州北上，投靠那個他最瞧不起、最厭惡的庶兄袁紹。袁紹也算夠意思，他命他的長子袁譚從青州出兵南下，接應這個落魄的二叔。

當時曹操應該還在西面的河內處理射犬之役的問題，他絕對不願見到四世三公的袁氏有任何團結的跡象，此下青州南下的袁譚有臧霸擋著，但經徐州北上的袁術，還需要有個人去應付他。

講到徐州，人選自然就跑出來了。劉備，前徐州的最高長官，袁術的死對頭，有統領大兵團獨立作戰的經驗，眼下在許都閒閒沒事幹，相較於在徐州已是聲名狼藉、現在又忙著黃河部署的曹操軍團來說，劉備當然是出征的不二人選。

除了劉備以外，曹操還另外派遣了朱靈與路招的部隊隨行。朱靈原屬於袁紹麾下，當年曹操攻陶謙時，袁紹派了朱靈督領三營的部隊助戰，戰事結束後，朱靈仰慕曹操，便留了下來，不再北返。此下曹操與袁紹正對峙，朱靈的部隊礙於立場不能參戰，因此前往徐州對付袁術，也算是物盡其用。

曹操這項調度客觀上並沒有問題，但用在劉備身上馬上引起底下一眾參謀的反對，首先是兩名大參謀郭嘉、程昱聯名上書，表示劉備借兵，必有異心。董昭也告訴曹操：劉備有勇略又有大志，再加上關、張二人相助，只怕難收其心。曹操這才感到後悔，忙派出傳令兵，企圖將劉備的部隊給召回來。

不過這次曹操的反應卻是慢了。曹操下令劉備出征時，曹操本人應該在西邊的河內郡，而程昱則應在潁川東邊的濟陰郡，忙著鄄城一帶的部署；郭嘉身在何方則不清楚，但以他和程昱聯名上書的情況看來，身在東線的可能性比較大，因此這文書一往一返便是拖延了。曹操的傳令兵大概趕不上劉備的行軍速度，也有可能是趕上了，但劉備已立定腳跟，叫不回頭了。

劉備的部隊約在五月下旬左右抵達下邳，對一路向北的袁術嚴陣以待，此下袁術已經失去了拚死一搏的能力與勇氣，他掉頭回到九江，最後在離壽春八十里的江亭一地完全斷糧。六月，天下名門出身、曾當過天子的袁術坐在一張沒有席子的床上（簀床），嘔血身亡。

袁術的死成全了很多人，包括陳登、孫策、袁紹，但最開心的莫過於劉備，他又回到了熟悉的徐州老巢，伸手環抱親切的徐州父老，他的下一個動作也十分明快，他先將朱靈、路招的部隊遣回，然後一刀宰了曹操任命的徐州刺史車冑，正式搖旗叛曹。劉備將關羽留在下邳，負責徐州事務，他本人則和張飛回到老據點小沛固守。

我在前面說過了，劉備是個軍人，他就是要打第一線，後勤不是他的專長。

附帶一提，「杜夫人三部曲」的第三部在這邊才上演。劉備和張飛從下邳前往小沛的路上，經過銍縣，也遇到了那位老婆被曹操搶走的縣長秦宜祿。張飛展現他的說客才能，對秦宜祿道：「人家搶了你的老婆，給你當著縣長，你還當得那麼開心？還是加入我這邊吧！」秦宜祿當時被張飛這番充滿「men's talk」內涵的說詞給說服，便棄了官職，隨著劉備走了一段路，隨即又感到後悔，想要落跑，張飛對這種反反覆覆的人物沒啥耐心，就一刀將他殺了。

這是張飛在歷史上第一段留下記載的發言。我讀到這段時，不禁懷疑，不曉得張飛知不知道原本要娶杜夫人的其實是他們家的關羽？他說這樣的話，不等於也是酸了關二哥一頓嗎？

言歸正傳，劉備的叛曹，一則順應他與董承的刺曹大計，裡應外合，成功機率倍增，二則也是因應當時袁曹對峙的局面，當時袁紹軍力遠勝於曹操，除了曹操陣中荀彧、郭嘉等幾個馬屁精外，沒人認定曹操捱得過這一仗，劉備自立門戶，連袁反曹，也算是順應局勢。

劉備叛曹的威力是相當強大的，如前面交代，劉備的姻親兼老班底麋竺當時是嬴郡太守，麋芳是彭城相，加上下邳和小沛，一下子就有三郡半的土地與軍隊脫離曹操名義的掌控；另外泰山諸將之一、時任東海太守的昌豨也響應劉備，再加上零碎的地方勢力歸附，劉備勢力很快就達到數萬之多。劉備同時又派孫乾出使河北，與袁紹連結，袁紹也大方地送出騎兵隊，協助劉備駐守小沛。一時間，劉備陣營兵強馬壯，大有東方一霸的態勢。

劉備集團在小沛和曹操撕破臉，首先倒楣的就是留在譙縣的曹氏與夏侯氏家人。當時，夏侯淵的一位小姪女，年紀十三、四歲，大概是在家裡悶得慌，就去郊外揀些柴薪，不巧碰上張飛的人馬，便被當成人質俘虜了。張飛見這女孩子氣質不錯，知道她是好人家出身，就強娶了她當妻子，使這位夏侯小妹變成了夏侯夫人。

張飛年紀不明，可能較劉備年輕點，此下應是三十五歲上下，硬吃了一個十三、四歲的少女，當然有點禽獸不如的味道，還虧他之前教訓秦宜祿時說得那麼正氣凜然。不過有趣的是，之前關羽會看上杜夫人是因為她能生，而張飛會看上夏侯夫人則是因為她是「良家女」，顯見兩人看女人的觀點有些差別。

這位夏侯夫人雖然等於是被強迫下嫁，倒是從此就在張飛身邊留了下來，隨他轉戰各地，還幫他生了兩個女兒，後來都嫁給劉禪當皇后；至於張飛的兩個兒子張苞與張紹是否是這位夏侯夫人所生則不詳。有趣的是，這位夏侯夫人理論上會是曹操要優先奪還的人物，但在之後的流亡過程，劉備拼命甩掉老婆，夏侯夫人卻始終跟緊張飛，可見張飛對他這個小妻子呵護有加，算是鐵漢柔情吧。

曹操才剛攻下河內，馬上就聽到徐州反叛的消息，肯定是五雷轟頂，然而即便對劉備的「真心換絕情」恨得牙癢癢的，曹操眼下也暫抽不出手來處理東邊的問題；袁紹的兵力一波一波地自北方壓下，外交手腕更是直刺曹操背後。豫州南面的汝南地區本是袁紹的老家，許多宗族均起兵響應袁紹，擁兵拒守；宛城的張繡也尚未平服，隨時有可能與袁紹聯手；南方大鎮劉表雖然暫時未動手，但名義上總是袁紹盟友，對曹操南面構成莫大的威脅；同時西面關中的小軍閥也還在觀望，尚未表態。

四面受敵的曹操在此時將他的軍政領導才華發揮到了極限，面對汝南，他以滿寵為太守、李通為都尉加以鎮撫；面對荊州，他支持荊州南部長沙太守張羡反抗劉表，同時也拉攏劉表身旁如韓嵩等的親曹派，牽制劉表決策；面對西方，他以鍾繇為司隸校尉，平撫關中諸軍；面對北方，曹操則親自負責黃河戰線，八月，他率兵跨過黃河，拿下黃河北岸的據點黎陽，保持與袁紹之間的緩衝地段，另外由于禁駐守黃河南岸延津，完成東線的部署，九月，曹操返回許都，分兵駐守北邊的預定決戰地點，官渡。

既然曹操那麼忙，劉備所面臨的壓力就相對較輕了。曹操只派了兩位屬官級的將領王忠、劉岱，率兵攻打小沛。王忠本是關中人，襲殺了某位荊州招降團團長後，率眾投靠曹操，被任為中郎將；劉岱則是沛國人，當時擔任曹操的司空長史；特別說明的是，這個劉岱並不是先前擔任過兗州刺史的那個劉岱，之前那位劉刺史在征討青州黃巾時已經壯烈殉國，與這位劉長史只是同名同姓；羅貫中妙筆一揮將兩位劉岱併為一個，無非是製造戲劇效果而已。

無論是王忠或劉岱，看起來都沒有獨立統領大軍團的經驗，當時曹操兵力吃緊，想來出動的兵力或素質大概也不會太高；反觀劉備，不但身經百戰，在小沛經營甚久，又有河北騎兵相助，軍隊實力自然在王、劉二軍之上，交戰結果，劉備獲得了勝利，成功地守住了小沛城。

這是劉備起兵十年以來，第一次擊敗在歷史上有留下名字的對手。

劉備對這久違的一勝自然是大為得意，他登上小沛的城頭，對王忠、劉岱叫囂道：「像你們這種貨色，來一百個我也不怕。」其實劉備說到這邊就可以了，但他實在太爽了，於是又加了一句：「就算是曹操親自帶兵來，你他媽的還不知道是誰輸誰贏咧！」

劉備八成沒聽說「說曹操，曹操就到」這句名言。

以客觀環境而言，當時劉備敢向曹操拍板叫陣是可以理解了，他不認為曹操會來，就算來了，也有袁紹在後頭頂著。

但曹操和他的智囊團運作的本事卻遠超過劉備想像。在汝南，滿寵不但討平各族，還能徵兵二千；在關中，鍾繇成功說服馬騰、韓遂各部，另供應官渡前線戰馬二千匹；在荊州，劉表與張羨僵持難下，始終無法放手北伐；最重要的一個天上掉下來的禮物則是發生在建安四年十一月，張繡聽從參謀賈詡的意見，舉軍投降曹操。這一降不但解除了曹操心腹大患，張繡的西涼軍與賈詡的腦袋更成為曹操另一雙爪牙，為往後曹軍的戰事做出莫大的貢獻。

不過這些客觀的因素倒不見得令曹操非打劉備不可，董承刺曹陰謀的敗露，或許才是讓曹操冒險分兵徐州的最大原因。建安五年，西元二〇〇年，正月，當許都民眾們還在歡慶新年時，血腥的政治清算已在新皇城內無情地展開，董承、种輯、王子服、吳碩等人全部被殺，連身懷六甲的董貴人也在她的男人苦苦求情之下，被拉出去處死。

曹操沒等到屠刀上的血滴乾，隨即下令出兵徐州，他底下的文武將官多認為此下袁紹大軍蠢蠢欲動，向東分兵只怕到時被抄後門。曹操卻認為：劉備是個人傑，不除不行，袁紹則是反應慢，不會動手。

關於袁紹決策慢半拍一事，或許可以從他當初面對「奉迎天子」的態度略窺一二，曹操比我們都更熟悉袁紹，他的判斷自然無話可說。但曹操這項攻打徐州的決策中還隱含了一個意思，就是他壓根瞧不起劉備，即便劉備至少據有四郡之地，數萬大軍，曹操完全不認為要擺平他這個小老弟要用上兩個星期的時間。

這樣的態度有點囂張，但很遺憾的，事實就是如此。

曹操率領了樂進、徐晃等將領旋風般地跨越整個兗州，直撲劉備所在的小沛。劉備根本沒有想到曹操會來得那麼快，倉促交戰之下，劉備軍大敗，小沛城再度淪陷，劉備的老婆與孩子們也再度被俘虜，不過即使曹操本事再大也破不了劉備的逃脫神功，劉備與他的一眾核心幹部成功地撤出小沛戰場，向北渡過黃河，往青州逃命去了。

曹操並沒有在小沛多做耽擱，他馬上又率領部隊進攻位在下邳的關羽，關羽當然也不會是曹操的對手，而且關羽也沒有劉備的脫逃本事，結果下邳城陷，關羽被擒投降。

劉備的妻子兒女是在小沛被俘，因此小說中「土山約三事」的關羽投降情節自屬虛構。至於曹操為何會肯接受關羽投降，其實也不難解釋，就像曹操當初殺呂布但降張遼的情形一樣，雖然集團的老大十惡不赦，但收容老二卻是有益無損，一則展現曹公豁達大度，二則也能削弱了劉備殘餘的影響力。此外，從關羽當初敢大膽向曹操討女人的行為來看，曹、關二人之間的關係應是頗為密切，曹操大概非常喜愛關羽這種能打、耿直、坦率、重情義，又有基本文化素養的武人，綜合主客觀因素，曹操給予關羽超規格的對待，不但禮遇甚厚，更拜他為偏將軍，位階還在于禁、樂進、徐晃、張遼等人之上。

曹操另外又發兵攻破東海的昌豨，然後改任董昭為徐州牧，帶著一眾部隊與關羽返回官渡，當時，還不到二月。

話說回劉備，他率著殘眾來到青州，當時的青州刺史乃是袁紹長子袁譚，而袁譚的茂才資格，正是劉備當年為豫州牧時舉薦的；雖然這段舉薦關係在外人看起來很虛，但對於四世三公的袁家來說卻是再重要不過；袁譚率領大軍將劉備迎回大本營平原（諷刺的是，平原正是當年袁譚從田楷、劉備手上搶下的），並派使節前往鄴城報訊。袁紹面對這個天下聞名的「反曹義士」來歸，當然要拉高接待規格，他派出將官，從平原到鄴城之間約二百公里的路程，沿途盛大歡迎劉備，他自己更離開鄴城一百公里，隆重接待。

就這樣，建安五年，西元二〇〇年，劉備離開了曹操身邊。歷經了刺曹陰謀，此刻劉備已乘在亂世的浪頭，他的人生已失去了「安穩平淡」的選項，在往後的生涯中，若不是成王成霸，就是以亂臣賊子之名，死得苦不堪言。

而眼下即將爆發的袁曹決戰，自然也是劉備無從迴避重大挑戰。

第四章

河北江南

第四章　河北江南（200～207年，劉備39～46歲）

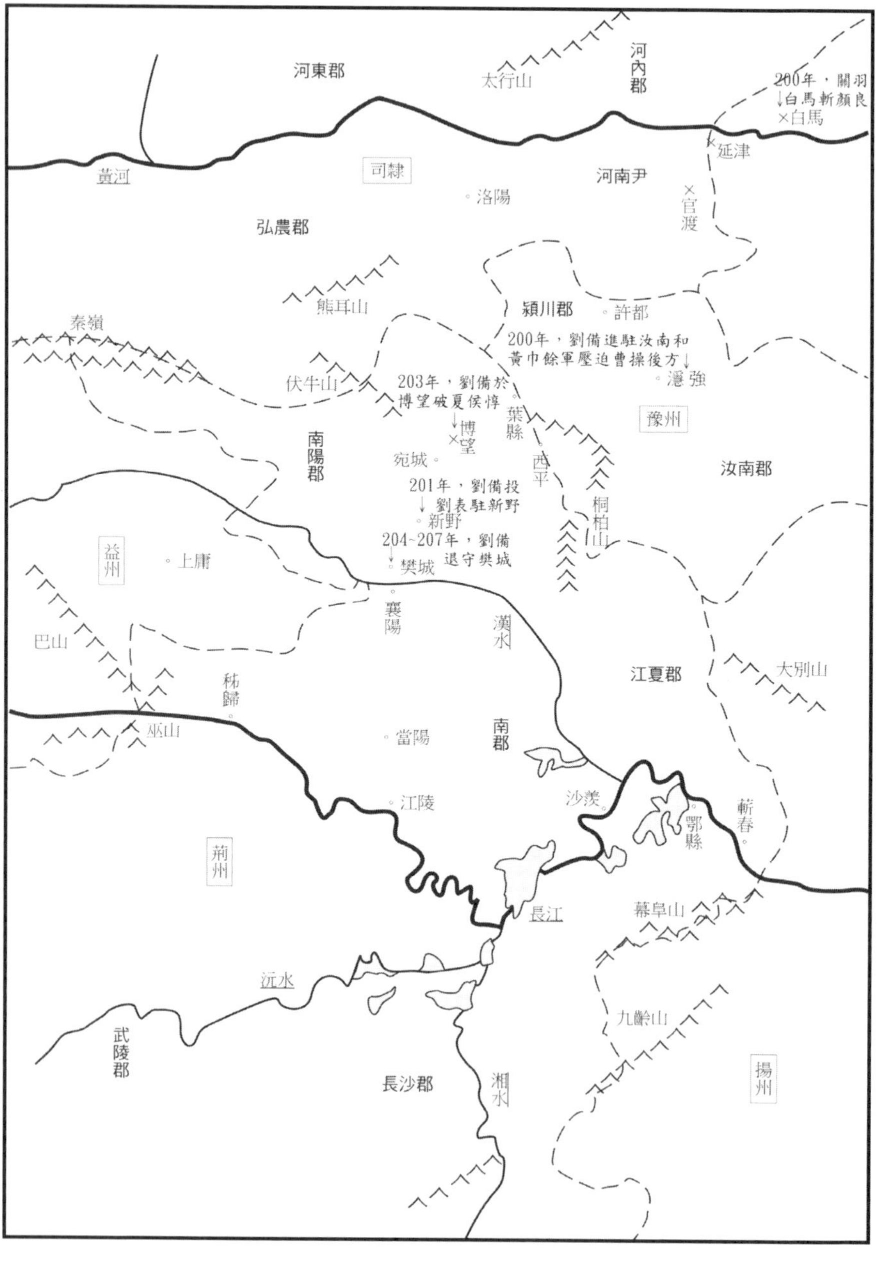

末代名門

建安五年，西元二〇〇年，二月，袁紹軍前鋒部隊大舉渡河，圍攻黃河南岸的渡口白馬，袁曹大戰自此揭開序幕。

袁紹，字本初，豫州汝南人，東漢帝國末年最閃耀的一顆政治明星。他的父親袁逢官至司空、叔父袁隗官至太傅，祖父袁湯官至太尉，曾伯祖父袁敞官至司空，高祖父袁安官至司徒，換言之，從東漢章帝到獻帝之間約一百二十年，帝國最高的三個職位太尉、司徒、司空，外加一個尊榮更高的上公太傅之位，都有袁家人的身影。

頂著這樣「四世三公」的背景，袁紹一登上歷史舞台就是聚光燈的焦點，他長得威嚴體面，態度謙和好客，又喜愛仗義為人喬關係，使他很快就成為洛陽中士大夫的領袖人物，年紀輕輕即擔任司隸校尉，統鎮京畿。也因為有這種背景，即便當時董卓專權跋扈，想要廢立皇帝，也還得找袁紹商量，而滿朝文武中，也只有袁紹敢不給董卓面子，甩頭就走，董卓雖是滿肚子火，但仍不敢責怪袁紹，反倒給他安了一個渤海太守的位置，好聲好氣的「姑降」⑩，就盼能爭取士族集團的支持。

一八九年的反董卓聯盟中，袁紹自任為盟主，並於隨後接掌冀州牧，持續綻放他的袁家光環，當時許多小軍閥起事都會打著袁氏的招牌，使袁紹的勢力如滾雪球般越來越大。他北討公孫瓚，東伐田楷，西征張燕，南方則盡力培植曹操，企圖重建關東的政治秩序；然而待到幽、青、并三州情

⑩閩南語「討好」、「勸好」的意思。

勢大致抵定時，南方那個原本乖巧柔順的曹操的屁股卻翹了起來，仗著自己有皇帝在手，擺出一付大漢忠臣的架子，對袁紹比手劃腳的。袁紹這下子可氣壞了，他咆哮道：「要不是我，曹阿瞞早就死不知道幾次了，不知恩圖報就算了，他媽的現在挾天子在那邊嘰嘰歪歪！」

對曹操的輕蔑與憤怒，是袁紹大舉南征的主因，然而這樣不理性的決策，也註定了袁紹失敗的命運。

建安五年，二月，袁紹親率大軍來到黃河北岸的黎陽，並派出淳于瓊、郭圖、顏良三支部隊跨河攻打駐紮於白馬的東郡太守劉延，企圖在南岸建立灘頭堡。當時曹操無論兵力或糧草都未備妥，因此一直要等到四月才能發兵救援死守不屈的白馬。

曹操採用荀攸的「聲東擊西」之計，假裝要在延津渡河北上，實則主力直撲白馬；袁軍雖被攻了個冷不防，但將領顏良仍來得及反應，率大軍主動出擊。面對兇悍又龐大的袁家軍前鋒，曹操壓上兩個降將張遼與關羽衝鋒，多少有點「別人的小孩死不完」的意味。然而結果卻大出各方意料之外：關羽匹馬獨直攻袁軍核心，一刀刺死顏良，袁家諸將完全不能抵擋，關羽割下顏良首級，回營覆命。

這就是《三國志》上「關羽斬顏良」的記載，不靠小說家的修詞或渲染，單單一句「（關羽）策馬刺良於萬眾之中，斬其首還，紹諸將莫能當者」，關羽迅捷兇猛的形象已躍然紙上，千古之下，我們似乎還能聽到那震天的吶喊，見到那手起刀落一瞬間的閃光，聞到那揮之不去的血腥味。曹操隨即表給關羽「漢壽亭侯」的爵位，使關羽成為自夏侯惇以降，第二位封亭侯的曹營將領。

袁紹並沒有像小說寫的、得知顏良死訊後就哭爹喊娘地要殺劉備報仇；當時劉備應仍在鄴城休整，流散在四處的殘眾也逐漸往河北集結，在這其中，除了麋竺兄弟各自棄官來歸以外，最令劉備開心的莫過於是看到趙雲的歸來。原來趙雲終於處理完兄長的喪事，聽聞劉備在鄴城，特地前來效力，劉備二話不說就把趙雲拉上床先睡個幾晚（敘舊敘舊啦），然後命他秘密招募人馬，徵得一支數百人的部隊。當時趙雲還沒有什麼知名度，劉備也不給他任何編制內的頭銜，只讓他和這支秘密部隊自稱是劉左將軍部曲，如此一來，這支部隊便不在袁紹的軍隊整編之內，得以避過袁紹的耳目，不受指揮。

卻說關羽一刀雖是暫時解了白馬之圍，但袁強曹弱的事實並未逆轉，曹操無法支持那麼長的戰線，於是押著白馬一帶的居民向西南方的延津撤退，袁紹當然不會放過這個機會，他率領大軍渡過黃河，由驍將文醜帶一隊騎兵進行第一波的追擊，同時袁紹也將在大後方吃閒飯的劉備召來，安排他緊跟在文醜之後進軍，兩人的軍隊合計約五千餘騎，循著曹軍撤退的軌跡急殺而來。

然而曹操裹脅白馬居民撤退是有陰謀的，他故意將從白馬徵收而來的輜重留在大路上，誘引文醜分兵去劫奪，然後趁著文醜部隊變換隊形時下令衝鋒，結果袁軍大敗，文醜陣亡。至於劉備呢，他率領第二波追擊軍，大概沒勇氣與曹操交手，不過至少有幫文醜收屍吧。

曹操雖然在延津又贏一場，但仍擋不住袁紹的兵勢，他持續退兵，回到大本營官渡固守，袁紹則率軍來到一河之隔的陽武，雙方展開艱苦的陣地戰。這時大約是建安五年的夏天。

劉備並沒有參與接下來的陣地混戰，他擔負一個全新的任務：前往汝南組織黃巾游擊隊。

關羽歸來

汝南黃巾算是各地黃巾軍的元老，當年汝南黃巾猖獗，漢朝中央還得靠皇甫嵩與朱儁兩名主將連手才能稍微平定。然而汝南黃巾諸帥何儀、劉辟、黃邵、何曼等仍各具實力，隨後依附於袁術、孫堅的勢力下，與曹操對抗。曹操於建安元年進軍汝南，擊斬何儀、劉辟，並降服黃邵等部，大致穩定局勢。如今袁紹大軍壓境，汝南黃巾也就見風轉舵，轉而聯袁叛曹。袁紹於是讓劉備率領一支部隊進入汝南，和黃巾聯手騷擾曹操後方。

根據《三國志》記載，劉備在汝南合作的黃巾豪帥，是早在三、四年前就被曹操砍頭的劉辟。其實這種變民領袖死而復生的記載在《三國志》上並不少見，例如楊奉、韓暹、以及巢湖大盜鄭寶等都有類似的情形。我想有可能是史家傳抄錯誤，也有可能是變民集團故意沿用知名領袖的名號，畢竟要養成一個豪帥也不是那麼簡單的事。

劉備於是領著袁家的部隊來到汝南，進駐堅固的劉辟堡壘，從事敵後騷擾工作。對於劉備來說，在這短短一、二個月中，最重要的事件並不是什麼軍事勝利，而是他的好兄弟關羽的歸來，這也就是小說中極為著名的「挂印封金」以及「千里走單騎，過五關斬六將」兩個橋段。依據歷史記載，前者為真，後者為假，但即便僅以真實的部分來看，也是相當感人的故事。

話說關羽在徐州的投降原本就是權宜之計，他是個直率的人，很早就被曹操看出他沒有久留的意思，曹操於是派和關羽交情不錯的張遼去探探口風，關羽也很坦白地告訴張遼：「我知道曹公待我很好，但劉將軍和我的是生死之誓，我不可能違背。告訴曹公，我最終是不會留下來的，但離開前，我一定會立功報效，把一切還乾淨。」

關羽的坦白倒是讓年輕的張遼為難了，他很怕將這話轉告給曹操後，曹操會對關羽不利，但若不轉告，又違背了自己的職務，他思考良久，最終長嘆道：「曹公，君父也，關羽，兄弟耳。」換言之，兄弟之義抵不過君父之倫，他仍是將關羽的話據實向曹操稟報，想不到看似功利的曹操竟對關羽的情義讚嘆不已，說：「事君不忘其本，真不愧是天下義士！文遠，你認為他何時會離去？」張遼據實答道：「關羽受曹公的大恩，一定立功後才會離開。」

關羽在白馬單騎刺顏良，毫無疑問已足以抵消他所接受的待遇，曹操也明白這點，於是加倍賞賜，就是要讓關羽走不了。但關羽不是那種多禮數、推三讓四的男人，他簡單地將所有賞賜封印起來，遞出一封離職書，隨即離開曹營，直投劉備而去，曹操身旁的人建議去追，曹操卻答道：「各為其主，不用追了。」

這是一段三個真男人的橋段。我一直覺得關羽的個性很像萬梓良主演的大頭仔⑪，他不是一個圓融的人，但對於有恩之人，他拼了性命也要還個乾淨；在這段「封金掛印」的故事中，關羽不背舊主，不忘新恩的表現，將他個性中正向的一面發揮得淋漓盡致，也是關羽日後神格化的重要基礎。另外，張遼也在這段記載中表現出血性的一面，如果缺少這段內心掙扎的記載，歷史上的張遼也就是一架精準冷靜、用來嚇小孩的的戰爭機器而已。至於曹操呢，我們可以從負面角度來看，認為曹

⑪請見一九八八年台灣電影《大頭仔》，蔡揚名導演，萬梓良、恬妞主演，改編自台灣中南部黑道角頭老大自傳《我在黑社會的日子》。

操搞這一段是要做給他底下一票降將，如徐晃、張遼、張繡等人看，但我倒寧願相信曹操是真的被關羽的情義給感動，那是他浪漫的一面，一個男人對友情最崇高敬意的表現。

不過在男人們的熱血互動之餘，我們也該掛念一下女人與小孩。劉備的老婆和小孩跑哪去了？相較於之前劉備家眷被呂布俘虜後都有歸還的記載，這次落在曹操手中就真的下落不明了。根據《三國志》記載，關羽並沒有護送二位嫂嫂離開，因此究竟劉備的老婆小孩們下場如何，我們實在無從得知。不過至少我們知道，身為側室的甘夫人有跟隨劉備到了荊州並生下劉禪，但屬於大老婆階級的麋夫人或其他夫人的行蹤就真的是線索全無，有可能就是軟禁於許都的某棟宅邸內，就此終老一生吧。

至於小說中「過五關斬六將」的橋段則是明顯虛構了。關羽投靠劉備的路線，可能從官渡北渡官渡水直接進入陽武的袁紹大營，也可能是南下汝南與劉備會合；但無論如何，關羽都沒有必要繞一圈跑到西面的洛陽、滎陽、汜水等地，殺一堆名不見經傳的將領後再回到劉備陣營，除非他的手真的癢死了。

就這樣，劉、關、張鐵三角短暫分離數月之後，在汝南一地又重新合體了，同時還加入三國人氣天王趙雲趙子龍。然而強大的武力指數並不保證劉備在汝南落腳，相反的，這是另一段流浪的開始。離故鄉更遙遠的流浪。

轉進江南

在趙雲加入、關羽歸建後，劉備陣營的實力果然不同凡響，原本在汝南一把罩的二人組滿寵與李通都壓不住這支天降奇兵，劉備遂進軍至汝南郡與潁川郡交界處的㶏強縣一帶，騷擾許都；當時汝潁一帶郡縣多向劉備靠攏，對曹操的後方造成極為嚴重的威脅。

面對新興的劉備軍團，曹操決定打出手上王牌，曹仁曹子孝。

曹仁也是被小說戲曲嚴重貶低的人物之一，在小說中總是擔任墊背的角色，用以映襯呂布、徐庶、周瑜等主要角色的強大。但在歷史上，曹仁卻是曹操手下最重要的統兵將領之一，世人評論其勇猛善戰，甚至還在張遼之上。曹仁同樣出身沛國譙縣曹氏，他的祖父曹褒和曹操的祖父曹騰為堂兄弟，官至潁川太守，老爸曹熾當過侍中與長水校尉，也算得上是個士族子弟。但曹仁對舉孝廉做官一途興致不高，他的個性放蕩不羈，喜愛弓馬狩獵，仗著家世顯赫，在淮泗之間聚集少年千餘人，搞得同樣是幫會的一套。曹操起兵後，曹仁帶兵投靠，領了菜市場職位的別部司馬。曹操似乎很早就有計劃地訓練曹仁擔任獨當一面的統帥，他讓曹仁統領騎兵，在對陶謙、呂布、張繡的作戰中擔任偏師獨立作戰，而曹仁也不負所託，每戰必克，為曹家霸業貢獻良多。

當時曹操在官渡與袁紹僵持，面對後方的危急局勢相當苦惱，曹仁於是挺身而出，告訴曹操：「南方郡縣因為我方主力被袁紹牽制，無法相救，面對劉備強悍的軍隊，背叛是可以理解的。現在劉備剛剛統率袁紹的部隊，上下不熟悉，還不能發揮最大的戰力，我來打，一定可以取勝。」

曹操同意曹仁的分析，遂由曹仁率領騎兵南下，掃蕩劉備、劉辟的擾亂力量，劉備軍團雖有四人合體，但仍不是曹家精騎的對手，慘遭擊破，劉備只得敗逃回陽武的袁紹大營；曹仁又攻陷了劉辟軍團的堡壘，並平服汝潁一帶反叛的勢力，這才率軍回到北方陣線助戰。

當時約莫已是建安五年八月，袁紹仗著優勢兵力，對官渡曹軍發起猛烈攻擊，曹操也是全力抗戰，雙方你來我往，土山、地道、箭塔、霹靂車全部用上，僵持不下，曹操雖然幾次用奇兵燒毀袁軍糧草，但袁紹畢竟兵多糧廣，氣力深長，幾個月下來，百姓們紛紛投靠到袁紹陣營，便是曹操身邊臣僚，也多有與袁紹暗通款曲者。

然而劉備卻在這一面倒的局勢中瞧出了一點相反的端倪。他久經風浪，見多識廣，又曾在曹操身邊待過，對於袁曹雙方內在的優劣有著清楚的認識，他嗅到了一絲袁軍不祥的氣息，於是決定先抽身為妙，他向袁紹建議由他再帶兵南下，和荊州牧劉表取得聯繫，南北夾攻曹操。當時袁紹早已通知劉表出兵助攻多次，但劉表始終不為所動，袁紹大概真心覺得同是姓劉的比較好說話，於是便答應再贊助一次劉備的分兵行動，由劉備再前往汝南，與另一支由龔都率領的民變集團結合，部隊達到數千人之多。

這回曹操便無法抽出精銳對付劉備了，他只派了一個不知名的將領蔡陽前往汝南征討。劉備一見來的是個小角色，氣勢都上來了，他在沒開戰前就先對蔡陽叫陣道：「雖然現在我們形勢不利，但像你這種腳液就算帶百萬大軍過來，也休想奈我何！」一樣，其實劉備說到這邊就可以了，但他還是忍不住加了一句：「如果是曹孟德，他一輛車過來，我馬上就走！」

劉備這番話已經比他在小沛時所說的收斂許多，在小沛時是「曹公自來，未可知也」，這邊換成「曹孟德單車來，吾自走」，顯示出劉備對曹操十分的敬畏；不過蔡陽並不在劉備眼中，而劉備的自信也有戰果的支持：兩軍交戰，蔡陽被劉備擊斬。

恭喜劉備！賀喜劉備！這是他起兵以來，在戰場上擊斬的第一個有名字的將領！

蔡陽在歷史上雖然只是個名不見經傳的角色，但他的死卻在戲曲小說上被渲染成《古城會》、《古城聚義》等經典橋段，描述徐州一戰後，張飛到古城稱王，關羽初離曹營時，遭張飛的懷疑，必須靠斬殺蔡陽以證明自己對劉備的忠誠。這段故事打破「桃園三結義」信任不渝的神話，將兄弟間猜忌、委屈、重拾信任的過程寫出來，反而使得關羽張飛這兩個人物更加生動。

回到歷史上，劉備擊斬蔡陽的同時，眼皮大概也跳得厲害，建安五年，十月，官渡戰線爆發空前慘烈的決戰，曹操咬牙衝破由五萬袁軍駐守的烏巢糧倉，袁家兩名大將張郃、高覽在另一戰線又向曹操投降，造成袁紹軍心瞬間崩潰。袁紹與長子袁譚率先渡河逃跑，其餘殘軍潰散，有近八萬人向曹操投降，曹操發現他無法控制這麼龐大降軍，於是做了一個極為殘酷的決定：盡坑之。

這場著名的「官渡之戰」便在八萬人的屍體與鮮血上畫上休止符，此戰之後，雖然袁紹名義上仍是大將軍、統領四州的大鎮，但袁強曹弱的局面已經被打破，在接下來的七年內，便是看曹操如何一步步地蠶食袁家在河北的地盤，建立自己中原霸主的地位。

劉備聽到官渡大屠殺的消息時，心裡肯定是突了一下，只要再晚走半個月，他老兄多半也要是那八萬死亡名單中的一員。此下黃河以南已經完全是曹操的場面，劉備就算有天大的膽子也不敢蠢動，他只能與龔都乖乖地縮在屯堡中，偶爾騷擾一下鄰近的郡縣，同時派遣孫乾、糜竺前往荊州襄陽，加強與劉表的聯絡。

當時曹操剛結束一場苦戰，需要點時間回復氣力，對於劉備的小股作亂也就暫時睜一隻眼閉一隻眼。劉備在汝南瞎耗了將近一年，直到建安六年，西元二〇一年十月左右，曹操才正式向劉備開刀，他親率大軍進入汝南，劉備、龔都自然不是對手，不過劉備已經安排好了退路，他向西南撤退，直朝襄陽而來，而不幸的龔都集團，則慘遭曹操輾平。

劉備一行人一路往南，跨越了桐柏山區，來到一片點綴著湖沼的平原，他們越往南行，湖泊水域就越密集，空氣中的水氣也越發濃重。不出數日，已可見到寬廣彎延的漢水橫亙在眼前，水畔一座巨城聳立，城樓上「樊城」兩個大字清晰可見，城樓前一眾文武將官早已列隊，鼓掌高唱：「歡迎歡迎！熱烈歡迎！歡迎……」

歡迎隊伍最前頭站的是一位年約五十來歲的中年人，他的身材高大，約莫有一八五公分，相貌堂堂，氣態雍容，全身上下充滿了儒生氣質。他上前攙住劉備的手，溫言道：「玄德啊！遠來辛苦啦！有道是：『有朋自遠方來，不亦樂乎』，今日與玄德一見，才深知聖人真意啊！」

劉備拜道：「備不過一介殘軍罪民，只求一棲身之地，州牧如此大禮，劉備只怕擔當不起。」

那州牧笑道：「玄德客氣，你我本是同宗，有難互助原是大義，玄德既來荊州，便放心待著，需要什麼便儘管開口，無須拘束。」

劉備道：「那便有勞州牧了。」

這段歡迎當然只是想像畫面，這位大方的州牧就是江南第一人，荊州牧劉表，他慷慨地打開樊城的大門，接納了劉備一眾敗軍。

劉備當時應該沒預料到，襄樊一地竟是他自起兵以來停留最久的地方，這個地方不但給了他一個兒子，更為他將來的事業提供了重要的人力資源，這其中最重要的，是一個當時還再隆中讀書的毛頭小子。

荊州二三事

荊州大致上包括今天中國湖南、湖北二省，長江流貫其間，將它分成荊北與荊南兩大區塊，荊北的南陽、南郡與江夏都是精華區域，而荊南的長沙、武陵、零陵、桂陽四郡漢人的開發則較少，有武陵蠻、零陵蠻等原住民散佈其間。

形狀上，荊州有點像是一個直立的人體，最北邊的南陽郡是頭顱，稍往南的南郡是胸口，東側也就是右手的地方是江夏郡，西南一點左手的地方則是武陵郡；身體腹部的位置則是長沙郡，再往南邊，右腳是桂陽郡，左腳則是零陵郡。

這七郡是東漢時荊州刺史部的劃分，到了東漢末年劉表入主荊州後，由於南陽大部分被袁術控制，於是劉表便將南陽南部的章陵切割出來，另成立章陵郡，因此也有了「荊州八郡」的說法。

荊州北邊的南陽郡是東漢帝鄉，漢光武帝劉秀就是南陽人，在漢末，南陽已成天下一等一的大郡，戶口數百萬，袁術一開始就佔到這個肥美之地，才敢動了稱帝的野心。

南陽以下襄陽一帶同樣也是上善之地，話說襄陽往南到宜城之間百餘里，在東漢末年靈帝時，便出了四郡守、七都尉、二卿、二侍中、一黃門侍郎、三尚書、六刺史，當這些高官同時回家時，車輛、旗幟、華蓋同時會於太山的寺廟之下，盛況空前，於是當時的荊州刺史，便將那山改名為「冠蓋山」，將里改名為「冠蓋里」。

在這個士族密度極高的荊襄地區，想要當扛霸子，自然得先拜碼頭才行。劉表便是碼頭拜得很好的例子。

劉表，字景升，兗州山陽人，西漢景帝之子魯恭王之後，因此要說他和劉備同宗，倒也還說得過去。劉表年少便到南陽隨南陽太守王暢學習儒學，表現得相當出色，王暢為當代名士，官至司空，有「天下俊秀」之稱，他的得意門生劉表也不遑多讓，年紀輕輕就晉身名士上層，擠進「八顧」、「八及」、「八俊」等名士排行榜中，眼看就要飛上枝頭當鳳凰。

然而一場突如其來的政治風暴卻讓這頭雛鳳折斷了翅膀。東漢靈帝建寧二年，西元一六九年，十月，第二次黨錮之禍爆發，東漢政府在宦官集團掌握下，大量逮捕這些號稱「名士」的讀書人，劉表也被列入「黨人」的名單之中，幸好他即時逃亡，才躲過牢獄之災，但什麼升官發財的美夢自然是別想了。劉表這一逃就逃了十五年，一直到西元一八四年黃巾之亂後，漢靈帝才赦免黨人，讓他們能重新當官，劉表也受到大將軍何進的招募，擔任大將軍府中幕僚，並領北軍中侯一職，監管洛陽禁軍。

到一八九年何進被刺殺為止，劉表應該都仕於大將軍府內，這不只在劉表、曹操、袁紹、袁術之間繫上一條隱藏的關聯線，對於劉表入主荊州，也有相當重要的幫助。西元一九〇年關東諸鎮起兵反董，長沙太守孫堅也帶兵浩浩蕩蕩地北上來到南陽，大開殺戒宰了當時的荊州刺史王叡與南陽太守張咨。董卓政府當時正努力拉攏天下名士，索性給名聲還不錯、立場不鮮明、個性還不差的劉表當荊州刺史，讓他去亂糟糟的荊州自生自滅。

當時荊州的情況可以說是一團亂。除了最富饒的南陽被袁術霸佔外，荊南大郡長沙也在孫堅的老鄉蘇代的統治之下，華容一地有貝羽割據，襄陽城則被張虎、陳生佔領，其他小股的「宗賊」更是多不勝數。劉表這個斯文儒雅、沒兵沒將的光桿刺史上任，誰也不認為他能搞得出什麼名堂。

但所謂的「人脈」就是在這個地方派上用場了。劉表匹馬來到襄陽南方的宜城，找來了南郡大族代表襄陽人蔡瑁與中廬人蒯良、蒯越商量對策，最後採用蒯越的策略，以蒯家、蔡家的名義，邀請五十五位代表性的宗賊頭頭入城飲宴，然後全部逮捕斬殺，強行收編他們的部眾。這一計賤招果然快速地翦除了荊州各地的割據勢力，使劉表能堂堂正正地入主襄陽，名實相符地當他的荊州刺史。

那問題就來了，蒯越、蔡瑁究竟是什麼角色，為什麼有那麼大的本事可以擺平那些宗賊？再者，如果他們真的那麼大尾，又為什麼要鳥劉表這個空降的光桿州刺史？

先說蒯越。蒯越，字異度，南郡中廬縣人，南郡蒯家應屬於當地大族，除了蒯越、蒯良外，之後又出了一位蒯棋，被曹操任為房陵太守。蒯越本身是家族中的佼佼者，長得高大威武，性格深沉多智，大將軍何進特別招聘他為幕僚。當時蒯越屢次勸何進早點動手誅除宦官，何進卻無法下決定，蒯越擔心事情有變，於是自請外調到汝南郡汝陽縣當縣令，估計是特別應劉表之邀，才返回荊州幫劉表出主意。

至於蔡瑁可就真是荊州一等土豪了。蔡家為漢末襄陽第一大族，蔡瑁的姑姑嫁給了太尉張溫，同族的堂兄弟中蔡瓚為鄢相，蔡琰為巴郡太守，均是二千石之位。蔡家祖厝蓋在漢水中的一處稱為「蔡洲」的沙洲上，建築堅固豪華，內有婢妾數百人，其他散佈於各地的田產數十處，是個既貴且富的家族。和他的堂兄弟比起來，蔡瑁早期顯然沒什麼成就，只知道他是個性情豪邁，很會自 high 的人

（原文：「性豪自喜」），不過顯然他也曾在洛陽混過，線索就是：他與曹操年少時是非常要好的朋友。

因此，一切謎題都解開了。蒯越、蔡瑁均是南郡大族，又都有洛陽的背景，蒯越和劉表還曾同在何進手下共事過，因此當劉表在荊州孤立無援時，自然會找上這兩位在洛陽的舊識相助，而蒯、蔡二家也樂得借重劉表官派荊州刺史的名義，擴大自己家族在州內的地位。劉、蔡、蒯三家於是形成緊密的政治聯盟，劉表娶蔡瑁的妹妹為後妻，前後任命蔡瑁為江夏、南郡、章陵太守以及鎮南將軍軍師（劉表約在西元一九二年時，被升格為荊州牧、鎮南將軍），蒯越則被任為章陵太守，封樊亭侯，兩人均是位高權重。終劉表與其子劉琮統治荊州的十七年內，蒯、蔡兩家一直是襄陽小朝廷中的主導勢力，而他們的政治傾向，也影響著荊州八郡的命運。

荊州的故事還沒講完，還要再講一回。

荊州四五事

劉表政權的第一個挑戰來自於北方的袁術。初平二年，西元一九三年，劉表入主荊州還未滿周年，袁術即遣名將孫堅向襄陽發動攻擊，企圖將勢力伸入荊州，劉表最終是倚賴荊州大族出身的將領黃祖之力（按：黃祖為荊州大族出身的推論，請見附錄《江夏戰神黃祖傳》），於硯山擊斃孫堅，力阻袁術南侵的野心。往後數年內，劉表反客為主，逐漸向北漸壓迫袁術，將南陽宛城一帶納入統治之下。

對外戰爭的勝利確保了劉、蒯、蔡政權的統治地位，也為荊州迎來一段難得的太平盛世，在往後的七、八年內，荊州在「官派首長」與「地方大族」左右共治的情況下，政治安定、經濟繁榮、文教發展，與北方、東方的混戰局面形成強烈的對比，荊州也因此成為許多難民與士人的庇護所，包括後來的大文學家王粲、音樂家杜夔、名士潁容、和洽、司馬芝、裴潛等人，都逃入荊州避難。

然而「劉、蒯、蔡合作無間」這樣的描述，並非放諸四海皆準；維持州內穩定當然是雙方的共同目標，但在對外政策上，雙方觀點似乎就有點落差。

後人對劉表較為負面的評論就是優柔寡斷，搖擺不定，不能掌握時機出兵北伐曹操，以至於空坐有龐大的領地與軍隊，卻落得死後荊州易主的下場。但若將觀察點從劉表本人擴大到整個襄陽的權力結構，這樣的評論，可能會讓劉表地下有知，覺得有點委屈。

以時間點來看，劉表入主荊州後便與袁紹結成盟友，共同對抗袁術勢力，當時曹操還是袁紹的支部，劉表自然沒有理由對曹操動手，必須要等到建安元年，西元一九六年曹操奉迎天子、與袁紹關係發生變化後，劉表才面臨了親曹或親袁的路線選擇。

就個人情感面來說，曾受黨錮之禍的劉表，對於宦官孫子出身的曹操八成沒太多好感；相反地，曹操奉迎獻帝後，劉表對袁紹仍頻頻以「盟主」稱呼，似乎顯示出他尊袁的傾向。然而若是如此，實力強大的劉表，為何沒想過趁袁曹北方對峙時，在曹操背後補個刀呢？

原因很簡單，因為蔡瑁與蒯越都是曹操的超級粉絲。

蔡瑁與曹操是年少好友，支持曹操很容易理解；至於蒯越支持曹操的原因就不那麼清楚了，或許蒯越與袁曹二人都曾在何進麾下共事，對二人的才幹個性有深刻的認識，蒯越與曹操在宦官議題上都是急戰派，與緩戰派的袁紹不同，因此在現下二選一的局面中，蒯越會將注碼押給了曹操。

事實上，除了蒯、蔡二人外，劉表身邊文官清一色全都是「荊州」的「親曹派」，包括治中鄧羲（荊州章陵郡章陵縣人）、從事中郎韓嵩（荊州南陽郡義陽縣人）、別駕劉先（荊州零陵郡人）等，根據記載，他們全都深謀遠慮，早早看出曹操「明哲，天下賢俊皆歸之」，一定是最後的勝利者，因此都苦口婆心地勸劉表：早點站到曹操那邊去啊，站袁紹那邊穩賠的啊！

這種一面倒的記載顯然是不盡合理的，當時連曹操自己都不認為能夠對抗袁紹，荊州諸賢們竟然對曹操那麼有信心，曹操在許都知道大概都要哭出來。我想，這一部分原因應是黨派效應，當蒯越、蔡瑁二人都屬親曹派時，他們拉進襄陽小朝廷中的人，應該都與他們有相同的政治傾向，所以挺袁的言論就相對少了；此外，可能部分支持袁紹的言論，在事後都被曹魏政府和諧掉了，以致於現在史書上看來好像荊州諸賢都巴不得幫曹操舔腳趾一樣。

在這種情形下，劉表便是再想在曹操背後補刀，恐怕也只能拿出一把美工刀了，他並不像陶謙入主徐州還帶了一隊剽悍的丹陽兵，有實力與本地大族對抗，劉表可是「單馬」入荊州，在兵力與財力都要倚賴荊州大族，他手下統兵的將領除了自己的姪子劉虎、劉磐以外，其他如黃祖、文聘、黃忠等也都是荊州本籍，因此當荊州士人們聯手抵制他的反曹政策時，名士出身、不善軍事劉表當然沒有發揮的空間。

因此劉表會接納張繡。

建安元年，西元一九六年，約是曹操奉迎漢獻帝之後，屯駐在弘農的驃騎將軍張濟也遇到缺糧的窘境，他率領部隊南下侵入南陽，結果在進攻宛城時被流矢射死，他的姪兒張繡接手這支窮途末路的孤軍，正當不知該往何處容身時，久攻不破的宛城城門竟然自己打開了，一名使者呈上劉州牧的弔書，表示對於張濟將軍的死，州牧感到相當震驚、難過，對於不能善盡主人的義務，州牧在此深深致歉，並決定將宛城一帶讓出，留給貴軍做滋養之用，若還有任何需要，劉州牧必將盡力配合。

若是單讀劉表收留張繡一節，會覺劉表真是天字第一號的老好人，張濟並不是低聲下氣地來荊州找庇護，而是蠻橫地直接攻城，劉表沒動員大軍將這批西涼殘軍趕盡殺絕就算了，竟然還將最精華的宛城送給他們當駐地，對張繡來說這真是比紅海分開還要偉大的奇蹟。不過若考量前因後果，劉表收容張繡的居心就很明顯了，他需要一支軍隊，一支不受親曹派影響的軍隊，主要打擊對象也很清楚，就是剛剛在許都中坐上司空位置的曹操。

驍勇善戰的張繡軍團很快就成為曹操的大敵，建安二年張繡幾次與曹操於南陽交戰，互有勝敗，建安三年，西元一九八年，三月，曹軍大舉南下，將張繡軍圍困於宛城西面的穰城，這回劉表親自率兵北上救援，兩軍連手將曹軍擊破，還一度令曹操陷入危急狀態，多虧李通即時從汝南送援兵過來，曹操才能重振軍威，扳回一城。

從穰城之戰到建安五年的官渡之戰其間，曹操與袁紹的對峙不斷升高，劉表理論上應可以出手開曹操的後門，但太多的意外絆住了劉表北伐的兵鋒。建安三年下半年，長沙太守張羨連結零陵、桂陽二郡造反，幾乎削去了荊州一半的地界；建安四年十一月，張繡又聽從賈詡的唆弄，狼心狗肺地向曹操投降，使劉表頓失爪牙；建安四年十二月，東面的江夏郡發生了更夭壽的沙羨之役，江夏太守黃祖被小霸王孫策給打得慘敗，幾乎要丟了荊州的右臂膀。

不過在如此內憂外患的情況下，劉表還是沒有放棄北伐的念頭。當建安五年曹操與袁紹在官渡對峙時，劉表還特地派了親曹派的韓嵩去許都，大概是希望他能帶回來一些曹操必敗之類的負面消息。想不到鐵桿子曹迷的韓嵩從許都回來後，還是猛說曹操好話，還勸劉表應該送兒子去許都當人質。這下可真把劉表給氣炸了，他馬上給韓嵩扣上一頂「通敵叛國」的帽子，打算就地正法，但親曹派卻透過劉表的老婆蔡夫人出手強力干預這起審判，最後劉表不但殺不了韓嵩，連打也不能打，只能拷打韓嵩倒楣的從官，最後以「罪證不足」草草了事。

連要殺一個已經掛上「叛徒」罪名的人都做不到，在荊州大族的面前，鎮南將軍兼荊州牧的劉表顯得蒼白而無力。

就在這個複雜的局面下，劉備來到了荊州。

大戰博望

經過了盛大的歡迎儀式後，劉表為劉備安排了一個妥善的駐地，南陽郡新野縣。新野剛好在襄陽和宛城的中間，離兩個城市約都是八十公里；之所以不能將劉備安排到更北方、更富庶一點的宛城，大概是因為當時宛城已隨張繡投降成為曹操的領地，新野反而變成劉表最北方的前線，也是劉備擔任看門狗應該站的位置。

那是一個很特殊的時點，在官渡之戰同時，劉表在荊州也有著正面的發展，一方面，歷時兩年的長沙叛亂終於弭平，襄陽政府的統治力正式及於荊州全域，成為「地方數千里，帶甲十餘萬」的強大勢力；另一方面，江東傳來孫策被刺客暗殺的消息，十八歲的繼承人孫權還壓不住內部局面，暫時無力騷擾荊州。在這種內外俱安的情況下，劉表自然有心放手一搏，挑戰在北方打得筋疲力竭的曹操。

劉備的到來正好彌補了張繡的缺。對劉表來說，這是一支百戰部隊，人數雖不多，但兵強將勇，而且他們和曹操敵對之深，保證絕對戰到最後一兵一卒，不會像張繡那樣中途倒戈；劉備自然也樂得有個安身之所，享受劉表源源不絕的補給。於是雙劉陣線一拍即合，一外一內，隨時準備在曹操背後放冷箭。

不過出兵的時機並不好拿捏，劉備在建安六年底來到荊州，但接下來的一年都沒有動靜，建安七年中大部分的時間，曹操都待在兗州與豫州休整，五月袁紹病逝後，曹操更可以好整以暇地坐看袁家內鬨，鞏固南方防線。相信不管是劉備或劉表，都還不會鬨到對養精蓄銳的曹操動手。

建安七年第四季起，情況有了變化，曹軍開始動員北上，攻擊在黃河北岸的袁尚與袁譚部隊，建安八年三月，曹操集中火力攻陷重鎮黎陽，迫得袁譚、袁尚向北撤退，四月，曹操更進一步北進，準備攻打袁家的大本營，冀州首府鄴城。

荊州雙劉就在這時候動手了。建安八年，西元二〇三年，約莫是四到五月，劉表正式命劉備出兵北伐，劉備於是從新野出發，大軍一路勢如破竹，經過宛城後向北直逼南陽郡與潁川郡交界處的葉縣，不但收復了大半個南陽，離許都也不過七十公里。

面對劉備強悍的復仇攻擊，人還在河北的曹操連忙派遣「地位最高的第九棒」、建武將軍夏侯惇以及裨將軍李典、于禁督率數軍前往迎敵，曹操本身也聽從郭嘉的意見，暫時放下河北，回師許都，準備應付南方事變。

話說夏侯惇自從五年前在小沛被張遼、高順擊敗後，軍旅生涯就不大順利，當曹營諸將正在和四方的敵人周旋時，夏侯惇卻領了一個濟陰兼陳留太守的位置，在曹操地盤的正中央的無用武之地，負責堤防搭建、糧食生產等後勤工作，這對於個性勇悍的夏侯惇來說無疑是很鬱卒的，現在曹操能再給一次機會，對手還是一顆算軟的柿子，夏侯惇自然希望好好把握，奮勇立功。

可惜他遇上的是進化過的劉備。

夏侯惇率軍來到葉縣，與劉備軍展開對峙，一天，探子忽然來報，劉備軍的屯堡冒起大火，原本駐守於屯堡四周的部隊已不見縱影。

夏侯惇派人進一步探查，才知道屯堡是敵軍自己燒的，敵軍一早已向西南宛城方向撤退，軍行速度頗快，眼下已退出數十里。夏侯惇豈能放過這個千載難逢的立功良機，他隨即下令，各部隊向南自由追擊，務必要摘下那個大耳通緝犯的腦袋。

這時候地位最低的李典跳出來澆冷水了，他告訴夏侯惇：「敵人沒有理由撤退，可能是設有伏兵。南方道路狹窄，草木深長，追擊有危險，最好放棄。」但夏侯惇此下熱血灌腦，哪聽得下這種踩煞車的建議，他命令李典留守，自己與于禁率軍向南追趕劉備。

夏侯惇往南一追就追了六十公里，經過淯水後，來到一個叫博望的小縣，這地方是西漢大外交家張騫的封地，也是南北交通要道，劉備的伏兵便設在此處，待著曹軍自投羅網，結果夏侯惇在此中伏大敗，將領夏侯蘭被俘，多虧後方留守的李典即時支援，夏侯惇才能安然撤退。

根據歷史記載，這場「博望之役」紮紮實實是劉備打的，諸葛亮當時大概還在襄陽種田，與這場戰爭沒有關係。這場勝仗可以說是劉備目前生涯的代表作，雖然夏侯惇打敗仗不希罕，但他的副將于禁可是在河北戰線威名赫赫，他們所率領的部隊，也一定比之前王忠、劉岱、蔡陽的部隊精銳許多，劉備能一戰而勝並不簡單。更重要的是，這是歷史上第一次記載劉備使用複雜的戰術，這不單意味著劉備的戰術大腦開竅，更表示他所率領的部隊已有了進階的訓練與組織。

若當過兵就多少有點了解，指揮部隊並不是用滑鼠，必須要靠精確的指令與長時間的訓練，要讓一支一百人的隊伍繞圈圈可能就得花上半天的時間，更不用說是什麼分進合擊、埋伏突襲之類的戰術了。身為一軍統帥，像這種詐敗伏擊的戰術不可能讓每個士兵在事前就得知，因此士兵們所獲得的指令一定先是撤退，退到半路後才轉換隊形；若沒有充分的訓練，士兵接到撤退指令後可能就處於無心作戰的狀態，即便是士氣還許可，也無法快速地在撤退途中妥善地分佈到每個埋伏點，並於適當時機一齊對敵軍發動反擊。在劉備過去的作戰生涯中，我們未曾見過這種進階戰術的應用，由此可見，在經過曹操與袁紹陣營的洗禮後，劉備已將自己與手下部隊提升到了另一個等級。

至於夏侯惇呢？這場博望之役是他最後一次單獨統兵作戰，從此之後曹操是真的對這位大哥死了心，讓他專司後勤，最後做到「督二十六軍」、類似聯勤總司令的位置。

不過，劉備與後方的劉表都不敢為博望的勝利慶祝得太早，真正的 boss 現在才現身，建安八年八月，曹操準備親自向荊州操刀。

躍馬檀溪

建安八年八月，曹操從許都南下，進抵汝南郡與南陽郡邊界的西平縣，四方兵將雲集，大有山雨欲來之勢。

當時駐守南陽的劉備與在襄陽支援的劉表必然都是如臨大敵，全力備戰，然而就在兩人神經繃至極限時，曹操卻放棄了荊州，全軍北返。原來河北袁尚袁譚兩兄弟徹底決裂開戰，結果大哥袁譚被擊敗，退守青州平原，派辛毗來向曹操求援，曹操衡估利害後，決定先收拾河北勢力，遂北上進軍黎陽，南方的荊州百姓們也因此躲過了一場兵火浩劫。

當時劉表仍沒有放棄抗曹的努力，他以長輩的身分給袁譚、袁尚各寫了封信，一方面就袁紹過世致哀，一方面勸兄弟二人捐棄前嫌，合作對抗曹操。在信中，劉表仍稱袁紹為「盟主」，並強調河北團結對於同盟的重要性，若袁族內部分裂，「則同盟永無望矣」！但是那兩個已被個人恩怨沖昏頭的兄弟完全聽不進劉叔叔的苦勸，袁尚持續攻打平原，而袁譚則與曹操聯姻，引鴆止渴。

當南北合縱的可能性消失，北伐大計也成了貼上 Archive 的資料夾，藏入襄陽政府檔案室的最深處，取而代之的，是荊州親曹派強力的反擊。

過去幾年劉表與劉備聯手北伐，必然使蒯越、蔡瑁一黨相當不愉快，奈何劉表支持，劉備也確實打出了一些實績，親曹派們一時找不到攻擊的著力點，但打從建安八年之後，劉表對於北伐以及劉備的態度，開始有些改變。

首先是來自江東孫家的問題，經過了兩三年的整頓，孫權終於穩定的江東局勢，並接續他老哥對荊州的侵略。建安八年，孫權進攻江夏，大破江夏太守黃祖的部隊，雖然沒攻下城池，但也帶給荊州不小的壓力。之後數年間，江東與荊州爭戰不斷，或許轉移了劉表的戰略焦點。

其次，劉表也老了，根據歷史大神的生死簿，劉表此下只剩下不到五年的壽命，他大概也想到了接班的問題，他的兩個兒子劉琦與劉琮能力聲望都不足，這使得原本是助力的劉備集團，反而成了一種威脅。

大概就從那個時候開始，劉備從前線的南陽被拔了出來，改駐於與襄陽一水之隔的樊城，劉表經常邀劉備一同飲宴論談，表面上是與劉備親近，實際上卻是節制劉備手上的兵權。在一次宴會上，劉備如怨如訴地對劉表說：「剛剛我去廁所，發現我大腿內側都生出脂肪來。小弟向來身不離鞍，大腿從不長肉，現在太久沒乘馬，大腿竟變粗了。唉，歲月如梭，轉眼我已是年紀一把，但卻什麼事業也沒有，可悲啊！可嘆啊！」

但劉備這麼明顯的「髀肉之嘆」暗示並沒有打動劉表，劉表從此沒有再讓劉備領軍；更糟糕的是，那些陰險的親曹派們還打算來個斬草除根，殺了劉備這眼中釘，一勞永逸。

殺陣由蒯越、蔡瑁主導，打算用一場宴會砍下劉備的腦袋，但劉備也不是白癡，他察覺了不尋常的殺氣後，隨即靠尿遁逃脫，乘著他的「的盧」馬逃離襄陽城，卻在城西一條叫檀溪的河流中陷住了馬蹄，動彈不得；眼看殺手轉眼追至，劉備別無他法之下只好對馬匹說：「的盧，現在代誌大條，衝一下啊！」豈知這不是方法的方法竟然奏效，那馬一躍而起，有三丈之高，於是渡過了檀溪；劉備隨後轉乘小船渡過漢水，船到河中，親曹派的殺手才追到，只能在岸邊假腥腥地呼喊道：

「左將軍，不要走得那麼快啊，回來啊！」

這段「躍馬檀溪」的記載被西晉人孫盛斥為「世俗妄說」，他認為以劉備寄人籬下的弱勢情形，若真有這種變故，劉備又怎能安然活到劉表去世呢？我想「的盧躍馬」這段的確太過傳奇，比較像是市井傳言，但蒯越、蔡瑁意圖謀殺劉備一節就未必是虛構，劉備是親曹派們奪權奪嫡的最大障礙，用點陰狠手段也是頗為合理；經過這場九死一生的逃命後，劉備起了戒心，親曹派們找不到機會下手，雙方於是維持了一段表面上的和平。

建安十二年，西元二〇七年，約是三到四月左右，曹操發兵北上，遠征盤據於今天渤海灣北面的烏桓與袁尚、袁熙兄弟，劉備抓住這個最後的機會，積極遊說劉表發兵北伐，但被劉表拒絕。等到當年九月曹操平定遼西郡班師後，劉表才對劉備放馬後炮說：「可惜當初沒聽你的話，錯過了這個大好機會。」

劉備當時心中必然也是髒話一堆，但他看著垂垂老矣的劉表，還是溫言安慰道：「現在天下大亂，動輒作戰，機會有的是，若以後能把握機會，這次的錯過就不算可惜了。」

劉備的話在哲理上是沒錯的，但在現實上卻不見得行得通，幸運女神很少會對一個人伸出兩次手，至少在那個時空中，她沒有給劉表、劉備第二次機會。

歷史的巨輪繼續向前轉動著，劉備來到了那關鍵的一年，建安十三年，西元二〇八年。那年，劉備四十七歲。

附錄：特務K

建安十二年春天，曹操陣營在評估是否遠征烏桓時，劉備、劉表的威脅成為爭論的焦點，當時曹營諸將如張遼等多是認為袁尚兄弟已經被打得窮途末路，烏桓又與他們非親非故，雙方根本不可能有效合作，今天若動員大軍北伐，劉備和劉表必然會興兵攻打許都，恐怕情況變得不可收拾。

這時有一個年輕的參謀跳了出來，力排眾議，強力建議遠征，他分析道：「第一，烏桓自以為離我們遙遠，輕於防備，我們發動突擊，一定可以取勝；第二，袁紹在河北素有恩德，我方才剛取得四州土地，民心未定，若袁尚借烏桓之力南來，漢人胡人全都會響應，恐怕冀、青二州不保，烏桓考慮到這點，也會起覬覦之心；第三，劉表與劉備方面，劉表是個只說不做的名嘴之流，他明白自己沒有辦法駕馭劉備，若讓劉備擔任重要工作，恐怕劉備最後會不受控制，若讓劉備擔任小職務，劉備又不會願意，因此不會有北伐的問題。綜合以上三點，主公大可全力遠征，無庸憂慮。」

事後證明，這一番分析完全切中要害，曹操後來的確以突襲擊破烏桓，而劉表也沒有接受劉備北伐的提議。

做出這樣分析的參謀，名叫郭嘉。

郭嘉，字奉孝，豫州潁川人，家世背景不明，年輕時曾一度前往袁紹帳下尋找機會，但後來在荀彧的牽線下，轉投入曹操帳下，擔任曹操的司空軍祭酒，那年，郭嘉二十七歲。

郭嘉在曹操帳下待了十一年，這十一年中，郭嘉從未擔任過正式的中央或地方職務，也沒有帶過兵，大部分的時間他都以軍祭酒這個非正規的身分待在曹操身旁，為曹操分析局勢，提供意見。

歷史上，郭嘉為曹操提供的意見很多，但最能代表郭嘉風格的，我認為有以下三個。

第一個是建安五年，西元二〇〇年，劉備於徐州叛曹時，曹操面臨是否東征的決策問題，郭嘉告訴曹操：「袁紹反應慢，個性多疑，不會那麼快出兵，相反的，劉備新叛，還未得民心，只要快攻，一定可以獲勝。」曹操接納了這個意見，他快速地擊破劉備，並及時回軍守住官渡。

第二個郭嘉風格的決策則是於官渡戰時，當時有傳言孫策將發兵攻許都，曹家諸將都頗為憂慮，郭嘉卻認為：「孫策剛併吞江東，所殺的都是一些很得人心的士豪，但孫策對此並沒有警惕，若遭到刺客伏擊，他也不過就是一個凡人而已，依我看，孫策早晚會死於匹夫之手。」果不其然，不久，孫策便遭暗殺而死。

郭嘉的第三個代表作便是前述對於遠征烏桓的分析。

相信讀完以上的記載後，大家應該都對所謂的「郭嘉風格」有點認識；這些建議都十分大膽而主觀，缺少客觀因素的輔助，許多部份更違反經驗法則，與其說是分析，不如說是賭博。我們不禁要問，聰明如曹操者，怎麼會相信這種胡扯亂猜，還願意將身家性命全部押上呢？

我們不得不相信，郭嘉這些判斷，一定有所依據，而且是很確切的依據。

假設今天一位白宮軍事參謀向歐巴馬建議自南韓撤軍，理由是北韓新領導人金正恩性格「優柔寡斷」，因此沒有北韓入侵之虞，歐巴馬大概會想個幾秒，然後問那參謀：「你和金正恩很熟嗎？」

同樣的問題也適用於郭嘉提出的建議，他判斷袁紹不會出兵是因為袁紹「性遲而多疑」；判斷孫策會被暗殺是因為孫策「輕而無備」，判斷劉表不能用劉備是因為劉表「坐談客也，自知才不足以御備」。話說郭嘉不過是個健康欠佳、大多數時間窩在豫州的青年，他從哪裡得知袁紹、孫策、劉表內心的想法？蘋果日報？還是PTT？

或許這就是郭嘉對於曹操最獨特的價值，一張廣大而深入的情報網。

中國史書上對於「情報」一向不多著墨，好像秀才不出門就真能知道天下事一般，但在沒有天眼通或水晶球的世界中，情報的來源仍必須靠「人」的查探與傳播，而如何結識、佈置和選擇這些提供情報的人，便是一門高深的技術。

根據《傅子》記載，郭嘉年輕時相當神秘，他暗中結交許多「英雋」，而不與「俗人」來往，因此天下很少有人知道郭嘉的名號。或許這就是郭嘉長期地下工作的開端，他所結交這些神秘的「英雋」們便是佈下的線人，靠著情報網絡，郭嘉能清楚地掌握各地方鎮的動向，他或許能知道袁紹的小兒子病危、知道許貢的門客蠢蠢欲動、知道劉表對劉備已經起了戒心。

這或許也能解釋郭嘉常遭到彈劾以及他官位不高的原因。由於情報工作的特殊性，郭嘉言行顯得特別的隱密怪異，不知情的士大夫如陳群，便常向曹操提出彈劾，但曹操都一笑置之。也正因為情報頭子的特殊身分，即使郭嘉對曹操貢獻良多，卻只有封侯但未曾升官，他必須緊跟在主子身旁，提供最機密的訊息。

當然，蒐集情報只是郭嘉能力的一環，對於情報的判斷分析能力，才是郭嘉出類拔萃的所在。舉例來說，今天襄陽的情報員傳來「劉表於十天內招待劉備飲宴三次」的消息，或許有人會解釋為「劉表與劉備關係密切，因此劉表可能會命劉備出兵北伐」，也有人會解釋為「劉表正努力牽制劉備軍力，因此沒有北伐的顧慮」，究竟怎樣的解讀才是正確，這就是解讀者能力的展現了，郭嘉能屢次對局勢做出正確的判斷，代表他不但情報充足，對於局勢更有過於常人的洞察力，也因此曹操對郭嘉信賴有加，言聽計從。

當然，「郭嘉是情報頭子」只是我的猜測，供大家娛樂之用，關於郭嘉神算的說法，其實歷史上都有反證，例如曹操東征徐州的劉備時，袁紹其實是有對延津出兵，只是被于禁擋下了，可見郭嘉預測也不是那麼準確。關於孫策之死，裴松之也認為郭嘉的預言嘴炮成份居多，孫策只是剛好死在那時候，要是孫策晚死個半年，那曹操就真的事情大條了。至於郭嘉建議對烏桓採突襲戰法就更糗一點，話說柳城一戰曹操打得苦不堪言，戰勝後曹操承認這場勝利只是僥倖，重賞當初勸阻出兵者，這無異是賞了郭嘉一個大大的耳光。

儘管如此，郭嘉對於曹操的貢獻仍無庸置疑，再加上他年紀比曹操小上十五歲，曹操甚至嘴炮地說，有考慮將事業傳給郭嘉（說這話時，郭嘉已經死了）。

建安十二年八月，柳城遠征結束後，郭嘉病逝，得年三十八歲，接任「司空軍祭酒」這個位子的，是在奉迎獻帝過程中立有大功的董昭，但從那年開始，即使曹操仍有眾多天才的智囊，但對局勢的判斷明顯是遲鈍了，緊接下來的赤壁之戰就是最好的例子。

而時機湊巧，就在郭嘉去世的同年，一個名叫諸葛亮的二十七歲青年投入劉備帳下。

天下大勢，就在這一來一往之間悄悄傾斜了。

第五章
建安十三年

第五章　建安十三年（207～209年，劉備46～48歲）

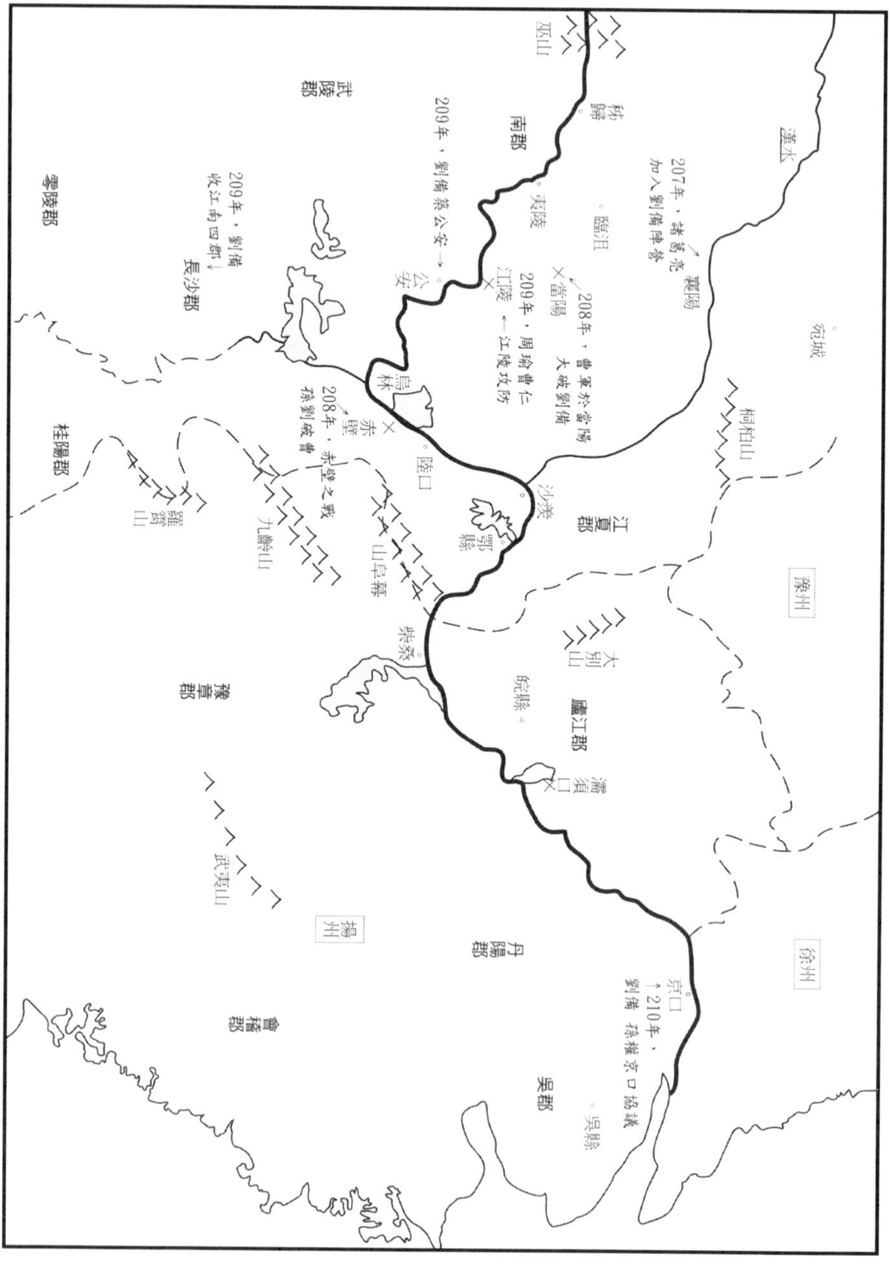

第三勢力

建安八年博望一戰後，劉備與劉表的關係就漸行漸遠，再加上親曹派在一旁虎視眈眈，客居荊州的劉備就像汪洋中的一條小船，在險惡的政治風浪中孤獨地漂搖著。

當然，這不是事實，劉天王什麼沒有，就是人氣多到用不完，再加上他擊破曹軍的威名，更令萬千荊州少女／英豪為之瘋狂，前來報效者不計其數。大概就這個時候，劉備收了一個十來歲的孩子為義子，從此之後，那孩子便從「寇封」變成「劉封」，成為日後劉備陣營中的一員猛將；此外，一名叫魏延的年輕人也在此時加入劉備帳下，他沒有任何背景，只能從一員小兵幹起，靠著自己的勇猛和幹練，一步一步往上爬。

經過曹操、袁紹陣營洗禮後，劉備除了組織民眾、招攬豪傑外，他也開始懂得向士人下手，他所瞄準的，是劉表、蒯蔡以外的第三勢力。

前面說過，襄陽小朝廷在蒯、蔡家族的控制下，重要位置幾乎都由「荊州」的「親曹派」擔任，非荊州本籍而能進入決策圈者，看起來只有一位傅巽而已。至於其他北方來的流寓之士，包括劉表的老同鄉王粲、伊籍等，劉表雖多能提供良好的經濟支持，但卻無法加以任用。這些賦閒在野的北方士人，加上另一些同樣無法擠進蒯、蔡小圈圈中的荊州本地士人，使得襄陽一帶成為個廣大的人力資源庫，為劉備提供很好的發揮空間。

其中比較主動的是伊籍，他老早就和劉備眉來眼去，約定說假設有一天劉表死翹翹，我們就如何如何。但其他士人就相對保守了，即使劉備已是聞名天下的大人物，要和這些士人搭上線仍然需要有個人搭橋。而劉備的運氣也不錯，他一到荊州，這位牽線人就自動找上門來，他的名字叫做徐庶。

徐庶是豫州潁川人，估計出身相當低微，年輕時不學好，搞些遊俠之類的暴力團；有次他出面幫人報仇殺人，被官府逮捕，堅決不露口風，官府於是將他綁在市集上，打算凌遲處死，結果他的同夥們劫法場，救了他一命。經過這生死一回後，徐庶洗心革面，進學校讀書，但同學知道他有前科，因此都鄙視他，不跟他來往；徐庶也不埋怨，總是一個人做所有的掃除工作，認真學習，最後終於變身成為優秀學生。他和同鄉的同學石韜相當要好，兩人一同念書，然後又一起躲到荊州避難

徐庶外地人的身分加上那段荒唐的少年時光，使他在襄陽小朝廷注定得不到發展，但卻與同樣是混過的劉備氣味相投。當劉備剛到新野的時候，徐庶就興沖沖地跑去找劉備，劉備也相當欣賞他，兩邊一拍即合，就這樣，徐庶從劉備帳下開始了他的政治生涯，而藉由徐庶，劉備也與荊州士人們搭起第一道友誼的橋樑。

徐庶在劉備帳下並沒有正式官職，博望之役能不能為徐庶記上一筆功勞也不清楚，但徐庶搭橋的功力應該是相當了得的，透過徐庶，劉備搭上了另一位身分更高的名士：「水鏡」司馬徽。

司馬徽同樣是豫州潁川出身的經學大師，流亡至荊州避難，劉表認為這種人只是「小書生」，不值大用。到了襄陽後，司馬徽深居簡出，主要以務農為生，但同時也開班授課並從事一些人力銀行的工作。他門下有掛名的學生包括荊州本地人向朗以及益州來的留學生尹默、李譔等，估計諸葛亮、徐庶、崔烈、石韜、龐統等人則是班上的高級旁聽生。司馬徽雖然在學術和評論界頗有名氣，但他對劉表成見很深，因此旅居荊州期間不要說當官，連政治評論都不願發表，凡是有人請教他，他都

只說「很好」，連有人說自己兒子死掉了，司馬徽也說「很好」；司馬太太最後受不了，就跟丈夫說：「人家有問題問你，你就應該好好地為人家論證辯明，什麼都說好，成什麼樣子？」司馬徽聽完點點頭，對他老婆說：「妳這樣說也很好。」

然而這樣一位「好好先生」在面對劉備詢問時，竟做出了建設性的建議，他表示自己只是一介儒生，不值一提，而荊襄地區最優秀的兩位人才，是他的兩位高徒：伏龍諸葛亮與鳳雛龐統。

在司馬徽的建議之下，建安十二年底，劉備進行了他生命中最重要的一場拜會。

三顧頻繁天下計

對於劉備來說，建安十二年是充滿不確定的一年，他和劉表的關係隨著劉表健康的惡化日漸疏遠，襄陽城內親曹派的動作頻頻，他只能坐困樊城，眼睜睜看著曹操一統河北。那一年，孫權又對江夏發動了一次大型攻擊，必然又給親曹派們製造更多「連曹制孫」的說詞。另一方面，劉備的長子劉禪也在這一年出生，對於已經四十六歲的劉備來說，能再擁有一個兒子，是一種希望，也是一種壓力。

在這種內外緊張的情況下，安逸了好幾年的劉備神經又開始絞緊，他需要一個更強顧問，做出更有效、更完整的規畫，也因此當徐庶、司馬徽都將一個叫諸葛亮的年輕人捧得老高時，劉備會願意放下長輩的身段，親自前往隆中拜訪。

「三顧茅廬」是一個家喻戶曉的故事，也成為後世「餓鬼假細意」的讀書人公認最高等級的求職待遇；大家都希望未來的老闆親自捧著大筆的鈔票送上門來，三請四求地拜託自己去工作；自己勉為其難地答應後，還要交代家人一句：「唉，我不得已得出山處理一些俗事，你們要好好照顧莊稼，待我成功之後，便再歸隱田園！」

當然，這樣的戲劇性情節是渲染後的結果，歷史上的「三顧」記載得很簡單，甚至還有些爭議。易中天老師在他的品三國中，對於究竟是諸葛亮自己去見劉備，或是劉備主動三請諸葛亮，有詳細的論證，以下的敘述是我依歷史想像調整過的事情經過，大家可以參考。

時間先推回十五年前，初平至興平年間，大約是西元一九三年至一九五年時，當時中原局面仍混沌不明，袁紹和公孫瓚在北方熬戰，曹操在南線痛宰袁術後，轉頭向徐州陶謙開刀，劉備以救世主的身分來到徐州，但仍抵擋不住曹操猛烈而殘暴的攻勢。受到戰亂波及，徐州百姓們紛紛向南方逃亡。

當時瑯琊郡陽都縣一戶姓諸葛的人家也成了戰爭難民之一，這戶人家算是一個小士族，早逝的家族長諸葛圭曾擔任泰山郡丞，他的弟弟諸葛玄沒有擔任官職，但大約曾在洛陽士族圈中打滾過，因此和袁術與劉表都有點交情；諸葛圭的長子諸葛瑾小時候也曾來到洛陽留學，在經學上有一定的成就。當曹操攻打徐州時，諸葛圭早已去世多時，諸葛玄與二十歲的諸葛瑾於是擔負起家族領導的責任，但叔姪二人對避難路線卻有不同意見，最後諸葛瑾帶著繼母（！）渡過長江，來到揚州吳郡一帶定居，而諸葛玄則帶著十三歲的姪子諸葛亮、諸葛均、還有兩個姪女，前往壽春投靠袁術。

當時袁術正欠人手，見著還有點經學背景的諸葛玄前來投靠自然大喜過望，二話不說就任命諸葛玄為揚州豫章郡太守，差遣他到揚州西南邊的豫章郡上任，這看起來是個不錯的安排，但問題是當時豫章郡根本就不在袁術的勢力範圍之內，不久後東漢中央官派的豫章太守朱皓前來上任，諸葛玄沒有辦法抵抗，只好帶著家中的小孩向西逃亡，投奔另一位老友劉表。

如同對待其他流寓之士一樣，劉表雖沒有授予諸葛玄任何官職，但仍提供了相當的經濟支援，諸葛一家於是在襄陽西面的隆中縣住了下來，過著耕地、讀書的平淡生活。年少的諸葛亮也就在相對穩定的環境中成長，並且與一票流寓青年如孟建、徐庶、石韜、崔州平漸漸形成一個圈子，互相切磋學問，彼此標榜。

隨著年紀漸長，諸葛亮在團體中也越見突出，他的身材高大，氣息深長，常常見他清晨黃昏時抱膝長嘯（可能是練某種內功的心法），他的腦袋也相當聰明，研究學問雖不像其他人那麼仔細，但對於綱領卻掌握得很好，屬於那種重思考推理而非死背的學生。他曾經向他的同儕們放話，說在座的各位都是垃圾……不是，是說在座的各位以後為官，應能到刺史郡守等級，而他自己卻是以管仲、樂毅自居，換言之就是王霸之佐、逆轉之材。而徐庶、石韜等人不但沒有因為這些機車話把諸葛亮阿魯巴一頓，還紛紛同意他的說法，可見諸葛亮的自負多少是有些實力支撐。

這批「流寓青年軍」中的徐庶首先在劉備那邊找到工作，對他的同儕而言當然是一個指標，而徐庶也很夠義氣地在劉備面前大力稱讚自己的好友，並建議劉備親自前往隆中拜訪。劉備原本就不是一個有架子的人，當時的情況多半也讓他抱著死馬當活馬醫的心態，於是劉備開始積極地造訪隆中，或許其中錯過了幾次和諸葛亮的會面（在沒有手機時代，這應該滿合理的吧），但兩人應該也有幾次深入的交談。慢慢的，劉備發現這個年輕人雖然自負，卻沒有其他經學士人的腐儒氣息，他很少說子曰孟云，談的多是行政法治、組織管理的硬道理，雖然聽起來經驗還有點不足，但縝密的邏輯推理卻往往能切中要害，看到許多劉備打滾多年也看不見的盲點。劉備與諸葛亮越談越投機，在一次會面上，劉備終於下定決心，將自己心中所有的徬徨，化成一個問題問了出來，而諸葛亮彷佛也已等待許久，給了劉備一個答案。

那就是聞名千古的隆中對。

隆中對與結耗策

問問題是一門學問，從問題的內容，可以了解發問者的程度。程度高的發問者直擊議題的核心，所要求的答案便是整個議題的關鍵；程度低的發問者，不是問出蠢問題，便是沒有問題。

當時劉備是這麼問的：「如今漢室衰敗，奸臣曹操掌權，皇權被架空，我劉備希望能為天下伸張大義，可惜人笨計拙，搞成今天狼狽的樣子，但我還沒放棄希望，不知道先生以為我應該怎麼辦？」

或許我們可以將劉備問諸葛亮的問題，與當年孫策問張紘做一個比較。當年孫堅戰死，孫策才十六歲，沒有名氣，沒有勢力，甚至連一兵一卒都沒有；他跑去見廣陵名士張紘，單刀直入地問：「我年紀雖小，但想繼承先父的志向，我想先去找袁術討回先父的部隊，然後去丹陽投靠舅舅吳景，收合部眾，然後向東佔據吳郡會稽兩郡，做為朝廷外藩，您以為如何？」張紘回答道：「你既然能繼承父親的武勇，前進丹陽，佔據吳會後，應該要繼續發展，一統荊揚二州，盤據長江，匡輔朝廷，這是齊桓、晉文的功業，又豈止是一個外藩而已？」

從以上的比較，可以發現對於天下大勢的觀察，四十六歲的劉備還不及於當年只有十六歲的孫策。當時孫策雖然連毛都還沒長齊，卻已明確地評估自己手上籌碼（父親舊部、舅舅吳景在丹陽的兵力），鎖定了第一優先的敵人（吳郡、會稽的割據勢力），並做出一個長程的目標（朝廷外藩）。但劉備對於未來發展方針卻是完全沒有主見，他只能泛泛地說「欲信大義於天下」，但這個「大義」究竟是要北伐刺曹，或是割地為藩，劉備卻說不出個所以然來。

不過諸葛亮就是愛劉備這個調調，他微微一笑，開始了這段留名青史的長篇大論：「自從董卓以來，天下大亂，當初曹操相較於袁紹，名望低而勢力弱，如今曹操能消滅袁紹，以弱克強，這不只是天時，更是『人謀』的因素；如今曹操擁百萬之眾，挾天子而令諸侯，不可能直接對抗。東方孫家坐領江東已經三代，平民和地方士族都為其所用，因此只能將他們做為盟友，不能當作敵人。

「相對來說，荊州位在漢水、江東、巴蜀之間，為戰略要地，但其所有者不能守地，是上天要送給將軍的禮物；西方益州富庶而險要，但統治者劉璋卻軟弱無能，北方漢中又有張魯壓迫，州中智謀之士必然渴望有明主領導。將軍有皇家血統，信義之名天下所知，麾下各地英雄聚集，若能佔有荊、益兩州，連結西戎、南蠻、孫權勢力，北方曹操獨強局面一旦有變，派一支部隊從荊州直趨南陽、洛陽，將軍率益州部隊親征關中地區，百姓必然夾道歡迎，如此霸業可成，漢室可興！」

後人對於隆中對的討論很多，傳統上認為這段對話是諸葛亮偉大的見解，未出茅廬而知天下三分，為劉備集團訂定了發展的策略。但也有論者認為隆中對沒什麼了不起，橫跨荊、益對抗曹操這種策略魯肅早早就對孫權講過了，更何況當時天下大勢擺明就只剩下荊州和益州兩塊地盤，隆中對也只是理所當然而已。

當然，就內容而言，諸葛亮的隆中對與魯肅的「榻上策」的確是雷同，但會說隆中對內容是「理所當然」，無疑是後見之明。打天下並不是玩電動，劉備或諸葛亮不可能動動滑鼠就知道孫權旁邊都是一群智力九十以上的天才，而劉璋旁邊卻是七十不到的廢渣。在相同的背景之下，任何一個理性的荊襄參謀，都有可能做出「江東主少國疑，正是東征之機」或是「曹操爭戰多年，兵困馬乏，北伐必勝」之類錯誤的建議。我認為，隆中對所建議的方向，正好與劉備或是當時多數荊州人士的思考相反，這是諸葛亮專門針對劉備盲點所做成的規畫。

首先，關於曹操，那是一個一日不死，劉備一日無法安睡的人物，建安十二年初，劉備極力地謀求與劉表合作北伐，即便後來功虧一簣，他仍表示將來還有機會，可見於建安十二年底，劉備依舊以「與荊州合力北伐」做為第一優先考量。面對劉備的雄心壯志，諸葛亮開門便澆上一盆冷水，告訴劉備：曹操現在不是你動得了的，將來也不是，必須等到「天下有變」時，才是北伐的機會。

其次，關於孫權，江東孫家與荊州劉表已結怨三代，雙方互有征伐，孫策和孫權屢次出兵江夏，而劉表與黃祖也曾數次派軍進攻柴桑，在襄陽小朝廷保守的對外策略中，東進似乎是比北進擁有更多在地的支持者。劉備雖然沒參與過劉表與孫家的戰爭，但在荊州待久了，或多或少也會將孫家視為第二敵人，因此諸葛亮在隆中對的第二段又提醒劉備：江東你也不要肖想了，人家強者如雲，不是你可以貪圖的，不過好處是我老哥在那兒當機要，所以你要是用我，就有機會和江東牽上關係。

至於西邊的益州，至目前為止都是處於一種「悶著燒」的情形，前益州牧劉焉入主益州要比劉表入主荊州早了三年，早期兩家還有些過節，但劉備來到荊州後雙方就沒有太多接觸。劉備雙眼緊盯著曹操，大概壓根沒想過巴蜀之事，於是諸葛亮特別提醒他：小道消息指出，益州權力結構很複雜，有很多實力很強的投機者，將軍要能和他們搭上線，將有無限的機會。

隆中對中最重要的一點，即諸葛亮點出了劉備「帝室之冑」的特殊身分，這是劉備奮鬥了大半輩子也沒想過的點子，儘管皇家血統在這個時候還有多少賣點不得而知，劉備的血統還疏遠的像是假的，但至少這是一個不會扣分的策略，在形象塑造上多少也有些正面的助益。

總的來說，隆中對中「北退、東和、西進」的發展方針，與劉備在荊州多年所依據的「北進、東防、西不理」方向是完全相反的，這也突顯出諸葛亮相較於其他荊州士人而言高人一等的洞察力，至於諸葛亮究竟是不是向魯肅借作業來抄的，可能就不是歷史所能解釋的了。

但話說回來，面對這個政策大轉彎，劉備有辦法立刻接受嗎？

我認為是沒有，至少短時間內沒有。劉備聽完諸葛亮的演說後，雖然當場說了個「好」字，但心理恐怕還是猶疑不定。「雖然這些瘋話聽起來有點道理，」劉備心裡會想：「不過這瘋瘋癲癲的小子真的靠得住嗎？不打曹操改打劉表，這種忘恩負義的點子你也想得出來？你以為取一個州就是在地圖上把那個州塗成別的顏色嗎？我看你連益州要怎麼走都不知道，還敢要我去打益州？」

劉備於是帶著一肚子的問號回到了樊城，面對襄陽的劉表，他並沒有下手的準備，面對北方的曹操，他又感到束手無策，他只能持續在樊城中開座談會、開 party，廣邀地方人士，看看可不可以從討論中找到一點慰藉。

從那天劉備離去的表情，諸葛亮大概也知道劉備沒有真的信他的道，他了解對於劉備這種實務派來說，隆中對的內容太不切實際、太像紙上談兵，頂多讓他有點印象，還不能將他心中五個燈都敲亮。當時時序已進入建安十三年，北方傳來曹操在鄴城鑿玄武池練水師的消息，諸葛亮明白時間已所剩無幾，他不能在隆中等劉備下一次的拜訪，他決定主動出擊，給慢半拍的劉大叔好好地上一課。

那天大約也是個座談會，劉備親自主持，諸葛亮報名參加，卻連貴賓席也拿不到，只好在眾多來賓中靜靜坐著。散會後，不知道誰給了劉備一條牛尾巴，剛好喚起了劉備小時候編草鞋的回憶，劉備就像得了自閉症一樣，自顧自地編起牛尾巴，連現場還有一個人都不理會。諸葛亮於是上前，對劉備說：「劉將軍上次來跟我說你還有大志，原來就是編牛尾啊！」

劉備愣了一下，一看原來是諸葛亮，趕緊把牛尾丟到一邊，尷尬笑說：「什麼話？就是抒解一下壓力而已。」

諸葛亮也是一笑，開門見山地問劉備：「將軍，你認為鎮南將軍劉表，比得上曹操嗎？」

劉備搖了搖頭，說：「當然比不上。」

諸葛亮又問：「那將軍自己和曹操相比，又是如何？」

劉備誠實答道：「還是比不上。」

諸葛亮說：「這就對了，既然都比不上曹操，將軍卻企圖以手上數千人的軍隊備戰，難道不能想點別的辦法嗎？」

劉備「嘖」了一聲，說：「我也是傷腦筋得很，你有什麼好方法？」

諸葛亮說：「其實荊州人口不少，但因很多是外地移民，有戶籍的人太少；若是只按戶籍徵兵，一定會造成民怨，將軍可以建議劉表，令荊州的遊戶自行呈報戶口，如此便能增加兵源，充實兵力。」

這個務實又立竿見影的「結旺策」，其實比較符合諸葛亮日後施政的風格，而這也正是劉備眼下最需要的方案；劉備依策照辦，沒過多久果然增添了不少人馬，他這才了解眼下這位年輕人不是只會嘴炮，更有相當紮實的行政概念，而這也正是劉備集團長久以來所欠缺的。於是劉備馬上以上賓的身分將諸葛亮納入帳下，兩人一老一少整天膩在一起講悄悄話，害原本的麻吉關羽、張飛都吃起醋來。劉備坦白地告訴關張二人：「我有孔明在身邊，就像魚有水一樣，你們最好不要再嘰嘰歪歪。」

隆中對與結旺策分別記載於《三國志》諸葛亮本傳與晉人魚豢所著的《魏略》，兩段記載相互衝突，連裴松之都感到不可思議，以上我也只是將這兩段記載用想像力做點調和而已。不過無論如何，建安十二年底到十三年初，年輕的諸葛亮從劉備帳下開始了他的政治生涯，也為原本武勇豪邁的劉備陣營，增添了一分理性、安定的氣息。劉備集團從此從一個戰鬥團隊轉變成政治團隊，展開了這段傳奇迥然不同的下半章。

奪嫡、投降

就在劉備和諸葛亮整天在樊城「如魚得水」的時候，襄陽城中的權力風暴隨著劉表健康的惡化越演越烈；劉表的次子劉琮娶了蔡家的女孩為妻，搭上了荊州親曹派的線，全力排擠他的大哥劉琦。面對老弟節節進逼，劉琦束手無策，放眼襄樊一帶他所熟悉的人物，有點本事、又敢不買親曹派帳的，好像只剩下那個叫諸葛亮的小子了。

諸葛亮的叔叔諸葛玄和劉表是老朋友，諸葛亮的岳父黃承彥與劉表又是連襟（兩人都娶蔡家的女兒），因此諸葛亮和劉琦應早早就認識，對劉、蔡家中的爛帳應也略知一二，再加上此下諸葛亮是劉備眼前的新紅人，劉琦於是整天纏著諸葛亮問保命之計，或多或少也想和劉備集團拉近些關係。

諸葛亮初時並不願回答劉琦的問題。事實上，對於隆中對的第一步「取荊州」來說，劉琦實在是頭自己送上門來的肥羊，劉備大可透過劉琦一掃親曹派勢力，成為荊州的太上皇，諸葛亮可能也就這點向劉備勸薦多次，但劉備顯然還不能接受這麼陰險的手段，遲遲不願答應。面對劉琦死纏爛打的詢問，諸葛亮最後只好給他一個簡單的意見：遠離襄陽，請調駐外。

過了幾天，劉琦興沖沖地到樊城找諸葛亮，說：「諸葛先生、諸葛先生，你的計真是妙，我已經拿到駐外的派令了，你看。」說著將手中的派令一展，上頭寫著四個大字，「江夏太守」。

諸葛亮差點沒把口中的茶水給噴出來，他不可置信地問：「劉大公子，你知道前江夏太守黃祖是怎麼死的嗎？」

劉琦說：「當然啊，上個月孫權進攻江夏，黃祖就是被孫權給斬的。」

諸葛亮說：「好，這樣你還不算白癡，那你自己秤秤，你帶兵打仗的本事，有強過黃祖嗎？勝得過孫權嗎？」

劉琦說：「沒有，我又沒帶兵打過仗。」

諸葛亮一拍手說：「這就對啦，你現在去接江夏太守，要是孫家又打來，你力戰不屈，斬；要是你戰敗退走，那就是喪師敗軍，斬；要是你打算用外交手段和孫家改善關係，那就是通敵叛國，一樣可以斬。你唯一的生機就是打敗孫權，不過我看你別想太多了，這種事一萬年都不會發生。」

劉琦一聽心都沉下來了，哭喪著臉說：「那我不是死定了嗎？當初是你叫我自請駐外的，怎麼會搞成這樣？」

諸葛亮說：「唉，我是說你可以請調去零陵、武陵之類的偏遠地方，呼吸新鮮空氣養老嘛，天曉得你會把自已送到一級戰區去？這下好了，人笨真的天都難救。」

劉琦求道：「諸葛先生，快救救我啊，你足智多謀，一定還會有辦法的。」

諸葛亮雙手一攤，說：「派令都下來了，還有什麼辦法，我看你還是先乖乖去上任，然後藉著探病的名義再回來一趟，好好向你老爸說說，否則，死路一條。」

以上這段對話是想像畫面，不過劉琦接任江夏太守的安排，看起來玩命的成分比保命的高出許多；劉琦前往江夏後不久又藉探病之名跑回襄陽，但蔡瑁等人不給他任何機會，他們以劉琦曠職而來、劉表必然發怒等語為由，將劉琦阻於門外，令其父子不相見，劉琦也只能在門外號哭一陣，然後回到江夏，等待最壞的情況發生。

不過瞬息萬變的政局總是讓人意想不到，孫權沒再打來，蔡瑁也沒下殺手，倒是曹操先動手了。

建安十三年，西元二〇八年，七月，東漢帝國新任丞相曹操大舉發兵南征。

經過建安十三年上半年的休養，曹操集團的氣色好多了。早於建安十二年底曹操遠征柳城時，盤據遼東的公孫康便斬下袁熙、袁尚腦袋向曹操輸誠，曹操也慷慨地給了公孫康襄平侯、左將軍的頭銜（這樣一來劉備的左將軍就變山寨版了），承認公孫家族在遼東的半自主地位；建安十三年，曹操又用半利誘半強迫的方式，將西涼大軍閥前將軍馬騰勸入許都擔任衛尉，大致上安撫了擾攘的涼州勢力。六月時，曹操重組帝國政府，廢除原本司徒、司空、太尉這三個平行的最高行政權，將所有的政府權力彙整回古老的「丞相」職位下，由曹操一手掌控；曹操並大張旗鼓，為他的丞相府選用新晉幕僚，這其中最重要的一位，就是被強迫擔任文學掾的司馬懿。

當內外局勢已大致抵定，曹操終於決定一舉解決長久以來懸疑不定的南線局面，七月，帝國軍隊大舉南征，從許都出發，取道葉縣，直往宛城、新野方向而來，主力部隊包括曹仁、曹洪、曹純所率領的曹家核心精銳，另外還有于禁、張遼、張郃、朱靈、李典、路招、馮楷等軍押陣。依謀主荀彧定下的策略，此戰應貴神速，以輕兵穿越南陽郡，對襄陽造成五雷轟頂的壓力，迫使劉表投降。

然而這個狡猾的伎倆並未奏效，當時南陽一帶雖已非劉備守備範圍，但各地縣城卻仍在老州牧劉表堅強意志的領導下，對曹操的侵略進行頑強的抵抗，曹操大軍七月南下，足足花了一個多月的時間才掃蕩了宛城以北的地區，顯然荊州這顆柿子並不如想像中的那麼好啃。

然而這場悲壯抗戰的最後支柱卻在這個時候倒塌了。八月，在襄陽城中，鎮南將軍、荊州牧、成武侯劉表病逝，據說他病逝前還曾將劉備召到病榻前，要將荊州讓給他，但被劉備婉拒了。這可能是劉表迴光反照，也有可能是對劉備暗示性的警告，但我們也不排除是劉備集團事後編造的政治宣傳。

無論如何，劉表的死並未便宜劉備，反而是成全了那一票的荊州的親曹派；蔡瑁、張允等人忙不迭地擁立劉琮接手荊州牧大位，蒯越、韓嵩等人馬上就圍上前來，苦口婆心地勸新任主公要向曹操投降。劉琮倒還不全然任這些荊州人擺弄，他反問道：「我和各位保守荊楚一地，守護先父留下來的產業，以觀天下變局，難道不可以嗎？」

這一問倒讓荊州親曹派們傻了一下，他們怎也沒料到劉琮竟然還有這種野心，倒是唯一一位非荊州出身的幕僚傅巽給了劉琮客觀的分析，他問劉琮：「將軍您自認為和劉備相比如何？」劉琮誠實答道：「不如。」傅巽說：「那就是了，將軍既不如劉備，如果劉備不能抵擋曹操，那遊戲結束，將軍也保不住荊楚之地；反過來說，若是劉備有本事抵擋曹操，那保證他不願意屈居將軍之下。不管怎麼走都是死棋，將軍就不要再猶疑了。」

傅巽這番論點說得合情合理，令劉琮再也找不到堅持的理由。劉琮於是向曹操遞上降書，同時傳令荊州所有城池解除對帝國軍隊的抵抗；曹操對此一發展自然是大喜過望，下令大軍加速南下，在九月的時候抵達宛城，離襄樊只剩下不到一百五十公里。

悲慘的是，在樊城的劉備對這一切，仍然一無所知。

當陽大追擊

劉表死後，劉備原本還在樊城與諸葛亮鬼混，但不久也感覺到政治氣氛有變，襄樊一帶多了許多北方人，有些還是朝廷人員的裝束。劉備越想越不對，於是派人去襄陽問劉琮，劉琮見紙包不住火了，便故意派一位叫「宋忠」的儒士告訴劉備：我們已經向曹操投降，而曹操大軍正在宛城了。

劉備聽到這消息時，大概連腸胃中的纖毛都豎了起來，他顫抖著吼道：「你們這些人這樣私下搞事，大禍臨頭才告訴我，難道不覺得太超過嗎？」他拔出刀指著宋忠說：「今天就算砍了你的腦袋也不足以洩忿，我都要走了，不屑殺你這種腳洨，滾！」

看著宋忠屁滾尿流地逃出樊城，劉備感覺身體還是抖得厲害，他趕緊召集核心幕僚商討危機處理之道；會議中有人建議應率軍攻襄陽，俘虜劉琮和那一票荊州吏士後向南撤退到江陵，和曹操進行長期對抗，劉備卻搖頭說：「劉表臨死要我照顧他的兒子，要我背信自救，我做不到，這樣我有何臉面去地下見劉表？」

劉備這番話究竟是由衷而發或政治語言，不得而知。正面一點來看，劉備在荊州七年間，從未有奪取政權的企圖，或許他確實由衷感激劉表，也不忍對他的兒子下手；功利一點來看，將劉琮等人擄到江陵，對於抵抗曹操一點用都沒有，反而造成劉備集團矛盾。

但無論如何，南方的江陵城是劉備眼下唯一的選擇，那是長江的重要渡口，劉表興建的重鎮，城防堅固，糧草充足，一旦能在這點上擋住曹軍南下，至少便能保有江南四郡之地，留下翻身的本錢。劉備很快就做好分兵撤退的安排，關羽率領船艦數百艘，先順漢水東下到夏口，再轉入長江逆流西上到江陵，以求至少保有部分的水上力量。而劉備與趙雲、張飛、徐庶、諸葛亮等人率領部隊南渡漢水，走陸路直趨江陵。

劉備經過襄陽時，在城外大聲呼叫劉琮，可憐的劉琮心虛惶恐，不敢露面，劉備於是前往劉表墳墓，向已故的老州牧流淚拜別。劉備這一連串的舉措，使得他與劉琮、蔡瑁等人的形象形成強烈的對比：一邊是堅守劉氏立場，力抗外敵，堅毅不拔，重情重義；另一邊卻是專搞兄弟內鬥，對曹操卑躬屈膝，自我利祿至上。

由於劉備的英雄形象，許多有理想、有志氣的荊州「非親曹派」人士，願意放棄平穩的生活，選擇跟隨劉備，力抗北方侵略者。南郡枝江人霍峻首先率家鄉民兵部曲數百人加入劉備軍團；南郡宜城人、現任臨沮縣長的向朗也歸附劉備，共同向南撤退，其餘來追隨的平民百姓更是如流水般湧至，當劉備走到當陽縣時，整個撤退集團已膨脹到十餘萬人，所攜物資數千兩。龐大的人數拖慢了隊伍的速度，一日只能行進十餘里，有幕僚於是向劉備建議：「眼下最重要的應該是退保江陵，現在我們人數雖多，但都是不能作戰的平民，要是曹軍趕來，要怎麼抵抗？」劉備搖搖頭說：「『人』是成大業的基礎，今天這麼多人追隨我，我怎麼可能拋棄他們！」

經過了十餘年世故的打滾，劉備依然是當年那個會帶著數千饑民去救徐州的劉備，他一定清楚當時情況的緊急，但他沒有辦法拒絕那些平民們口口聲聲「劉將軍」的呼喚，也無法放下當一個大哥的身段，至少在最後一刻來臨之前，他要陪在這些追隨者身邊，同甘共苦。

或許劉備也稍稍估量了一下曹操進軍的速度。樊城距江陵二百公里，而宛城距江陵三百二十公里，若劉備離開樊城時曹操剛好離開宛城，那曹軍必須以劉軍一點六倍的速度前進，才有可能在江陵之前趕上劉備，這還不計入曹操在襄陽受降時必要的耽擱，因此即便行軍速度被民眾拖慢，劉備多少也認為時間上還有餘裕。

然而劉備離開曹操太久，他忽略了曹操軍隊實力的強大，也輕忽了曹操要將他趕盡殺絕的決心。

曹操大軍才剛進新野，便已得到了劉備南撤的消息，曹操深恐劉備取得江陵的軍事物資，於是擱下輜重，輕軍前往襄陽，簡單接受劉琮的投降後，隨即又由新降的荊州將領文聘帶路，發動五千騎兵向南追擊劉備，而這追擊軍中的主力，便是曹軍中最精銳的「虎豹騎」。

虎豹騎應是曹操於官渡之戰前後所建制的特種部隊，組成人員從軍隊中的百人長（大概就是連長）或是特別驍勇的騎兵選任，精銳勇猛自不在話下。曹操將這批強兵悍將交給曹仁的弟弟曹純帶領，曹純嚴謹明理，將這支部隊帶得相當妥貼。建安十年南皮戰役時，就是由虎豹騎斬下袁譚的腦袋；建安十二年遠征烏桓的作戰中，虎豹騎又俘獲烏桓單于蹋頓，而眼下面對逃脫天王劉備，曹操再度投入這支專司「斬首行動」的機動部隊，目的無他，就是要劉備的腦袋。

話說曹操的騎兵從襄陽展開強力行軍，一天一夜不停歇奔馳，向南直追出三百餘里，差不多就是一百五十公里，終於在當陽縣長阪一帶捕捉到劉備的主力。曹軍在沒有休息的情況下隨即投入戰鬥，徹底震撼了還在那邊散步的劉備軍，劉備部隊一經接觸便被擊潰，劉老大也管不了什麼情義相挺的鄉親了，甚至連老婆小孩都管不了，二話不說就帶著幾名近衛轉方向往東方開溜，留下至今戲份還不多的張飛與二十騎斷後。

張飛於是選定一條河流橋頭，將橋樑拆除，沿河據守，待追兵追至，張飛於河畔瞋目橫矛大喝：「身是張益德也，可來共決死！」其聲勢兇猛，連曹軍精銳也不敢冒然再追擊。當時渡橋已毀，虎豹騎的軍士大概也已累極，於是便放棄了繼續追擊的行動。

另一方面，被劉備拋下的家眷們也成為曹軍主要的目標，此時便是趙雲上場了，他懷抱小劉禪，同時保護超極強韌的甘夫人，驚險地逃過了曹軍的追擊，不過劉備的另外兩個女兒就得不到趙將軍的庇佑了，慘遭俘虜；另外徐庶的母親也被曹軍所俘。

歷史上並沒有趙雲屠殺曹營雜魚或是張飛喝死夏侯傑的記載，不過能在天下精銳虎豹騎面前全身而退，劉備這批核心衛隊也算是可以到處說嘴了。

經過了一整日的奔逃，劉備終於暫時擺脫了曹軍的追趕，當時絕大多數的部隊都已經走散，輜重全都喪失，令劉備又回想起當年在徐州、在小沛、在汝南的樣子，七年荊州安穩的日子原來是一場空，到頭來還不又是喪家之犬一隻。這時候徐庶又跑了過來，哭哭啼啼地說阿母被抓，他方寸已亂，必須要向劉備辭行，改投曹操；另一邊又有人傳來消息，說趙雲已經向曹操投降，劉備一整個惱火，將手戟丟向那個大嘴巴，罵道：「子龍絕對不會背叛我的！」

那天稍晚，事情稍有好轉，趙雲帶著劉禪與甘夫人歸來（不過劉備並沒有把他兒子抓起來摔），而關羽的水軍也已到了離長阪不遠的漢水渡口，劉備只能強打起精神，帶著殘兵敗將前往渡口與關羽會合。然而此下往江陵的道路已被截斷，江南四郡也遲早為曹操囊中之物，望著深秋的漢水，劉備不禁要想：這盤棋下了二十年終究走到了終局，而輸的人原來還是我，什麼王霸，只不過是一場夢罷了。

然而，劉備的人生總是在無法想像的地方發生轉機，就在那天，劉備的大帳中來了一個陌生的訪客，他是個高大魁梧的青年，操著一口淮南口音，指上的厚繭，說明他是個箭手；他雖穿著儒服，卻仍掩不住那股豪傑氣質。

他的名字叫做魯肅。

江東的野望

從這一刻開始，江東孫家正式進入劉備的生命中。關於孫家與荊州的恩怨情仇，可以參考附錄的《江夏戰神黃祖傳》，以下為行文方便，簡單介紹孫家勢力的來龍去脈。

孫家出自揚州吳郡富春縣，約是今天浙江杭州附近，世代擔任地方小吏，並不顯赫；將這個平凡家族推上漢末歷史舞台的是孫堅，他靠著不斷討伐民變累積戰功，漢靈帝時官至長沙太守。隨後孫堅於關東聯盟討董作戰中，帶領部將加入袁術陣營，成為聯軍中戰力最強的部隊，他擊破董卓軍隊，攻陷洛陽；之後孫堅仍聽令於袁術，於一九一年進攻甫入主襄陽的劉表，結果在一場夜間作戰中，孫堅遇伏，遭流箭射死。

孫堅死後，他的長子孫策仍仕於袁術帳下，並於興平元年，西元一九四年奉袁術之命進軍江東。孫策僅花了五年的時間便征服了半個江東，受朝廷拜為討逆將軍、會稽太守、吳侯，成為天下最年輕的方鎮。

一半是為報殺父之仇，一半是為江東基業，自建安四年，西元一九九年起，江東政權便持續向荊州發動攻擊，孫策於建安四年首度攻打江夏，孫策死後，接手的孫權則前後於建安八年、十二年與十三年三度進軍江夏，終於在建安十三年初擊破夏口城，擊斬江夏太守黃祖。孫權任命胡綜為江夏郡鄂縣縣長，建立灘頭堡，為更進一步西進預做準備。

魯肅正是江東進軍荊州的重要推手。他是淮南東城縣人，家境十分富裕，但他卻不務正業，整天射箭擊劍，設想奇謀詭計，還變賣祖產，撒錢大搞幫派，成為他人眼中的怪咖。後來魯肅透過周瑜引薦加入了新成立孫權幕府，成為孫權相當親近的幕僚。魯肅於是為這位年輕的主子做出一套大膽的發展策略，由於是孫、魯二人在榻榻米上談話的內容，因此一般又稱此一對策為「榻上策」。

根據魯肅的見解，曹操篡漢已是不可逆的趨勢，因此孫家既不宜守著「朝廷外藩」的定位，也不宜與曹操直接對抗，優先的發展方向應是西側的荊州，只要征服荊州，孫家便有鼎足天下的實力，屆時直接稱帝擺脫曹操的名義上控制，再圖謀天下，建立新的大一統王朝。

孫權雖然沒有在第一時間表示同意，但之後的三伐江夏，顯然便是依著榻上策的調子；在歷經五年的奮鬥，犧牲了無數軍民的血汗後，孫權和魯肅終於踹開了荊州的東大門，然而也就在這個時候，他們得到了兩個情報，一個是劉表的死訊，一個是曹操準備向荊州發兵的消息。

這樣的變化讓魯肅感到相當不安，這等於是推翻了他原本「不與曹操正面對抗」的假設，魯肅於是決定為自己對策買個保險，他告訴孫權：「現在劉表剛死，他的兩個兒子素來不睦，內部人馬又各懷鬼胎；而劉備乃是天下梟雄，曹操的死敵，之前被劉表冷凍起來，現在若是新的襄陽小朝廷能與劉備合作，我們只能和他們修好結盟，若他們內部不合，我們便應該出兵，將他們分別擊破。我建議由我以弔喪為名，出使襄陽，見見他們的軍事主事者，同時拉攏劉備，由他來安撫劉表舊部，共同對付曹操；劉備對於我們的支持必然會欣然接受，則天下大勢可定，若晚了一步，可能會被曹操搶佔先機。」

魯肅的話講白了，就是要扶植劉備為荊州的傀儡政權，利用他和曹操之間的仇怨對抗曹操，也藉此逐步實現江東吞併荊州的夢想。與之前豪情壯志的榻上策相比，此下魯肅的策略轉變是相當理性的，五年前曹操還在經略河北時，江東自然有空間和時間去征服荊州，但豈知江東的西進卻被江夏戰神黃祖給絆住，如今曹操大軍已近在咫尺，即便江東能搶先一步征服荊州，戰後疲憊之餘肯定也不會是曹操的對手，在這種情況下，用一個聽話又強有力的傀儡攝領荊州，先求擋住曹操，再慢慢將權力收回，倒不失為一個折衷的好方法。

這樣的思考方向，形成魯肅之後「借荊州」主張的基礎，不過魯肅判斷錯的地方是，劉備雖是個強而有力的投資標的，但要讓他聽話，卻比天塌下來還難。

孫權隨即命魯肅從柴桑出發，前往荊州。當魯肅抵達夏口時，曹操大軍南下的消息已傳來，他加緊腳步，但仍不夠快，當他來到南郡時，劉琮已向曹操投降，劉備也已向南撤走，魯肅於是循著劉備撤退的軌跡向南急追，總算在當陽一戰之後，見著了狼狽的劉備。

魯肅見著劉備也不多廢話，直接說明江東合作的意願，並為劉備分析天下形勢，宣傳江東的優勢，魯肅順便問劉備：「使君今天這樣，還想去哪裡？」劉備保留一步，說：「和嶺南的蒼梧太守吳巨有點交情，打算前去投靠。」魯肅搖搖頭說：「我們家孫將軍聰明仁惠，禮賢下士，江東英豪都為其所用，現在據有六郡，兵精糧足，有成大事的能力。吳巨不過是個普通人，遠在嶺南，遲早為人併吞，哪是可以落腳的地方？我站在使君的立場，現在最好的方法便是派親信前往江東，和我家主公結盟修好，共圖大業！」

對劉備而言，魯肅的提議是拒無可拒，縱使這個盟議是包著糖衣的毒藥，卻是眼下唯一的救命靈丹；從另一個角度來看，結好江東原本就是諸葛亮隆中對設定的方向，只要能妥善運用客觀情勢與手中的籌碼，要在夾縫中求得一絲活路，也不是全然沒有可能。

劉備於是接受了魯肅的邀請，和魯肅一同搭乘關羽的船隊，順江東下，當時夏口一城已被孫權給屠滅，不足以做為基地，魯肅於是將劉備一眾帶到鄂縣的樊口駐紮，也等於是對外聲明了江東政府庇護劉備的立場。至於出使柴桑一節，由於結好江東的概念是諸葛亮所提出，他老哥諸葛瑾現在又正在孫權麾下發展，劉備於是捨棄了原本常用的孫乾、糜竺等老經驗的外交官，由當時只有二十七歲的諸葛亮，扛起此一重責大任。

當時已是建安十三年，西元二〇八年，十月。

獅子與鱷魚

當劉備在樊口等著與江東建立合作關係時，曹操正忙著咀嚼勝利的果實，他在十月左右進駐江陵，向荊州百姓公告改朝換代的情形，原州牧劉琮調任青州刺史，而荊州刺史的位子，則由一位沒什麼名氣的北方人李立接掌。曹操隨後又重重犒賞親曹派份子，蒯越為光祿勳，韓嵩為大鴻臚，鄧羲為侍中，劉先為尚書令，蔡瑁為從事中郎兼司馬長水校尉，而且全部都封侯。親曹派們奮鬥多年終於得償所願，必定是大唱曹公英明；不過要特別說明的是，這些荊州新貴們從此就從歷史舞台上消失，不見記載，包括頭頭蔡瑁，曹操並沒有讓他和張允去帶荊州水軍，這兩個傢伙只是襄陽城內養殖的肉鯽仔，要真用他們帶兵，恐怕江東人開心都來不及了，也不會想設計殺他們。

除了這些荊襄新貴外，曹操又收用了兩位荊南的大人物，一位是長沙人桓階，一位是零陵人劉巴。桓階是孫堅當長沙太守時舉的孝廉，孫堅戰死時，就是桓階出面和劉表談判，將孫堅屍首要了回來安葬，後來桓階又唆弄繼任的長沙太守張羨對抗劉表，是個興風作浪的人物。劉巴則是荊南一等大族出身，父親祖父兩代都官至太守，年紀輕輕就享有大名。這兩人在劉表執政時都隱身在野，曹操來到後便主動投靠，成為曹操鎮撫荊南的最佳人選。

於此同時，江陵的臨時相府又有好消息，割據巴蜀的益州牧劉璋聽聞曹丞相下荊州，特派遣使者前來道賀，表示絕對服從帝國指令，所屬軍隊聽任丞相調遣。曹操對於劉璋的輸誠當然是相當高興，但可能荊州受降事務太繁雜，也可能曹操真的被勝利沖昏腦袋，他對益州使節團的招待規格就隨便了點，連主簿楊脩建議封賞那位特使，曹操也沒有接受。

這名益州特使名叫張松，他和曹操的這次會面，對於未來天下大勢，有著關鍵性的影響。

待一切雜務告一段落，曹操將心思放回正經事上。劉備不愧是劉備，連虎豹騎都逮不住他，眼下的態勢，若要蠻幹，就是率大軍順流東下，先把在樊口的劉備打爛，再一口氣吞掉江東之地，這樣就可以進入遊戲的結尾畫面；不過問題是，現階段曹操對江東情資太少，荊州內部也不安定，要立即開戰，只怕後方有事，最理想的情況就是像前一年公孫康對袁家兄弟那樣，由孫權摘下劉備的腦袋，自己來向帝國政府投降。

為了達成這樣的政策目標，曹操向位在柴桑，也就是今天九江市的孫權發了道私函，上頭寫道：「最近本相奉帝國命令討伐不法，劉琮因此投降歸命，現在事情告一段落，我只想帶著底下八十萬人，與尊駕在吳地打個獵。」

曹操這封短信一則點出自己出兵的合法性，二則說明手上部隊強大，三則威脅他的目標不僅是荊州，還包括整個江東之地，四則留下一絲餘地，讓孫權選擇是要一起打獵，還是「被」打獵。

此刻的曹操與他的將領們就像一群的草原上的獅子，目空一切，除了程昱以外，他們都認為只要齊聲大吼，年輕的孫權一定會嚇得雙腿發軟，乖乖將劉備獻上。然而曹家諸將卻不知道，在他們面前的，是一群與他們一樣貪婪、狡猾、兇猛的鱷魚，獅群只顧著眼前溺水的羚羊，卻沒意識到一腳已踩進沼澤的軟泥之中。

曹操的短信到達柴桑小朝廷時，魯肅也正帶著諸葛亮向「江東至尊」孫權推銷二家結盟的策略。由於「聯劉抗曹」這個論點魯肅之前已經說得太多，再多嘴恐怕會有利益輸送之嫌，因此這次他讓劉方代表諸葛亮主講，他只負責敲邊鼓和善後的工作，而諸葛亮也是有備而來，他先技巧性地挑明，天底下和曹操對抗的，只有劉、孫兩家，現在群雄俱滅，曹操又征服荊州，至尊應早做決定，如果認為打不過，早點投降才是真的；至於劉備因為是「漢室之冑」，天下英豪的偶像，如果事情不成，那是天命，但要投降，歹勢，那是不可能的。

孫權原本就是意在荊州，也有心和劉備合作，這下諸葛亮將立場挑明了，孫權也就趁勢直言：「孤手上江東之地、十萬大軍，豈能就是這樣受制於人？孤的立場很清楚，劉豫州是唯一能對抗曹操的人，只是你們家最近慘敗，又要怎麼對付曹操？」

諸葛亮分析道：「目前我方集結殘軍加上關羽的水軍，還有萬人，劉琦所控制的江夏軍隊也有萬人。相反的，曹操大軍遠來又急進，已經疲憊不堪，北兵又不習水戰，而且荊州軍民並非自願投降，也不會和他充分合作。因此，只要江東派一員猛將出兵數萬，和劉豫州協力，必破曹操！」

話談到這邊，魯肅應該已經在旁邊點頭微笑，心想大勢已定，用不著自己多嘴。然而曹操的那封狩獵邀請書卻如一枚深水炸彈般，硬生生地炸亂那股和諧的潮流。小朝廷中雜音很快就冒了出來，以張昭、秦松為首的一票保守人士向孫權表示：「曹操雖是頭虎豹，現在挾天子，掛上了帝國丞相的招牌，要與他對抗，名不正言不順；而且曹操已得荊州，擁有荊州水軍船艦千餘艘，我方的水上優勢不再，敵眾我寡情況下，迎曹方為上策。」

張昭是徐州廣陵名士，被孫策所延攬，成為孫家的核心幕僚；建安十三年時，他擔任孫權破虜將軍府中的長史，相當於秘書長的位置，為柴桑小朝廷中地位最高的文職人員。經學背景深厚的張昭對於年輕又囂張的魯肅一向有意見，對於孫權積極的西進政策也不甚贊同，此下他帶頭建議迎曹，立刻形成強大的輿論壓力，令年輕的孫權難以招架。

《三國演義》中帥氣的諸葛亮舌戰群儒的場面是虛構的，年輕的諸葛亮無論是資歷、名望、地位都不能與張昭相提並論，恐怕沒那個膽子站出來與張昭論辯；其實就算是魯肅也沒種公開違抗張昭，他只能趁孫權去換衣服時，對孫權咬耳朵說：「那些建議您投降的人全都不安好心，您投降了他們還是有官做，但您自己呢？將軍要好好想想啊！」孫權聽完感動的說：「子敬，你懂孤。」

不過孫權還是太年輕，無法抗衡那票名士級的鴿派，於是他連忙發出急令，從鄱陽駐軍中召回一位重量級的將領，中護軍周瑜。

若說江東軍方是一群鱷魚，那周瑜無疑就是其中最兇悍但也最優雅的一隻。他是廬江舒縣人，家世背景絕佳，家族中有兩代官至太尉，他的父親周異則曾任洛陽令，是南方少見的世家大族。但周瑜卻沒走舉孝廉做官的路子，他年紀輕輕就被孫策帶壞，和他一同帶兵打下江東，成為孫家政權中核心的統兵將領。孫策逝世後，周瑜以中護軍的身分，與張昭共同支撐著孫老二的政權。

這邊特別說明一下，這時候周瑜所擔任的「中護軍」一職，和後來曹魏設立的「中護軍」職位並不相同。曹魏時中護軍為首都禁軍的統兵官，而漢朝時的中護軍，則是大將軍麾下非常設的屬官，只有大將軍帶兵出征時才設置。孫權一個雜號的破虜將軍卻給周瑜這樣的頭銜，無非是對周瑜地位的一種肯定（孫權是個不大照規矩來的有創意的年輕人），在孫權幕府下，周瑜便是最高的軍事顧問，與張昭的文職地位相對應。

周瑜是孫策野心的繼承人，他對於對曹操始終保持相當強硬的態度；建安七年官渡戰後，曹操曾要求孫權送人質到許都，張昭等人猶豫難定，最後便是周瑜以堅定的立場擋下了這件事。魯肅算是周瑜安插在孫權身邊的人馬，沒事幫孫權搧搧耳邊風，眼下朝廷中張昭一派氣燄大漲，自然需要周瑜這位大哥來壓一壓場面。

周瑜風塵僕僕地趕回柴桑，隨即發表了一場戰爭演說，他告訴孫權：「曹操雖託名漢相，其實漢賊，將軍既然據有江東，兵精糧足，應當是要為帝國清洗這類人渣，更何況人渣自己來送死，哪有投降之理？就算今天北方安定，曹操能和我們打持久戰，在水上作戰一樣不是我們敵手。現在情況，第一，北方關西馬超、韓遂問題未解，隨時威脅曹操政權；第二，北方軍隊不擅水戰，第三，北方人遠來江南水土不服，士兵易生疾病，第四，現在冬天馬匹草料缺乏，對北方騎兵更為不利。以上四點都是兵家大忌，而曹操一次犯滿，要擒曹操人渣，就在今天！」

我們可以想像當時周瑜演說的風采，他身材高大，眉目爽朗，身上批掛著輕便的戎裝，一手搭在腰間的寶劍上，他的口齒清晰，條理分明，語調鏗鏘，口氣的輕重搭配得恰到好處，在場聽眾都被他這番強而有力、氣理兼具的說詞給折服，沒有人再提反對意見；孫權更是熱血沸騰，他起身抽出配劍，一劍劈開眼前几案，正式聲明：「老賊有意篡位，顧忌的就是幾個英雄，現在諸雄已滅，只剩孤一人尚存，孤當然要和老賊一決生死！還有誰再建議迎曹者，有如此案！」

隨著四散的木屑，柴桑小朝廷終於決定了自己的調子。在首領的呼喚下，鱷魚們划動水下的四肢，悄悄地向淺灘聚集，牠們黃濁的雙眼緊盯著那些大膽的渡河者，牠們的血液正暖，齒牙銳利。

主動與被動

那場激情的演說後，孫權和周瑜又開了一個小型的軍事會議，周瑜更詳細地分析了敵軍的組成，指出那只是十五萬名疲憊的北方士兵與七萬名尚未服從的荊州士兵組成的烏合之眾，只要江東精兵五萬，一定能得勝。不過孫權表示五萬人部隊一時無法集結，於是調動三萬精兵，由周瑜為左都督，老將程普為右都督，魯肅為贊軍校尉，搭配黃蓋、韓當、呂蒙、周泰、甘寧、凌統等江東菁英將領，西上與曹操交戰；而孫權則留鎮柴桑為後盾，他交代周瑜，若前線戰事不利，便撤回柴桑，孤將親自與曹操一決死戰。

話說回劉備，打從諸葛亮離開樊口後，劉備每晚都睡不好覺，他多少也聽聞了柴桑那邊和戰的爭執，又聽說曹操大軍已經從江陵出動，心中正著急，忽有守軍來報，說周瑜所率領的江東水軍已大舉前來。劉備大喜，趕緊派人前往致意，當時劉備的官銜是左將軍兼豫州牧，比周瑜這個破虜將軍下頭的中護軍高出不止一階，但周瑜顯然沒把劉備放在眼裡，他只是淡淡地說：「我有任務在身，不能前往拜見，如果劉將軍可以委屈一點親自過來，我倒是很樂意。」

劉備聽到這話心裡大概不大高興，但形勢比人強，他只得對關羽、張飛說：「周將軍想要見我，現在我受江東庇護，去一趟，也好展現我們結盟的誠意！」劉備於是乘小船前往拜會周瑜，雙方禮尚往來一番，然後劉備便問道：「要對抗曹操，不知道貴軍有多少人？」周瑜說：「三萬。」劉備說：「可惜太少了！」周瑜冷笑說：「這夠了，劉豫州只要看我破曹就好。」劉備又希望找魯肅過來一起聊，周瑜說：「有軍職在身便不能擅離職守，豫州要見，可能要親自過去。諸葛亮也有一起過來，二、三天後就到。」

面對周瑜傲慢的態度，劉備自然相當不愉快，他看著江東軍人少，對周瑜的信心也有所動搖，於是他便率軍跟在江東軍之後，同時命關羽、張飛帶二千人，不聽周瑜指揮，以做為進退的緩衝。

以上這段記載出自於《江表傳》。《江表傳》，顧名思義就是江東寫來婊人的傳記，只要非江東人出現在這本傳記中，多少都有點被婊的意味⑫，劉備便是最主要的受害者。以上這段記載將周瑜的高傲嚴謹與劉備的白目膽小做了很強烈的對比，誇張的程度連西晉的孫盛都不相信，他認為劉備這時已退無可退，哪有可能會再保留實力，擺明是江東人扭曲事實的報導。

不過無論如何，周瑜和劉備的部隊在樊口一帶完成會師，聯軍部隊約有四、五萬人之譜。這是雙方第一次的合作，劉備很小心地觀察這位年約三十五歲、高大英俊的壯年將領，而周瑜也暗暗惦著這位天下梟雄的斤兩；兩人都感覺到對方是不簡單的角色，也明白對曹操的這場仗，只是彼此複雜關係的開端。

---

⑫當然這是開玩笑的，請不要當真。《江表傳》的作者是西晉時的虞溥，他也不是江東人，而是北方的兗州高平郡人，他曾擔任鄱陽內史，於任內大力推行教育。《江表傳》全文已散佚，目前只能從裴松之的《三國志》注釋中讀到相關片段，原則上《江表傳》記述的是孫吳政權的人物事件。

劉備很快就被周瑜的戰術給震懾住。當周瑜下令向東進軍時，劉備以為周瑜的目標是夏口，那是漢水與長江的匯口，在此設防，能有效阻擋從襄樊或江陵而來的水軍。但周瑜並沒有在夏口下達駐守的命令，他率領部隊持續往長江上游挺進，而且始終沒有宣佈行軍的終點。

劉備這才驚覺，周瑜並不是在「抵抗」侵略，他的目標是徹底「擊潰」曹操。曹操的征服河北的氣勢、數十萬精銳大軍以及帝國丞相的招牌，彷彿全然不在周瑜眼內，他以絕對劣勢的兵力遠離防區，深入陌生的南郡腹地，直指敵軍重兵集結的江陵，面對這種近乎瘋狂的戰術，劉備不禁倒抽一口涼氣。

然而，在驚嚇之餘，劉備也逐漸看清這瘋狂戰術背後的目的，就像高明的棋手每一步棋永遠是為下一步棋所設想，劉備明白周瑜要打的不只是眼前一戰而已。劉備於是也開始思考，他在周瑜設定的棋譜上，為自己埋下一枚伏子。

回過頭來看曹操，他送出了那封狩獵信後，大概滿心期待哪天江東特使突然造訪，一手提著劉備的腦袋，一手獻上東吳的降表；但這兩件好事情不但沒有發生，反而是東方關塞傳來急報，說江東大軍以逆江進入南郡，直往江陵而來；曹操心裡先是一驚，詢問敵軍人數，情報顯示，敵軍約有五萬。

曹操聽到「五萬」這數字時肯定氣得神經斷裂，他想：「江東這班小賊，不殺劉備就算了，竟敢興兵抵抗？興兵就算了，還敢用區區五萬人就殺進荊州來，你們當我曹孟德是什麼？是以為我老了？是以為我累了？還是以為我曹操的老二斷了，不敢跟你們打？媽的，我不但要打，還要把你們殺得一乾二淨，渣滓不存！」曹操於是不顧參謀賈詡的反對，下令江陵駐軍即刻動員，他親率水陸大軍順長江而下，迎擊江東軍。

現在論者普遍認為，曹操在赤壁的失敗主因就是他的出兵時機，要嘛曹操應是在當陽大追擊後，持續追殺劉備，避免孫劉同盟的形成；要嘛曹操就應該在江陵待久一點，安定荊州局勢，將水師訓練完備後，再以壓倒性的軍力壓迫孫權；但這兩個方案曹操都沒有選擇，他在江陵待了不長不短的兩個月，在最不利的天時之下，率軍東征。

我個人也同意這個說法，不過我想補充的是，曹操不恰當的出兵時機，應是被周瑜逼出來的。

從地圖可以看出來，赤壁與柴桑之間的長江河道約三百公里，江陵與赤壁之間的長江河道則約二百公里，而且江東軍是逆風、逆流而上，中間可能還受到些許抵抗，因此時間點上，應是周瑜從柴桑先發兵，深入荊州一段距離後，曹操才從江陵出來迎擊來，否則兩軍不會相遇於赤壁這個點上。合理的推測，曹操原先是計畫在江陵久駐，至少也等來年春天，天暖水漲之時再行東征，這段期間內曹操原打算用政治壓力迫使江東屈服，他可能也曾為了加強威脅的力度，親率大軍推進到東方的巴丘，也就是今天岳陽市一帶，但他並沒有打算在那個時間點上便直接與江東交火。然而周瑜以少數兵力深入敵陣的做法，實在是太過於挑釁，若曹操不能及時硬起來，恐怕新降的荊州軍隊甚至河北軍隊無法心服，再加上周瑜陣中有荊州英雄劉備，那傢伙在南郡可是有十幾萬的人氣，若讓他有機會靠近人口稠密的地區，天曉得會搞出什麼亂子。就是基於這樣的考量，曹操在匆忙間動員了休養不足的北方陸軍與還不熟悉的荊州水軍，準備與江東軍一決死戰。

這樣的假設或許也能說明曹軍在赤壁之戰中的陣容，根據《三國志》上的各人傳記，似乎除了曹操以外，沒有其他重量級的將領參加赤壁之戰，曹仁一直在江陵，張遼、于禁、朱靈等七軍都在北方，除了一個叫張憙的將領外，曹操彷彿是自己一個人帶軍順江東下。當然，這可能是因為赤壁之戰敗得太慘，所以史家為傳主們隱諱不記，只留一個記錄給苦主曹操；但也有可能是，當時出兵決定太突然，不及調動各處軍隊，曹操只好自己帶球先切，要其他人快點跟上。

另一個觀點則是認為，周瑜積極出兵是為了鞏固陸口，那是長江由東西向轉南北向的轉角，也是幕埠山地降入平原的地區，若讓曹操佔領了陸口，曹操便能渡過長江，以騎兵直趨柴桑，完全破壞江東的水上優勢。不過即便保守陸口是周瑜的考量之一，他也完全沒考慮要採取守勢，江東大軍經過陸口之後仍繼續往上游挺進，只等曹操本人來將他們停下來。

就這樣，南北兩支精銳部隊，在建安十三年十二月的寒風中，在那座赤赭色的懸崖前，看見了彼此的縱影。

火燒連環船

其實不單是周瑜，孫權面對曹操也是嗆得緊，當初他告訴周瑜五萬大軍一時湊不齊啦、他會留守柴桑啦，結果周瑜才出兵，孫權就親率大軍渡江攻打合肥，牽制曹操在東方的部署。

曹操面對這一群年輕的鱷魚們似乎有點亂了手腳，他的混合部隊才剛走到巴丘時就遇上傳染病（以下簡稱「巴丘病毒」），戰力大減，害他只能抽出千餘人，給一個不怎麼知名的將領張憙帶去支援合肥，其餘部隊則不顧疾病繼續向下游前進，結果就在赤壁一帶，碰上了周瑜的部隊。

打從劉表時代開始，荊州水軍就不是江東水軍的對手，現在也不會因為掛了「曹」字旗，就突然增加五十點的戰力，再加上巴丘病毒肆虐，整體戰力更是大減，在赤壁的第一場遭遇戰，北軍就被江東水軍給擊敗，曹操於是率軍北退到與赤壁隔江而對的烏林，以戰船排列成水寨，準備暫時固守，重新整頓戰力。

曹操一採守勢便敲中了周瑜的死穴，此刻周瑜不但人數少，補給線又長，若是讓曹操捱到春天大家都病好的時候，恐怕江東軍便是死路一條。周瑜於是急切地思考速戰速決的方法，但敵人人數眾多又堅守不動，不論是強攻或誘敵，都起不了作用。

這時候黃蓋登場了，他告訴周瑜：「敵眾我寡，持久戰對我方不利，我看曹操水寨設置，船艦首尾相連，我方可以用火攻，將敵船一舉燒盡。」

歷史上並沒有周瑜和諸葛亮在手心畫畫的橋段，也沒有龐統獻連環計的記載，當然更沒有孔明借東風之類的情節，整個「火燒連環船」全是出自於黃蓋的構想。黃蓋是荊州零陵人，年輕時擔任地方官吏，後來孫堅擔任長沙太守時，拜入孫堅麾下，成為孫家諸將中僅次於程普、韓當的資深將領；眼下曹操與周瑜對峙的赤壁，就在南郡與長沙郡邊界，黃蓋既然出身荊南，又曾隨孫堅在長沙一帶征討，對於赤壁一帶的天文地理，自然有比他人更深的認識，因此他才會在仲冬之際，提出這一個火攻的戰略構想。

黃蓋的構想很快就被江東軍指揮部發展成一套可執行的作戰計畫，一方面，由黃蓋親筆寫下降書送交曹操，表示近日將帶兵渡江投降，這是餌，另一方面，江東軍方準備好輕重戰艦十艘，上頭載滿淋上油脂的乾草枯木，再用布幔遮上，船頭則插上黃蓋部隊的軍旗，這是鉤，與小說上的差別是，周瑜並沒有特別把黃蓋打一頓。

曹操面對黃蓋的投降多少是有些懷疑，但他沒有水戰經驗，也沒想到對方還有火攻這招，依他的角度來衡量，若黃蓋投降是真，那對將江東軍士氣影響至大，若黃蓋是投降是假，也只要之後派員緊盯便是，並沒有什麼太負面的效果。這個缺乏經驗基礎的錯誤決策，讓曹操一口咬住江東軍的大餌，也將鉤子扎入自己的血肉之中。

決戰是訂在十二月一個晴朗而颳風的日子，黃蓋帶著佈置好的戰艦，依次向江北的曹軍水寨前進，曹操屬下這幾個月來相當不順，聽聞黃蓋來降都十分振奮，紛紛跑到船頭岸邊觀看，豈知黃蓋船隊航行到距離曹軍約一公里時，十艘戰艦突然一齊冒出雄雄大火，火船乘著風勢撞進曹操排列的艦隊中，一瞬間，整個江面就燒成一片火海；當天東南風猛烈，火勢很快就蔓延到江北陸上的營寨，曹軍完全沒有任何提防，全軍大亂，士兵被燒死的或墜江溺死者不計其數，周瑜率領江東無敵艦隊趁勢殺上，曹操完全無法抵抗，他下令放火燒毀剩餘的船艦，然後領著殘餘的陸軍，從華容一帶的沼澤地狼狽撤退。

整場大戰在一日之內終結，數以萬計的曹操軍士屍體及及焦黑的船艦殘骸，為不敗的江東水軍添上最輝煌的一筆勝利。

在這場赤壁之戰中，「東南風」無疑扮演了一個關鍵而神秘的角色，黃蓋這把火要燒得如此精彩，這風不單是要吹對方向，更要吹得夠猛才行。這場寒冬中強勁的東南風從何而來，確實是頗耐人尋味，有科學家表示，赤壁戰前幾日應都是晴朗的天氣，廣大的長江江面和雲夢沼澤區在受到長時間的日曬後，可能會形成局部性的低壓帶，使得風向改變，造成這場難得的東南風。黃蓋縱使不是什麼氣象專家，但他憑著在荊南作戰多年的經驗，成為這場千古的名役的關鍵人物。

話說回來，仗都打完了，我們的主角劉備在哪裡呢？原則上，劉備與他的部將們應該都很認真地參與了這次作戰，但在周瑜的主導之下，劉備部隊恐怕沒有太多發揮的空間，可能的情況是周瑜早早就安排劉備軍渡江，駐紮於長江北岸，負責最強悍的曹操陸軍；火燒連環船的同時，劉備也受命在江北用火攻燒敵軍陸寨，但卻晚了一步，使曹操能及時撤離。

不過即便沒打到曹操的屁股，劉備仍是第一次親眼見到曹操吃了敗戰，而且是那麼慘重的失敗，這多少怯除了一些他心裡對曹操的畏懼。同時劉備也應在大火過後，在曹軍營寨的廢墟中，下跪祝禱，上天雖然不斷地在他面前關上門，但總是開玩笑般地為他開了另一扇窗；對於四十七歲的劉備來說，這次可能是最後一次的機會，劉備戒慎恐懼地看著窗外的風景，那很陌生，那是他未曾經歷的上坡段人生。

第六章

雙州記

第六章　雙州記（210～214年，劉備49～53歲）

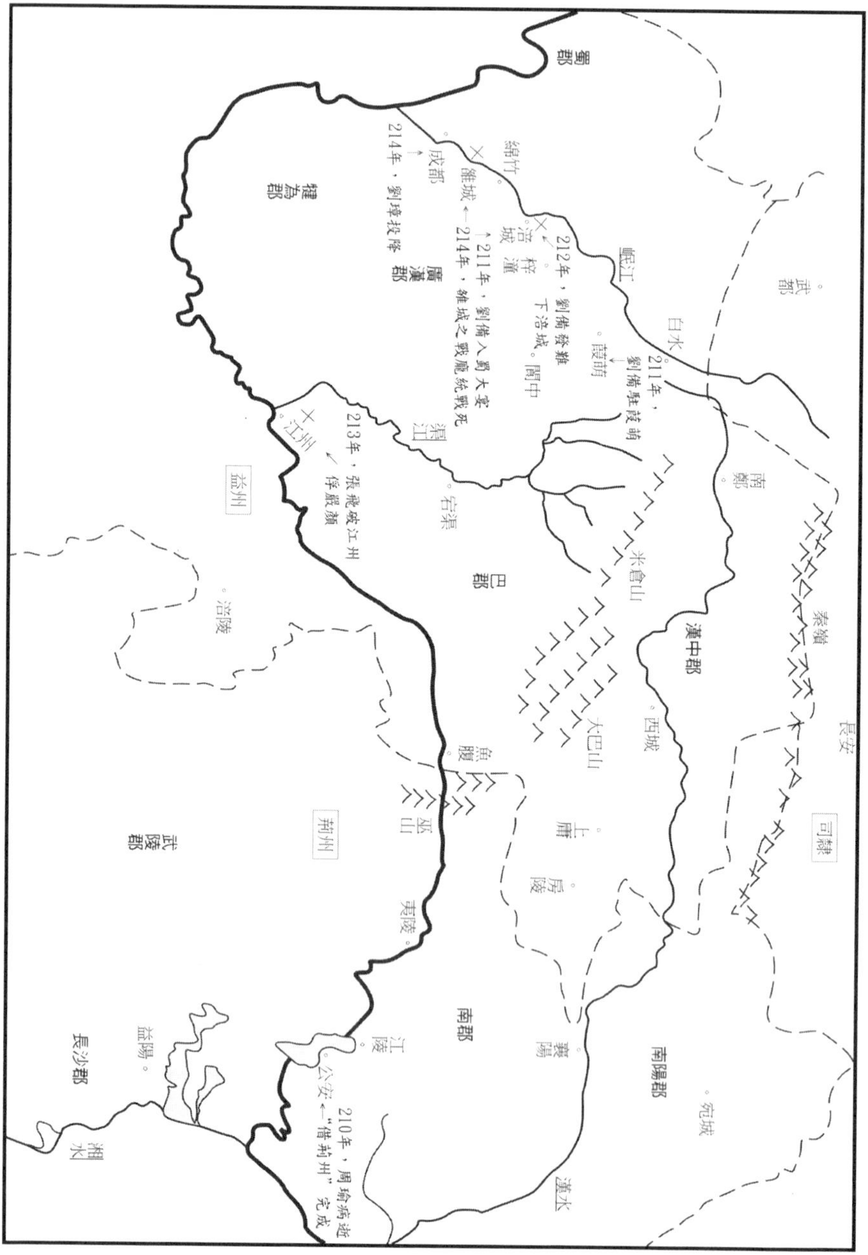

一統荊南

在《三國演義》的眾多角色塑造中，周瑜無疑是最生動的一位，羅貫中藉由「瑜亮情節」，將周瑜「驕傲的吃癟者」的形象描繪得栩栩如生。歷史上的周瑜和演義上的形象其實沒差多少，只是他從沒吃過癟，也沒有必要小心眼而已。三十五歲的周瑜是人生的勝利組，他的家世良好，外形俊帥，通曉音樂，為人好相處，最重要的是，於私，他的老婆正點，於公，他戰無不勝。

赤壁大捷無疑是周瑜三十五年人生的巔峰，面對近十年來未嘗敗績的曹軍，周瑜不但以寡擊眾，還在近乎零戰損的情況下，取得殲滅的戰果，這使得周瑜名震天下，取代劉備成為曹操首要的獵殺人物。更可怕的是，周瑜並沒有在赤壁戰後停下來，他率著江東無敵艦隊繼續西上，進攻長江中游的重鎮江陵。如同劉備先前所觀察，擊潰曹操只是周瑜整體戰略的一環，他真正的目標，是長江的偉大航道，他要一口氣吞下荊州與益州。

然而獅子儘管已是遍體鱗傷，一旦上了岸，牠仍然是萬獸之王。

赤壁的失敗使曹操重新思考對付江東的總體戰略，當時九成的荊州艦隊已毀，使得荊州成為一個只能守不能攻的地方，曹操於是率殘軍北返，打算在淮南一帶新闢戰線。他將荊北重鎮襄陽交由樂進鎮守，汝南二人組滿寵與李通則駐於劉備的恥辱地當陽，維持南北交通順暢，新任的江夏太守文聘則率領北方部隊，負責襄陽以東的漢水防禦，至於最前線的江陵，曹操委派給他最幹練的副手、征南將軍曹仁負責，由他率領橫野將軍徐晃、長史陳矯、部曲牛金等人，面對江東鱷魚群的第一線打擊。

周鱷魚很快就發現江陵的曹仁是塊比想像中硬上很多的骨頭，江東軍前鋒才剛到江陵城下，便被曹仁以少數兵力衝鋒擊退，使得周瑜不得不承認曹家騎兵的強大，周瑜於是在長江南岸駐軍，隔江與曹仁對峙，另一方面又派甘寧向西邊攻取夷陵，一方面爭取上游優勢，一方面維持對益州的通道。在往後的一年內，曹仁與周瑜兩軍便在江陵與夷陵之間的長江沿線上，糾纏混戰。

至於劉備呢？在沒有太多人注意的情況下，他拿起有限的籌碼，在孫曹兩家的牌局中坐了下來，跟著要了一副牌。

要先聲明，其實赤壁戰後一整年，荊州全域都陷於孫、曹、劉三方的混戰，但除了江陵一帶戰事有較清楚的記載外，其他地區戰事記載都十分零散破碎，不但不能確定時間先後，甚至連誰勝誰敗都不確定。以下是我依歷史想像拼湊的故事，各位參考就好。

當時的劉備雖然兵力有限，但他敢上賭桌，自然有些斤兩，他有三大注碼：第一，劉琦的合作，劉琦是劉表政權的合法繼承人，是反曹勢力中荊州的統治者，有他在陣中，至少對部分荊州人士有政治號召力；第二，關羽從樊城帶出來的數百艘戰艦，赤壁一把火燒掉了荊州地區大多數的戰艦，曹魏荊州要一直等到二十年後，才由司馬懿重建荊襄水軍，眼前這情況，即便關羽帶的不是什麼精銳艦隊，在江漢上也足以橫行了；第三，當然就是劉備的超人氣，眼下他又添了一筆赤壁的戰績，自然令更多的荊州士民為之瘋狂。

劉備首先表奏劉琦為荊州刺史，確立自己陣營對於荊州的統治正當性，同時趁著周瑜絆住江陵的曹軍主力，劉備率軍南下，攻取長沙、武陵、零陵與桂陽四郡。

由於長江阻隔，荊南四郡在政治上一直與荊北三郡有所區隔，約在劉表入主襄陽前後，長沙太守張羨也在荊南擴張他的實力，建安三年，張羨與襄陽政府決裂，以長沙、零陵、桂陽三郡對抗劉表，戰事持續兩年，後來因張羨病逝而失敗。劉表於是以自己的人馬統領荊南，以韓玄領長沙太守，趙範領桂陽太守，劉度領零陵太守。至於四郡中的武陵郡，則由中央官派的名士金旋擔任。

由於長沙、零陵、桂陽三郡都是劉表舊部所管，因此在策略上，政治說服會優於武力征討。曹操離開荊州時便試圖鞏固這三郡，他先找上桓階當說客，但桓階很賊的說自己能力不足，推薦由劉巴負責，曹操於是又找上劉巴，劉巴連忙搖頭說：「不行不行不行，我看這荊州早晚是劉備的，這行不通。」曹操鄭重地保證說：「要是劉備敢對你怎麼樣，我帶所有的軍隊挺你，怕啥?去！」劉巴聰明一世，竟也被曹操的嘴炮給唬住，便下零陵郡去執行任務。果然沒有多久，劉備親領部隊南下三郡，三郡太守想也不想就向劉備投降，可憐的劉巴當然等不到曹操的「六軍」，只好逃到更南方的交州去了。

劉備兵不血刃的輕取長沙、零陵、桂陽三郡，然後再以武力奪取了武陵郡，殺了太守金旋，正式統一荊南。劉備以趙雲領桂陽太守，並正式地任命諸葛亮為軍師中郎將，讓他駐守在長沙郡的臨烝縣，調動四郡軍糧，支援北方戰線。這是諸葛亮在劉備陣營實習了一年後拿到的第一個正式職位，也是劉備在待過那麼多地盤後，第一次費心思在地方行政上。

劉備取得荊南的同時也網羅了一位重要將領，那就前劉表政府的中郎將黃忠。黃忠，字漢升，荊州南陽人，早期與劉表的姪子劉磐共守長沙攸縣，對於江東的南方戰線構成很大的威脅，後來孫策以太史慈為建昌都尉，鎮守南大門，才頂住劉磐、黃忠的入侵。曹操取得荊州後，黃忠也跟著升了一級，變成裨將軍，仍留守長沙，歸太守韓玄指揮，最後便與韓玄一同歸順劉備。

要特別說明的是，歷史上的黃忠並沒有特別老，也沒有說別會射箭，小說上的形象都是作家塑造出來的。

劉備統一荊南四郡應花費了半年的時間，由於其中沒有什麼重大戰事，對劉備整體戰力應是有增無損，當建安十四年夏天，劉備返回江陵再度見到周瑜時，他身後已是一批整裝完備的精銳部隊，加上諸葛亮主持的後勤補給，相較於戰得筋疲力竭的曹仁與周瑜軍，劉備在這場賭局中，已經有了說話的本錢。

南郡混戰

當時江陵攻防戰仍陷於膠著，江東軍無法北渡，曹操軍也無力南攻，劉備率領生力軍重返江東軍陣營的第一件事，就是向周瑜提議：迂迴北上。

劉備計畫是這樣的：由於江陵糧草充足，曹仁堅守，聯軍久攻不下，因此建議孫、劉兩家交換部隊，由張飛帶一千人協助周瑜攻城，周瑜則撥二千人給劉備，從夏水北上斷曹仁後路，曹仁後門一旦被抄，必定撤退。

周瑜同意這樣的計劃。

單從算數上來看，「一個張飛+一千兵」換「二千兵」怎麼看都不是個合理的交易，除非張飛真的有一騎當千的本事。但若考慮到兩個陣營的軍隊性質，這樣的安排並不難理解；周瑜取得一支健康精壯的陸戰隊，統帥也是劉備陣中最擅陸戰的將領，從事後的發展來看，張飛有可能被派往西線的夷陵，替代了甘寧的位置；而劉備則獲得二千名江東水兵，協助他的水上繞道戰術。

劉備計畫進兵的「夏水」就是漢水，整體作戰計畫是以水軍搭載陸戰隊順漢水北上，在當陽一帶的登陸後，攻擊曹仁的後方。劉備將此一代號為「絕北道」的作戰計畫交由關羽執行，從赤壁戰前開始，漢水艦隊就由關羽統率，從襄陽到江夏的航道關羽也走過幾次，自然是絕北道司令的不二人選。

詳細的作戰情況記載不詳，但作戰的範圍顯然十分廣袤，聯軍不但在漢津登陸，從北面圍攻江陵，江陵北方至少有兩個縣城（臨沮、旌陽）落入劉備的掌控之中，關羽還更進一步，企圖以水軍向襄陽方向推進。

但曹軍的將領們也不是省油的燈，鎮守襄陽的樂進與文聘聯手，在漢水尋口、荊城一帶（大約是今天的鍾祥縣附近）成功破壞關羽的輜重與船艦，並擊退關羽的進擊，樂進並向西南進軍，奪回臨沮和旌陽兩縣；與曹仁共同留守江陵的徐晃，則向北方會合當陽的滿寵部隊，在漢水渡口阻截關羽部隊。

這些戰事的勝負史書上都沒有很明確的記載，雖然曹軍諸將確實取得一些戰果，但江陵的曹仁也受到多面包圍的壓力。到了建安十四年底，江陵的物資逐漸耗盡，江東軍於是渡過長江，在城下設立堡壘，準備決戰，周瑜卻在作戰中被流矢射中，傷勢十分嚴重，曹仁原本企圖利用這個機會反擊，但周瑜卻以無比的熱血，負傷督戰，對著江東全軍士氣喊話：「This is 江東！」（這句話是想像的），江東軍因此士氣大振，擋下了曹仁的最後反撲。

事到如今，就連被屬下稱為「天人」的曹仁都不得不承認勢孤力薄，決定棄守江陵。

在四面受敵的情況下，要從江陵撤退談何容易，關羽早在曹仁的退路上層層設防，勢必要困死這支曹家精兵。然而曹操陣營強者如雲，也不是說困就困得住的，駐守當陽的李通率軍南下，奮勇突入關羽的包圍圈，他身先士卒，在最前線親自排除路障（鹿角，就是將樹枝綁在一起，列在路上，阻擋騎兵），終於清出一條血路，讓曹仁的騎兵可以順利撤出，但李通本人卻在撤退路上病逝，可能是傷重不治，或是傷口感染所致。

就這樣，建安十四年底，身上帶著箭傷的周瑜終於攻破了江陵，成功地將曹操勢力逐出南郡地界。孫權於是晉升周瑜為偏將軍，領南郡太守，又用老將程普領江夏太守，正式宣告孫家勢力入主荊州。

然而就在這個應當狂歡的當下，劉備卻很不識相地提出了一個要求。

他要借荊州。

借荊州之一：京口協議

「借荊州」也是三國史討論的火藥庫之一，動不動就引發論戰。有人會認為，赤壁之戰是孫家打的，江陵也是孫家拿下的，劉備借走了江陵又不還，擺明就是流氓嘴臉；但另一派人馬認為，荊州本來就是劉表的荊州，要不然也是漢帝國的荊州，不是孫家的，既然劉備和周瑜合力打下荊州，自然該有他的一份，會說「借」荊州，不過是孫家的政治語言。

這樣的論辯並不歷史，而是法律，倒像是國際法上在爭論某個小島的主權歸屬。不過三國時代並沒有國際法，國內法也已支離破碎，因此要去論斷孫劉兩家是非，實在是件吃力不討好的事，我想總歸來說只有一句話：實力決定一切，兵不厭詐，這就是戰爭。

我們先來看看建安十五年初的荊州情況，當時荊州三分，曹操勢力退縮到漢水以北，控制了南陽郡全部，以及南郡和江夏郡的北部，從江夏沙羨到南郡的江陵的長江沿岸，則成了孫家的國內航道；而長江以南的四郡，則是劉備的新地盤。

這只是個粗略的畫分，從戰前和戰後的發展來看，劉備的勢力可能不只江南四郡，關羽的水軍理論上仍在漢水上巡弋，可能佔有江陵北方的幾個縣城；而荊州與益州交界的夷陵（臨江郡）一帶，也可能被張飛的部隊所控制；劉備自己的部隊，大概留在長江南岸，為周瑜留守大營。

除了這些原有的部隊，劉備的軍力在建安十四底又有了一次重大的進補，那是一支數萬人的淮南部隊，主帥叫雷緒，他們從廬江流浪到荊州，懇請劉左將軍收容。

說到這支淮南流浪軍，我們得回憶一位老朋友，袁術。話說建安四年袁術在壽春潰敗時，他的幾名駐外將領仍擁有相當的實力，除了駐紮在廬江南部皖城的劉勳外，駐紮在廬江北部灊山（大約在今天安徽六安市一帶）的陳蘭與雷薄同樣戰力充沛，他們拒絕對主子伸出援手，靠著江淮間豐富的農漁資源，以及大別山地的地形屏障，他們擁兵自立，形成大小數個獨立的軍事聚落，每人統兵數萬，在曹操和孫權之間形成一股強大的勢力。官渡之戰時，曹操以劉馥為揚州刺史，稍稍安撫這些淮南軍閥。

赤壁之戰結束後，曹操決定改從淮南對孫權進行跨江攻擊，當周瑜還在江陵纏鬥、劉備忙著安定荊南時，曹操已經從他的老巢譙縣訓練出了一支新的水軍，於建安十四年七月，經過渦河、淮河、肥水等航道，進駐新建設的淮南重鎮合肥，準備一雪赤壁之恥，而淮南間的前袁術勢力，便成了曹軍繼續南進的阻礙。

面對已經在山區落腳十年的淮南諸軍，曹軍一線將領幾乎總動員，張遼、于禁、張郃、臧霸等部隊各自討伐陳蘭、梅成，而諸曹夏侯中另一位重要統帥夏侯淵則負責攻打雷緒。淮南諸軍不敵曹軍的猛烈攻勢，紛紛潰敗，他們不可能去投靠同樣是敵人的江東政權，只好向西撤入荊州，向反曹總召集人劉備輸誠。

除了這批淮南軍外，廣大的荊州也是劉備人力資源庫，在赤壁戰後，荊州士人們瘋狂地湧入劉備陣營中，包括「白眉最良」的馬良、「楚之良才」的廖立、蔣琬、習禎、殷觀、潘濬等人，都在這時候先後成為劉備的部屬。

對於新任南郡太守的周瑜來講，這些不斷擴充又四散的劉備部隊是一個無法解決的問題，如果他們賴在駐地不移動，江東軍也不能硬來，最後周瑜只好小退一步，將南郡中長江以南的部分讓給劉備軍，一來這塊「江南地」和江南四郡相連，周瑜不便控制，二來算是告訴劉備：你們已經有地盤了，軍隊就不要在南郡到處亂晃。

劉備對這份小禮物當然是欣然接受，他在油江口開始築城（多半是用諸葛亮從四郡徵來的物資），取名公安，做為集團的大本營。

但劉備要的不只是這些，他要的是整個南郡。

那天周瑜正在江陵城內看著荊州的地圖，發現自己的西、南、北面都是劉備的勢力，他唯一的後援程普則遠在二百五十公里外的沙羨，只能靠長江水路與江陵聯繫；他從江東帶來的兵越打越少，而劉備的人馬卻越來越多，想到這邊，周瑜腰脅下的箭傷，又隱隱作痛。

就在這個時候，江陵的情報科傳來消息，原荊州刺史劉琦病逝，而劉備已起程前往江東拜訪孫權，準備洽談荊州主權歸屬的問題。

周瑜愣了一下，自從去年曹操大軍進駐淮南以來，他多少也嗅到孫權幕府氣氛的改變，孫權撤出柴桑，移防到東方的京口，也就是今天江蘇鎮江一帶；當初隨著攻打江陵的部隊中，程普還駐沙羨，呂蒙則回到尋陽，魯肅也被召回京口，留下周瑜孤軍在最西方的江陵前線，似乎戰線東移已成了心照不宣的方針。

周瑜暗忖，劉備一定也看出了這點；一年多前樊口初見面時，他還不怎麼瞧得起這個百戰百敗的流浪軍閥，但如今他不得不佩服劉備的群眾基礎以及見縫插針的本事，若再這樣下去，江東人過去一年辛苦打下來的戰果，可能就要流入這個梟雄手中。

周瑜下了決心，南郡是不能讓的，而劉備這個大患，則是非處理不可。

周瑜馬上給孫權寫了一封信，表示劉備是一代梟雄，關羽、張飛都是「熊虎之將」，整個集團絕對不會受人控制，因此最好的方式就是用豪宅、美女等引誘劉備滯留江東，然後讓關羽、張飛二人分處兩地，各自跟隨江東將領作戰，如此大事可定。若讓這三人湊在一起，又給他們土地，終有一天會失控。

鏡頭轉回劉備這邊，他這次出訪京口，的確就是要爭取對南郡的完全控制，但這樣做法同樣也引來雜音。諸葛亮便認為，劉備單人深入江東，將有被扣留的疑慮，這樣一來等於是平白將公安小朝廷送給周瑜。但劉備並沒有接受這樣的風險評估，他仍決定親自去見傳說中的江東少主一面。

事後劉備回憶，他這次的冒險出訪，完全是不得已之舉，畢竟若讓江東軍在南郡紮了根，將來自己半杯羹都分不到。不過我倒認為，劉備應該合理地評估過風險，認為在北方曹操勢力壓境的情況下，孫權仍要藉助他在荊州的力量，換句話說，劉備有自信，以眼下的主客觀情勢，孫權不但不敢動他，還非得將荊州交出來不可。

就這樣，建安十五年下半年，四十九歲的劉備和二十八歲的孫權，在京口進行了生涯第一次的會面。劉備低聲下氣地表示，由於太多人馬歸附，周瑜撥的小小一塊江南地不足以容納，因此希望能借江東「數郡」之地，盼孫將軍成全。

孫權在會場內的回應歷史並無記載，反倒是會場外的風雨陰謀更引人注目。除了周瑜那封密函，江東後方留守老將呂範也勸孫權將劉備扣下，但魯肅卻提出了不同意見，他表示，曹操實力強大，孫家初得荊州，還未得人心，最好是倚重劉備在荊州人氣，以增加曹操的敵人。

孫權最終接納了魯肅的意見，他不但沒有扣下劉備，還承認了劉備新任荊州牧的身分，並同意由他督管江夏以外的荊州各郡；為了回報孫權的善意，劉備表奏孫權為車騎將軍（比劉備的左將軍還高一階），領徐州牧，承認孫權在東方的主控權。

以上的政治協議完全都在劉備的設想之中，但孫權卻做了一件讓劉備有點意外的事，他將自己的妹妹嫁給劉備。

孫權嫁妹一事容後慢表，眼下的「京口協議」已經為雙方的政策定了調，不過協議畢竟只是紙上黑字，關於實際領地和軍隊，本次協議並沒有處理，周瑜仍在江陵，孫權不好動他；劉備也不願在京口久留，他離開京口時，私下對孫權說：「周公瑾文武全才，萬人之英，但我看他頗有野心，恐怕將有不臣之心。」

可憐的周瑜遠在一千公里外的江陵，他原本設的暗樁魯肅不聽指揮，使得他完全失去了對京口會談的控制，等到結論出來的時候，劉備已經一躍成為他的頂頭上司。更氣人的是，劉備前腳才剛離開京口，後腳便頒佈了新的人事命令，他任命關羽為襄陽太守、蕩寇將軍，駐軍江北，另外改臨江郡為宜都郡，由張飛為宜都太守、征虜將軍、新亭侯，硬生生地將周瑜這個南郡太守的地界給壓縮了三分之二。

這邊稍微解釋一下，「襄陽郡」和「臨江郡」並不是劉備搞出來的，而是曹操。一年多以前曹操下荊州，馬上就對南郡進行分割，將南郡西面夷陵三縣分出來成立臨江郡，南郡北面襄陽、宜城、臨沮等縣，分出來成立襄陽郡，原來的南郡地域只限於江陵、枝江、當陽等縣，因此劉備便偷了曹操的便宜，他不動周瑜南郡太守的位置，而是讓關羽為襄陽太守，將周瑜壓縮在江陵；張飛的宜都太守更狠，夷陵原本是江東軍拼死拿下來的，張飛可能是後來被派去留守，現在佔地為王，等於是扼住了長江上游要地。

面對劉備集團的步步進逼，周瑜忍無可忍，他不顧身上的傷勢，硬是旅行千里，親自前往京口面見孫權，他提出另一個瘋狂的作戰計畫：進攻巴蜀，由周瑜自己與丹陽太守、奮威將軍孫瑜共同進軍益州，一口氣併吞劉璋和張魯，然後由孫瑜留守巴蜀，和西涼馬超結盟，周瑜則回師襄陽，分路進擊，討伐曹操。

孫瑜是孫權的堂兄，是當時孫家宗族中最重要的統兵將領，曾與周瑜合作討伐丹陽郡境內的山越，算是一個實戰派的人物，孫權留在東線的兵力，應有很大一部分由孫瑜統率。不過即便周瑜和孫瑜「雙瑜出擊」，在荊州都還不穩定的情況下，出兵益州實在是冒險之舉，先別說兵力，光補給恐怕就是一大問題，向來精明的周瑜，又怎麼會提這樣的計畫呢？

我看過有論者表示這是周瑜在和孫權賭氣，也有人說這是周瑜臨死的最後一搏，不過務實一點來看，我會認為這是周瑜給孫權的一個提示，在當時一片「孫劉友好」的氛圍中，周瑜想藉攻蜀提醒親劉人士，劉備絕對不是表面展現的那麼正氣凜然，他絕不是一個只會勦除國賊、恢復漢室的熱血傻瓜。劉備是個梟雄，荊州和益州都是他所垂涎的目標，他的存在將會對江東霸業帶來威脅。

不過周瑜並沒有辦法證實他對劉備的指控，江陵與京口來回二千公里的旅行使他的箭傷嚴重惡化，在返回江陵的路上，經過巴丘，周瑜因病過世，享年三十六歲。

我們沒有周瑜的病歷，無法採知他真正的死因，不過還記得一年多前，周瑜也是藉著「巴丘病毒」之便，在赤壁奪走了數萬條性命，如今周瑜死在巴丘，是否又是一種因果循環呢？

借荊州之二：從鳳雛說起

孫權對於周瑜的後事盡了一切所能，包括親自服喪、遠到蕪湖去迎接靈柩、然後親自扶棺回到吳地安葬。然而，除去這些形式上的哀悼，周瑜的死，應該讓很多人鬆了一口氣，包括劉備、曹操，甚至孫權自己。

魯肅很快地接掌了周瑜的直屬部隊，也積極推動「借荊州」的具體工作；周瑜死的時候，江夏太守程普暫時代領南郡太守一職，進駐江陵，在「借荊州」的規畫下，程普軍從江陵撤出，返回江夏，魯肅則進駐赤壁東邊的重要據點陸口，擔任新設立的漢昌郡的太守。劉備則讓張飛轉任南郡太守，由向朗督領南郡西部的縣城。

這是「借荊州」最完整的狀態。嚴格來說，江東並沒有出讓整個荊州，南郡與長沙郡東部都仍在孫家的控制之下，劉備方面取得的是江陵一地，對於江南四郡的統治，也得到江東的承認。

這裡會有一個小小的問題：為什麼孫權、魯肅要將江陵讓給劉備？

我想魯肅雖然對劉備親善，但他也不是吃素的，若吃得下荊州，當然沒有理由會將戰果讓給劉備。因此總歸來說，江東借荊州的終極理由，就是孫權與魯肅判斷，孫家暫時無法消化這塊領地，只好由在地的劉備託管，以後再找時機收回來。

但緊接的問題是，為何孫家無法消化荊州？

關於這個問題的答案，我想我們可以從一位大人物的際遇所觀察而得。這位大人物名叫龐統，稱號鳳雛。

龐統是荊州襄陽在地人，他的家族中出了一位漢末重量級的隱士龐德公，他隱居於襄陽城東的峴山（就是孫堅被射死的地方），從不接受政府的邀請，單純以種地、談論過活，他和司馬徽是好友，諸葛亮算是他的晚輩，「水鏡」、「伏龍」、「鳳雛」等帥氣的稱號，都出自於龐德公的手筆。

龐統的父母不詳，可能是大族中邊緣的關係，因此他少年時並沒有什麼名氣，十八歲時，龐德公要他去見司馬徽，當時司馬徽在樹上採桑，龐統就坐在樹下，兩人從白天聊到黑夜，司馬徽對這個孩子大為讚賞，稱他為「荊州士人的冠冕」，龐統因此名聲大噪，開始了他的名士之路。

和諸葛亮不一樣，龐統是荊州本地人，因此雖然他不是親曹一掛，還是有官可以做，他擔任南郡的功曹，主管人事舉薦，在曹操下荊州與周瑜奪取南郡時，龐統的職位都沒有變動；周瑜擔任南郡太守後，將龐統引入自己的幕僚核心，包括扣留劉備這種機密決策，也都有龐統的參與；據後人記載，周瑜甚至讓龐統以功曹身分執行太守的職務，重用程度不言可喻。

周瑜過世之後，龐統以屬官的身分護送周瑜的靈柩回到江東，江東名門陸勣（陸遜堂兄）、顧劭（顧雍長子）、全琮等均耳聞這位荊州青年才俊大名，紛紛前來拜會，並與龐統有相當深入而愉快的互動，龐統離開時，大家還相約天下太平後，要開個政論節目，一同品論天下人物。

龐統回到南郡後成了劉備的下屬，劉備將他擢升為州從事，但可能嫌他太年輕，所以讓他去一個小縣耒陽兼任縣令歷練一下，結果龐統把縣政搞得亂七八糟，還因此被炒了魷魚；這時候第一個跳出來幫他講話的，竟是守在陸口的魯肅，他寫信告訴劉備：「龐統不是幹行政官的料，要讓他擔任治中、別駕這種決策級的參謀，才能顯現他的真本事。」諸葛亮也同樣向劉備推薦龐統，於是劉備給了龐統一次面試的機會，證實他的確是一個善言語評論的人才，於是便讓他擔任州牧治中從事，並與諸葛亮同為軍師中郎將，一起擔負起集團大腦的重要角色。

到這邊，我們會有一個疑問，龐統相當受周瑜重用，他和江東陸、顧大姓的關係不錯，在荊州捅了簍子，還能動用到孫權眼前第一紅人魯肅出來講情，有這麼好的關係，為什麼龐統沒有投入江東陣營？反過來說，為什麼江東方面連一點招攬的動作都沒有？

我想這可能就是魯肅力主借荊州給劉備的原因。我們會發現，在建安十五年的當下，江東的軍政高層中，除了甘寧這個長年旅居益州的假南陽人和早期加入的黃蓋以外，完全沒有荊州籍的幹部，事實上，一直要到十年後，陸遜征服荊州全域，才有一個武陵人潘濬進入江東政權核心，在此之前，孫權幕府與荊州士人完全絕緣。

這樣的情形在人口流動頻繁的東漢末年，顯然是很不尋常的，北邊的曹操和西邊的劉璋都能獲得部分荊州士人的效忠（例如曹操有蒯越、蔡瑁；劉璋有董和、王連），唯獨孫權沒有，孫家政權也不特別排外，孫權身邊除了江東本地人士外，多的是從北方徐州、豫州前來投靠的人才，但就獨缺隔壁的荊州人士。

在客觀上，我們或許可以認為，相較於江東，荊州是較安定的地區，因此人才沒有外流的需要；但更可能的是主觀上的因素，孫策與孫權兩代長期對荊州用兵，在江夏一帶屠戮尤烈，造成荊州士人，特別是南郡士人對孫家的強烈反感。此外，這也可能涉及吳越與荊楚兩個地域的文化差異和歷史情節，不過這方面較為深入，不敢妄言，有待專家更進一步的研究。

無論如何，當周瑜所代表的江東勢力拿下南郡時，荊州人不來江陵城報效，反而紛紛向露宿荒野的劉備投誠，大大地限制了周瑜的兵源與糧源，因此周瑜才決定重用非基本教義派的龐統，希望能至少挽回一些人氣，不過龐統畢竟太年輕，無法與出道多年的劉天王相抗衡，而當周瑜死後，龐統就斷了與江東的連繫，他沒有辦法違抗那種約定俗成的荊州人共識，只好回家乖乖地加入劉備陣營。

魯肅早早就將這種情況看在眼裡，他原先的規畫就是扶植劉備為荊州的傀儡政權，周瑜的窘境，更讓他確定自己的想法是正確的。以孫家在荊州的惡名昭彰，不花上個把年恐怕站不住腳，這段期間內，荊州防事的資源勢必都要仰賴江東轉運，對兩地來說都是沉重的壓力，再加上曹操在淮南一帶虎視眈眈，分散資源絕非上策，不如就將荊州BOT（Built, Operate, Transfer：建設、營運、移轉）給劉備，讓他直接利用在地資源進行重建工作，也為江東分攤曹操的打擊。

魯肅的政治算盤打得精巧，若看到三年之後曹操以空前軍力攻擊東線的濡須口，江東軍早點撤出荊州絕對是明確之舉。但除了B和O以外，魯肅的計算中似乎少了T的部分，他沒有規畫如何將荊州主權轉移回孫家，彷彿魯肅天真到以為，劉備將荊州重建好後會良心發現，主動交出統治，自己退隱山林一般⑬。

其實不然，孫權和魯肅這哥倆好雖然年輕，但肚子裡的鬼點子倒不少，他們沒有在談判桌上擺上「還荊州」的議題，卻在談判桌下動了些的手腳，確保荊州將是江東的囊中之物。

他們把孫小妹嫁給了劉備。

借荊州之三：孫權嫁妹

孫堅的正妻吳夫人為他生了四個優秀的兒子：孫策、孫權、孫翊、孫匡⑭，另外有一個女兒，可能就是最後成為劉備老婆的孫夫人。歷史上並沒有留下她的姓名，後來在戲曲《甘露寺》中，她才獲得了最廣為人知名字「孫尚香」，《三國演義》中叫她「孫仁」。

⑬部分論者指出，孫權借荊州的另一個條件，可能是換取劉備同意孫家對交州的控制。同樣在建安十五年，孫權命步騭為交州刺史，並殺了劉表舊部、且與劉備有舊的蒼梧太守吳巨，正式控制嶺南地區。

這場婚禮進行時，主婚人孫權二十八歲，新娘推論起來應是二十二、三歲左右，而新郎劉備則已經是五十歲的歐吉桑了。年近半百能娶一個小二十八歲的嫩妻，實在足以羨慕大多數的現代男性，不過這樣的好康仍不能掩飾這是一場標準政治聯姻的事實，孫夫人必須以自己終身的幸福為籌碼，成全家族的偉大事業；而劉備也將被套上「孫家女婿」的項圈，受到江東的羈絆。

不過孫權的目的並不只有「進妹固好」而已。

考量一下劉備的家庭狀況，在徐州迎娶的糜夫人早不知死在何處，側室甘夫人大概也在建安十三年前後過世，最重要的是，劉備的唯一子嗣劉禪為甘夫人所生，在宗法制度下，只能算是庶出。

依據傳統的儒家繼承法，母親的身分決定孩子的繼承權，正妻所生的嫡子在繼承上永遠優先於妾室所生的庶子，即使庶子年齡較大也一樣。在這種情況下，孫夫人嫁給劉備為妻，若是她為劉備生個一兒半子，這位孫家外孫就能擠掉劉禪，成為劉備的合法繼承人，即便孫夫人沒有子嗣，她一樣可以以劉禪的「嫡母」身分，統攝劉家事務。即便宗法繼承不見得完全被遵守，至少也給了孫家

⑭ 孫堅四個兒子的名與字都有其意義：

名	字	意義
孫策	伯符	「策」、「符」是決策、命令的意思。
孫權	仲謀	「權」、「謀」是斟酌、籌畫的意思。
孫翊	叔弼	「翊」、「弼」是輔助、矯正的意思。
孫匡	季佐	「匡」、「佐」是糾正、輔助的意思。

換言之，孫堅是希望，長子是決策者，次子是參謀，三、四子則是輔佐。

很好的著力空間。

而且這結果不用等很久，劉備已是年近半百，在那個男子平均壽命只有四十初頭的時代，已是行將就木的年紀，碰上一個年輕健康、活力旺盛的孫夫人（還有一整票的陪嫁侍女），只要稍微把持不住，搞不好沒幾年就要精盡人亡，屆時孤兒寡母，江東以外家身分入主荊州更是名正言順。

不過若孫權真的打算以陰道與子宮圖謀荊州，那他顯然選錯了執行的對象。孫夫人從小和一票能征善戰的哥哥混在一起，養成她相當男性化的作風，她帶來的數百名侍女個個帶甲持刀，儼然是一支私人部隊，以至於每當劉備進房時都戒慎恐懼，深恐出什麼意外。在那種氛圍下，除非劉備對於此有特別的癖好，否則我看履行夫妻例行公事都不容易，更遑論什麼精盡人亡了。

更糟糕的是，孫夫人仗恃著自己江東的背景，一整個瞧不起劉備集團，她所帶來隨從染著主子的態度，也是個個驕傲蠻橫，犯法亂紀之事所在多有，劉備最後終於用盡了他對這位野蠻妻子的耐心，他將趙雲從桂陽調回公安，命他看管孫夫人和所有江東派來的人馬。

孫權在江東八成也聽說自己妹妹和劉備的房事不順，但此下他的母親吳太夫人已過世，身為兄長的他，大概也不方便給妹妹在這種事情上什麼建議。事實上，孫權這個和親之計算漏的還有劉備的健康狀況，劉備雖然年紀不小，但他的身體顯然保養得很好，他之後又活了十五年，還另外生了劉永與劉理兩個兒子，看來除非孫夫人有「天仙銷魂法」的等級，否則要這麼掛掉劉備，恐怕沒那麼簡單。

無論如何，建安十五年底，以借荊州為基礎的孫劉聯盟已穩定成形，從外表上來看，雙方又借土地又結親家，關係緊密得無話可說，但私底下大家都知道，這是個走鋼索的同盟，只要在平衡桿上多加幾個砝碼，金玉盟誓就會摔個粉碎。

這個變局不用等太久，約在建安十五年下半年，一個操著關中口音的士人來到公安小朝廷，宣稱是奉振威將軍、益州牧劉璋之命，前來拜會劉左將軍。

那士人遞上名刺，上頭寫著：扶風法正拜上。

征蜀糾紛

事情要回到建安十三年，赤壁開戰前，當時曹操剛取得江陵，益州牧劉璋馬上就派了他的別駕從事張松前來拜見曹操，表示臣服，巴蜀兵馬悉聽丞相指揮。其實這也不是第一次劉璋向曹操輸誠了，早在建安十年，劉璋就已經派了一位北方人陰溥向曹操致敬，為自己換來一個振威將軍的頭銜；建安十二年曹操平定河北，劉璋又派了蜀郡本地人、張松的哥哥張肅，率領少數民族所組成的「叟兵」三百人獻給曹操，曹操一開心之下就任命張肅為廣漢太守。張松拜見曹操已是蜀曹之間第三次接觸，按理說曹操剛拿下荊州，心情一定大好，張松可是揀了個爽差，保證加官進爵，荷包滿載。

但壞就壞在張松本人身上，他雖然和張肅是親兄弟，兩人出使時掛的頭銜也都是別駕從事，但兩人在外表上就大有差別。張肅是高大挺拔，氣質威嚴，張松卻是個頭短小，還帶著點浪蕩子的味道，曹操一見就覺得這傢伙不成大器，再加上他當時忙著追捕劉備，於是就封了一個比蘇縣令的位置給張松。

比蘇縣是今天雲南省的雲龍縣，離大理市約二百公里，在東漢是蠻荒的深處，任官至此和流放差不多，更何況張松當時都已經是州政府副座等級的別駕從事，這樣的任官命令簡直就是一種羞辱。張松人雖然不好看，但精明幹練，個性自然也是傲得緊，受了這樣的待遇哪裡能堪，他回到荊州後，就開始對劉璋說曹操的壞話。

以歷史眼光來看，張松和曹操的會面無疑是極為關鍵的，若曹操當時給張松好一點的待遇，早就將巴蜀之地收入囊中，又怎麼會留給劉備稱王稱帝的資本。史評家對於這個微小卻影響深遠的事件，無不發出喟然之嘆，東晉時習鑿齒便說：「昔齊桓一矜其功而叛者九國，曹操暫自驕伐而天下三分。皆勤之於數十年之內，而棄之於俯仰之頃，豈不惜乎！」

赤壁之戰後，張松對曹操的攻擊變本加厲，大概連曹操在華容道吃狗屎之類的人身攻擊都冒出來了。張松告訴劉璋：「主公啊，和曹操那種豎仔合作是沒有前途的，要就要找劉備劉左將軍，人家現在可是荊州之主，又和主公您同樣是漢景帝之後，算是同宗，是一個皮囊裡的兩處內臟啊！聽我的話，和劉備來往，準沒錯。」

劉璋本身耳根就軟，他是那種會接受第一個建議的人物，他聽張松把劉備說成那麼好，不禁怦然心動，問張松說：「依你這麼看，要派誰去造訪劉備才好？」張松說：「扶風人法正、孟達，都是人才，現在客居本州，無所事事，是上佳的使者人選。」

法正與孟達都是關中地區流亡到益州的士人，法正祖父法真是當代隱逸代表，號玄德先生（還真巧）；父親法衍則擔任過司徒掾、廷尉左監等中央政府屬官算是個小士族；孟達的父親孟他則靠著巴結十常侍張讓，一度做到涼州刺史的位置。建安初年，漢獻帝離開長安，關中無主大亂，法正和孟達於是結伴逃進益州，希望能從劉璋這邊撈得一官半職，但當時劉璋對這些號稱「東州士」的關中人士正是反感，因此對兩人都沒有重用，法正最後好歹撈到新都縣令和軍議校尉等小官當當，孟達則是什麼都沒有。這兩人都是聰明、善言談又放蕩不羈的性子，沒得到好的待遇，自然私下多所抱怨。

張松和法正同樣是聰明但放浪的個性，因此雖然籍貫不同，走得倒挺近的，眼下張松既然要搞大事，法正自然是最好的幫手。法正一開始還推辭，最後仍同意擔任劉璋的特使，前往公安拜會劉備。

法正和劉備會面的細節歷史上沒有詳細記載，不過劉備平時待人就足以令人感動，更何況他特意地拉高接待法正的規格。法正回到成都後果然向劉璋大讚劉備英明神武，是益州最好的朋友。話說劉璋可能是三國群英中最像「朋友的阿嬤⑮」的方鎮，他對人好都是有實惠，而且是拼命塞給人家；這會兒他決定要和劉備交往，又知道劉備初定南郡人手不足，馬上便召集了一支數千人的部隊，由法正與孟達率隊前往荊州，協助劉備防守。

劉備對這個意外的禮物當然是又驚又喜，他將孟達留在江陵帶兵，讓法正回到成都向劉璋報信。對於劉璋隨隨便便就送出一整營的軍隊，劉備似乎看到了自己當年借兵救孔融的憨直模樣，對益州的富庶也留下了深刻的印象，往後劉璋又多次派遣張松與法正前來拜會劉備，劉備殷勤招待之餘，也仔細詢問了益州內部地理、經濟、軍事等情報，張松與法正既然也別有用心，自然是知無不

⑮ 閩南語「祖母」的意思。

言，言無不盡。

於是乎，建安十五年成了劉備集團的外交年，他一方面忙著和東方的孫權和親，另一方面則要招待劉璋不斷派來的使者；劉璋派兵協防荊州和孫權嫁妹一般，都是一種外交同盟的表徵，從第三方的角度來看，透過劉備左右逢源的樞紐能力，南方揚、荊、益三州已成為一個軍事同盟，對抗曹操和他的邪惡帝國。

當然，「三州同盟」只是劉備一夜好夢後才可能出現的情節，南方三家各懷鬼胎，各自打量著別人的領地。

首先發難搞事的是孫權，他才剛在爭議中通過「借荊州」的議案，馬上就發現劉備與劉璋彼此勾勾搭搭，心中肯定是五味雜陳。他或許已預期到劉備不是那麼聽話，但萬萬沒有想到劉備能在那麼短的時間內就找到一座新的靠山，這使得孫權想起了周瑜的遺計，他想來測試一下他這個老妹婿的底線。

孫權派了使者前往公安，宣達兩家共同出兵伐蜀的計畫，使者告訴劉備：「米賊張魯據守漢中與巴西，是曹操進軍益州的跳板，若讓曹操得了蜀地，則荊州危矣！現在最好的方法是先下手為強，先取益州劉璋，再取漢中張魯，使整個長江流域成為一體，首尾相連，如此一來就算有十個曹操，我們也吃得下！」

孫權這個伐蜀大計馬上在劉備陣營中掀起波瀾。對篤信孫劉同盟的幕僚來說，益州之地原本就非取不可，現在孫權主動提議結盟進攻，似乎沒有拒絕的理由，再說，事成之後，江東不可能跨越荊州而控制益州，屆時益州仍將為劉備所有，等於是淨賺一筆。但劉備的主簿、荊州人殷觀卻有不同見解，他表示：「若擔任江東的前鋒進軍益州，成功的話，蜀地還是孫家的，失敗的話，卻讓孫家有機可乘，兩不討好，現在最好是告訴孫權，荊州情況還不安定，不能發兵，則江東一定不敢越過荊州而攻打益州，這樣無論是對江東或是對益州，咱們都有利可圖。」

劉備同意殷觀這個打馬虎眼的策略，依計向孫權回覆，孫權見劉備打起太極來，索性也將計就計，他告訴劉備，你不能出兵無所謂，要打我們江東人自己打，你只要乖乖讓路就是。

劉備見孫權這個態度，心情也差了起來，給你個軟釘子你不碰，還硬要湊上來，難不成要我來硬的？他告訴孫權：「益州地險民富，劉璋雖然無能，但還足以自保，張魯虛偽多詐，未必就會聽從曹操指揮。今天你要打長距離戰，前線在巴蜀、漢中，後方是長達萬里的補給線，就算古代名將吳起、孫武再世，恐怕也沒有勝戰的把握。另一方面，曹操雖然有無君之心，但仍有帝國的名義，有些人見曹操在赤壁吃了敗仗，便以為他氣力已盡，不會再有企圖；殊不知曹操三分天下已有其二，對於江東正是虎視眈眈，如今同盟之間相互攻伐，等於是給曹操可乘之機，絕非好計！」

劉備最後「同盟無故自相攻伐」這一番話語帶雙關，一方面將劉璋納入反曹軸心，另一方面卻是提醒孫劉聯盟的重要性，現在曹操在北方實力仍強，我們自己人間應該團結一致，不要這樣隨便生釁。

孫權當然不會接受這樣的答覆，他決定要硬幹到底。他動員江東水軍，由孫瑜帶領進駐夏口，強硬地表達攻打益州的立場。但劉備也不甘勢弱，他親自進駐長江口岸的孱陵，下達封鎖長江的命令，由關羽屯江陵，張飛屯秭歸，諸葛亮據守南郡，然後發信告訴孫瑜：「若你真要打益州，我就算披頭散髮歸隱山林，也不能失信於天下！」

既然雙方都已經到了動刀動槍的階段，那緊張的氣氛便不會再向上堆疊，若不是開戰一決生死，便是有一方要讓步。最後是孫權選擇讓步，他召回了孫瑜，放棄了征蜀的念頭。

若孫權勞師動眾只是是為了測試劉備的順服程度，那他的確達到了目的（劉備完全不聽話）；不過問題是，劉備短時間內已經在南郡紮了根，輕輕鬆鬆就能封鎖長江水道，孫權拿他一點輒也沒有。

從劉備的角度來看，孫權這次的衝撞倒是給了一個加分題，相信這次衝突之後，劉備「顧全大局、誓死反曹」的義士形象會更為明顯，更重要的是，當劉璋知道劉備差點為了他和孫權翻臉時，必然是感動得痛哭流涕；他在政壇打滾幾十年，終於盼到了善良與正直的回來，找到一個值得信賴的夥伴。

就這樣，交錯複雜的建安十五年在周瑜的輓歌、孫權的眉頭、劉備的大興土木和劉璋的感動中劃下句點。不過在這一年中一直沒啥動作的一位大人物，這時才準備重新舒展拳腳。

建安十六年，西元二一一年，三月，曹操對張魯宣戰。

益州故事之一：劉焉的帝王夢

曹操在建安十五年休息了一整年，除了發表了一篇《讓縣自明本志令》以外沒做什麼大事。建安十六年一開始，并州就發生商曜之亂，曹操遣夏侯淵與徐晃前往討平，三月，曹操突如其然地宣佈，對割據漢中的五斗米教教主張魯開戰。

漢中是指今天陝西省南部一帶，以秦嶺與大巴山為界，形成一個獨立的地理區，張魯便在這邊實踐他的道教建國理想。曹操對張魯宣戰之舉，就像是北美的蝴蝶鼓動翅膀一般，被點名的張魯沒太大反應，反倒是其他割據勢力都陷入了龍捲風暴中。

首先是盤據在關中地區的小軍閥們，一聽到曹操要踩過他們的地盤去漢中，馬上像被針扎到一般跳了起來，他們結成同盟，在韓遂與馬超的帶領之下進駐潼關，向關東的曹操挑戰，往後一整年，曹操便致力於對付這些剽悍的西涼部隊。

曹操攻擊張魯的第二個蝴蝶效應，就是促成了劉備的入蜀。

在這邊，我們必須從頭開始說益州的故事。

益州位在帝國的西南疆，是十三州中地域最大的一州，可分為北中南三個區塊；最北邊是東西狹長的漢中盆地，漢水從西向東流貫，與荊州的襄陽地區相連；中部則是巴蜀平原，相當於今天的四川省，是益州的精華地區；南方則是包括今天雲貴高原和滇西縱谷的南中地區，在東漢末年，漢文化才剛剛進入這一帶，在北方帝國眼中，這裡是標準的「不毛之地」。

益州中央的巴蜀平原又可分為「東巴西蜀」兩個地域，東邊的巴郡大致上以江州（今天重慶）為中心，向北沿著渠江水系，經過宕渠等地進入大巴山區，向東則順長江通過長江三峽，與荊州相連。至於西邊的蜀地則以成都平原為中心，在東漢末年時設有蜀郡、廣漢與犍為三郡，號稱「三蜀」；成都城就位在蜀郡和廣漢郡的交界處，向北沿著涪江就是著名的古蜀道，又稱金牛道，會經過雒城、綿竹、涪城、梓潼、葭萌等重要關隘，直入漢中的陽平關。這一帶不僅經濟繁盛，也是漢文化最早紮根的地方，西漢時大文豪司馬相如與哲學家揚雄皆出自成都，可見此地人文水準已不亞於中原地區。

除了人文建設，巴蜀地區的經濟到東漢末年也已相當發達，除了肥沃平原上發展的農業以外，井鹽、藥材、各類礦產的開採都為巴蜀注入相當財富，至東漢後期，益州總人口上達七百萬，蜀郡「人吏富實，掾史家貲多至千萬，皆鮮車怒馬，以財貨自達」、「蜀土富實，時俗奢侈，貨殖之家，侯服玉食，婚姻葬送，傾家竭產」。

不過文化雖發達，經濟雖富庶，對於北方帝國來說，益州終究是個邊區，東漢時益州出身而晉身三公、九卿或將軍者少之又少，約僅略多於更偏遠的交州而已，這和荊州、兗州等地隨手一撈就是一票二千石的家族有所不同。另外，巴蜀可能由於治安較安定，大族蓄養家兵的情況並不顯著，只有在南中地區，以原住民部落為基礎的豪族勢力，形成較有力的地方軍事勢力。

總結來說，巴蜀是一個經濟富庶，政治衰弱的地方，當地的豪族有錢但無勢，整個地區豪族、少數民族、宗教勢力錯綜，缺少壓倒性的勢力，使得外來政權的統治更為複雜。

東漢末年的「二牧政權」就是建基於這種複雜的基礎上。

東漢中平元年，西元一八四年，東方的黃巾之亂進入高潮的時候，益州人馬相也以黃巾為號，在三蜀地區聚眾十餘萬，殺益州刺史郗（郤）儉，稱天子自立；巴郡的張脩則在巴郡、漢中等地以「五斗米道」糾集教眾，叛漢自立，整個益州陷入無政府狀態。

劉焉本身是荊州江夏人，為漢景帝之子魯恭王劉餘之後，他的血統和家世顯然都比劉備優越，年少的劉焉在經歷一些基層公職後，便以皇家宗室的關係拜為郎中，並於之後被舉為賢良方正，官至太常，主管皇家禮儀。

劉焉是個投機且有野心的人，他看出東漢帝國氣數已盡，留在洛陽必定出事，於是想要找個遙遠的地方外派，當個平安的山大王。最初他是想逃到海角天邊的交趾，不過他的好朋友、益州廣漢人、時任侍中的董扶告訴他益州有天子之氣，劉焉便改變主意，他向帝國建議：「現在的州刺史都只是監察職，權力太輕，不能處理大規模變亂，應改以中央大臣任州牧，掌握實質地方權力，以協調跨郡的問題。下官太常劉焉，願以身作則，前往益州，為帝國平撫叛亂。」

朝廷同意劉焉這個偉大的計畫，便任命他為監軍使者，領益州牧，前往動亂的蜀地上任，董扶也辭去中央的官職，隨劉焉返鄉。另一個隨劉焉回鄉的是時任太倉令的趙韙，他是巴西郡安漢縣的大姓出身，和董扶純粹是名嘴之流不同，趙韙是益州實力派的人物，他的回鄉，將為蜀中興起一陣波濤。

那年是中平六年，西元一八九年。

劉焉剛入益州時，巴蜀兩地仍被道教勢力所盤據，他只能在荊州西界暫時駐紮，設法安定州中變亂。沒有多久，劉焉便成功地招降了五斗米道的兩大頭頭張脩和張魯，安定巴郡；於此同時，一位帥氣的蜀郡英雄賈龍，率數百人襲殺了統率十萬人的黃巾天子馬相，恢復蜀郡秩序。劉焉於是得以大大方方地進入蜀地，他將州治搬到綿竹，任命賈龍為校尉，董扶為廣漢屬國校衛，張魯為督義司馬，張脩為別部司馬，趙韙為帳下司馬，正式統鎮益州。

劉焉入益州的目的是建立自己的桃花源帝國，對於同時間中原關東軍與董卓的爭戰完全沒有興趣。初平二年，西元一九一年，董卓西撤入長安，發現他後方還有這麼一個中立的方鎮，三不五時就下個聖旨，要劉焉進貢東進貢西的，劉焉甩都不想甩，為了避免被董卓干擾，他派張魯和張脩兩位宗教領袖，率兵進入北方的漢中，殺漢中太守蘇固，摧毀穿越秦嶺的斜谷，然後宣稱米賊斷道，對於朝廷聖旨恕難從命。

在實施鎖州政策後，劉焉開始對內採取鐵腕手段，他藉小事一口氣殺王咸、李權等十餘名益州豪強，意圖鞏固自己的威勢。但這樣的行為很快激起其他益州豪族的不滿，首先是犍為太守任岐起兵叛劉，之前立有大功的賈龍也在董卓的遊說下，發兵叛變。

面對本土勢力的反撲，劉焉早留了兩手，當時自長安和南陽等地湧入大量被稱為「東州士」的難民，劉焉有企圖地將他們組織成「東州兵」，成為他克制巴蜀豪族的秘密武器；另一方面，自青海、西康移入的少數民族也被劉焉招募為私兵，號稱「青羌」。在東州兵和青羌的協力下，劉焉成功地撲滅了賈龍與任歧的叛亂，確保他在益州的獨裁地位。

經過這場對內勝利後，劉焉稱帝的動作越發明顯，他開始在綿竹大量製造皇帝規格的器具與車輛；他的鄰居、新上任的荊州刺史劉表看不過去，向中央打了個小報告，當時劉焉的三個兒子劉範、劉誕、劉璋都在長安朝廷任職，朝廷於是拘禁大哥和二哥，派小弟劉璋回益州勸說劉焉，但劉焉此下已是吃了秤陀鐵了心，他不顧兩個兒子的死活，抗旨將劉璋留下，繼續向稱帝之路邁進。

在這段時間內，北方情況越加混亂，關東諸鎮互相攻伐，長安中董卓死、呂布被逐，李傕、郭汜成為帝國的首腦；興平元年，西元一九四年，在長安的部分朝臣發動了一項偉大的救國計畫，號招西方的方鎮發兵勤王。這場勤王戰的主角是馬騰，但因為劉焉的長子劉範也是計畫發起人之一，劉焉於是打破孤立政策，派校尉孫肇率領五千人，前往長安支援。當年三月，勤王軍一戰敗於長平觀，馬騰撤回涼州，劉範戰死，老二劉誕則被郭李政府處死，在這個危險之際，一位劉家的好友、時任議郎的河南人龐羲，驚險地護送劉家其餘老幼逃出長安，撤入蜀中。

一口氣喪失兩個兒子的劉焉心痛不已，恰巧當時又發生「天火」（應該是閃電造成的火災），將劉焉在綿竹建造的皇帝車輛、建築物全都燒盡，更讓年老的劉焉打從心底地感到這是他妄圖稱帝的報應。心頭抑鬱的老劉焉將州治由綿竹遷到成都，不久後因病過世，益州豪族們以司馬趙韙、治中從事王商為首，共同擁立劉璋接掌老爹監軍使者、益州牧的大位。

從那時候起，以「溫仁」著稱的劉璋，注定要面對許多他所不喜歡的挑戰。

益州故事二：劉璋的辛酸

和他野心勃勃的老爹相比，劉璋顯得保守許多，從之後的領導風格來看，劉璋是屬於個人風格較弱、較容易接受下屬意見、較多授權的老闆。只要選對幹部，這樣的風格將有助於營造一個和樂融融的經營團隊，但若團隊內部有派系問題，弱勢領導風格只會造成派系摩擦，最後導致內鬨或分裂。

偏偏益州裡的派系多得不勝枚舉。

劉璋一上任馬上就面臨四面八方的挑戰。首先劉璋麾下幾名將領沈彌、婁發、甘寧，會同荊州派來的奸細劉闔發兵造反；據守漢中的張魯則殺了同門師兄弟張脩，大喇喇地擺明和劉璋對幹；巴地一帶的板楯蠻首領杜濩、朴胡、袁約等長久受五斗米道洗禮，此下也隨著張魯脫離成都小朝廷的控制。

劉璋剛接大位手上資源就去了一半，眼下他所能倚賴的只有兩個人，一是拱他上位的趙韙，另一位是護送他孩子入蜀的龐羲。在趙韙的支持下，劉璋成功地弭平了劉闔、甘寧之亂，並由趙韙擔任征東中郎將，駐兵益荊交界，準備向劉表開戰；另一方面，劉璋放膽殺了張魯全家，並由龐羲擔任巴西太守，率重兵鎮壓張魯和巴西的板循蠻族。

不過以上這些手術不過是把外傷的創口縫起來而已，益州內部麻煩的「省籍問題」現在才開始發酵。

當初，劉焉將北方來的東州移民阻織成東州兵，並用以平定了益州豪族的造反，便注定了東州人與益州人的長久衝突；東州人在當權者撐腰下越發驕橫，侵占本地人財產的情況所在多有。當初趙韙等益州大族逮住改朝換代的機會，擁立溫仁的劉璋當老闆，無非就是希望能透過新州牧壓制一下東州勢力，但也不知是劉璋真的能力不足，或是有心偏袒，東州人強勢的地位始終沒變，這點讓趙韙相當不愉快，他帶著東征的軍力，暗中與劉表達成和解，反過頭來串聯巴蜀豪族的勢力，打算重奪益州人的權力。

另一方面，負責對付張魯的巴西太守龐羲也非善類，他仗著對劉家有大恩，行事跋扈專權，對張魯的作戰敗多勝少，卻私下強求地方政府交出強悍的板循族傭兵軍權；許多人因此向劉璋告狀，劉璋雖然心裡不高興，但也沒採取什麼進一步的行動。

建安五年，西元二〇〇年，正當北方官渡大戰之際，趙韙也完成了他的部署，他率領巴蜀豪族對劉璋發動大型攻擊，戰火襲捲整個巴蜀地區，劉璋只能撤入成都，依賴東州兵艱苦抗敵。雙方僵持了一整年，最終東州兵仍是技高一籌，擊退趙韙部隊，而巴蜀豪族內部也出現分裂，最後巴蜀軍人李異、龐樂等殺趙韙，率眾歸降劉璋，大致上恢復了州內的秩序。

大概也就是那個時候，劉璋與巴蜀豪族達成交易，大量巴蜀人士晉身成都小朝廷高層，掌握權力，例如蜀地人張肅、張松、張任、張裔、王累、王商等各自擔任別駕、從事、帳下司馬等中央高階位置，巴地人黃權也任職劉璋主簿，嚴顏、趙筰等人則前後擔任巴郡太守。相對地，東州人如法正、孟達等則被屏除於權力核心之外。

然而這樣的本土化的成都小朝廷雖然形成局部的穩定結構，但卻無法變成壓倒性的力量。張魯在漢中與巴地的勢力仍然是個威脅，龐羲手握重兵，但在趙韙之亂時卻對劉璋不聞不問，已接近半獨立狀態；此外，李異等巴蜀本地將領繼承了趙韙的勢力，同樣是尾大不掉的麻煩人物。

劉璋的政權便是建立在這些錯綜的基礎上，比起劉表至少有蒯蔡集團可以倚靠，劉璋的政權就像疊疊樂一樣，抽掉一小塊木板都可能造成整體的崩壞。為此，我們就不難理解劉璋為何像患有被害妄想症一樣，不斷向外尋求援助，他三度向曹操示好沒有換得好結果，現在找到一個願意幫他擋一刀的劉備，自然心下寬懷許多。

建安十六年，曹操對張魯的宣戰再度挑起了劉璋心底最深的恐懼，古靈精怪的張松完全曉得主子的弱點，他故意問道：「曹操的軍隊那麼強，如果今天他和張魯合作，進軍蜀地，主公啊，你說我們帳下誰有本事去抵擋啊？」

劉璋很老實地告訴張松：「唉，我也正傷腦筋，沒什麼主意。」

張松打蛇隨棍上，告訴劉璋：「遠在天邊，近在眼前，劉備劉豫州，是主公您的同宗、曹操的死對頭，他能征善戰，若請他來幫忙打張魯，則張魯必破，一旦咱們擊破張魯統一益州，就算曹操前來，也沒能奈我們何！」說著他又貼近劉璋的耳朵，壓低嗓音道：「今天龐羲、李異那些兵頭恃功而驕，和州外的勢力勾搭，若沒有劉備相助，則敵攻其外，民攻其內，嘖嘖，必敗之道啊！」

張松這一番話擊中劉璋心底每一處弱點，使他完全沒有換個角度思考的機會；建安十六年，西元二一一年，年中，劉璋向劉備正式遞出入蜀的邀請函。

魔鬼與良心

從客觀的事實來看，我們實在看不出有什麼理由讓張松那麼積極地出賣劉璋，論地域派系，他的同鄉一眾蜀地人士如張任、王累等都忠於劉璋；論工作待遇，張肅、張松兄弟二人同為州從事，不可不謂優渥。我想這一切只能解釋為個性問題，張松是一個天生的陰謀家，不把天下搞亂不會開心。

邀劉備入蜀的建議很自然地在成都小朝廷中引起反彈，主簿黃權便告訴劉璋，讓劉備入蜀，既不能讓他當下屬，又不能讓他當上賓，怎麼做都不 make sense，不如還是不邀為妙。劉璋的從事王累更為了搏版面，將自己倒吊在城門上，搏命勸諫。

另一位提出反對的意見的，正是與劉備八字不合的劉巴。三年前他為曹操招降荊南四郡失敗，索性遠走交阯，連諸葛亮親自求他留下也沒用；他在交阯待了一陣，又打算取道牂牁（大約是今天貴州）北返，但被益州官員當成是偷渡客逮捕，轉送到成都。劉巴的老爸劉祥曾當過江夏太守，而劉焉也是江夏出身，兩家有點交情，劉璋便將劉巴留了下來擔任非正式顧問，凡有重要決策就諮詢他的意見。這回關於邀劉備入蜀，劉巴想也不想就是舉了一個「x」的牌子，他認為劉備是個梟雄，一入益州，必定為害。

對於這些理性或不理性的反對意見，劉璋卻像是中了張松的蠱一樣，一概不睬。他派法正再率四千人部隊，前往荊州恭迎劉左將軍入蜀協防。

法正已經與劉備有過數次的會晤，先前雙方見面，一方殷勤招待，一方有問必答，一切都是心照不宣；現在箭已上弦，法正也就不再顧忌，他告訴劉備：「現在以將軍的英才，對上劉璋的懦弱，又有張松這個益州支柱在內響應，益州已是手到擒來，然後以益州的富庶，天府地形的險要，將軍要成大業，易如反掌！」

這個極大的陰謀當然只有部分高級參謀才能參與，而其中態度最積極的，正是才剛入夥的軍師中郎將龐統，他告訴劉備：「荊州這幾年經過戰亂，物資缺乏，人才也已耗損殆盡，再加上東邊孫權，北方曹操壓迫，無法作為三分天下的基礎。現在益州富庶，戶口百萬，兵馬器械完全可以自給自足，這樣的好東西就在眼前，咱們應該『借』一下以成大事。」

入蜀一事劉備當然已是思考已久，但事到臨頭，他的良心小天使卻飛了出來干擾他的決策，劉備告訴龐統：「現在和我勢不兩立的，是曹操；曹操峻急嚴苛，我就行事寬大；曹操殘忍暴虐，我就仁愛大方；曹操詭譎多詐，我就忠誠樸實。我就是故意要塑立一個和曹操相反的形象，如此才能成就事業。今天要我因為一點利益而幹這種不信不義的事，我幹不來。」

龐統一本正經地答道：「關鍵時刻需要權變，絕對不是單一原則所能含括的，吞併弱國，攻打政治混亂的國家，本來就是春秋五霸的行逕，先以詭道推翻劉璋，奪取大位之後，再用正道治理他的國家，正是一種『義』的表現，一旦天下大勢抵定，再封給劉先生豐厚的采邑，又怎麼會是『不信』的事呢？」說到這邊，龐統突然換了個表情，冷笑地說：「再說，今天若主公不取蜀地，他日無論是孫家或曹操也一定會取之，這只是便宜了敵人而已。」

魔鬼代言人龐統的一番話，將劉備的良心小天使殲滅得屍骨無存。劉備此下再也沒有遲疑，他決定應劉璋之邀，入蜀。

劉備奪蜀一節，往往被認為是他道德上最大的瑕疵，有論者便認為，劉備要嘛應當是向劉璋表明要借重益州資源抗曹，要嘛就該光明正大地從荊州打進益州，濫用他人的信任而陰謀奪權，實在不是英雄之舉，有的人更直接稱劉備的行為為「無恥」。

我想我不是劉備的律師，也不用幫他辯護，我只是認為，當時任何一個軍閥處在劉備的位置，大概都會做出一樣的決策，劉備好歹在良心上有過一秒鐘的掙扎，換做是曹操或孫權，恐怕法正還沒開口，入蜀軍隊就已經整編完畢了。

決策既定，劉備於是著手編制入蜀的部隊，由於是協防性質，沒有必要動員所有的軍力。原則上，劉備讓自己的老班底關羽、張飛、趙雲、糜芳等搭配諸葛亮留守荊州，入蜀的部隊則以荊州軍為主，包括荊州最好的兩位將領：中郎將霍峻與裨將軍黃忠，另外還有年輕勇猛的低級將官魏延；文官方面則以龐統為主力參謀，另外有簡雍、馬稷、蔣琬、陳震等隨行前往。

至於入蜀的兵力就史無明載了，估計除了法正帶來的四千人以外，劉備頂多再帶個一、兩萬人入蜀，畢竟當時荊州元氣未復，又兼兩面受敵，不可能供應太龐大的軍隊。表面上，劉備此行完全是敦睦之旅，文多於武，義大於利。

劉璋聽說劉備願意入蜀肯定是開心得不得了，他再度發揮他「朋友的阿嬤」的行事風格，前前後後送了上億的財貨給劉備，並傳令各郡縣一定要「超級熱烈地」歡迎劉左將軍。於是乎，當劉備踏入益州地界時，彷彿就像回到自己故鄉一般，各地政府都是以最高規格款待這支正義之師，即便有部分地方首長不滿意邀外兵入蜀的政策（如巴郡太守嚴顏），也無妨這股和諧的氣氛。

劉備的部隊首先來到江州，然後沿著墊江向西北來到成都北邊的重鎮涪城。在高大的城牆前，三萬名蜀軍列隊儼然，身上鎧甲、手上兵器都是精鐵新鑄，在陽光下精光閃爍；劉璋領著張松等一眾巴蜀精英列於萬軍之前，車馬旗幟新鮮亮麗，天府豪奢的派頭展露無疑。

劉備明白，劉璋的這番排場，一來是炫耀，二來也有威嚇之意；但以劉備二十五年的戰爭經驗來看，眼前這三萬名十年來沒有實戰經驗的男人，了不起只是儀隊而不是軍隊，而對於一個割據方鎮來說，養三萬人的儀隊未免浪費了一點。

雙方經過一陣「有勞宗兄」、「左將軍遠來辛苦」之類的寒暄後，互相揖讓入城，一場盛大的歡迎party，便在涪水之畔隆重展開。

涪城盛宴

在涪城的歡迎會不只是幾十個高層一頓晚餐的應酬，而是由荊州、益州兩軍全體將士參加的超龐大勞軍活動，而且一辦就是三個月，這期間所有飲食與娛樂活動都由成都政府買單，再次顯示了劉璋超好超闊氣的一面。

但獵食者不吃餵養的食物，野心勃勃的龐統便不受這股歡樂氣氛所迷惑，他暗中建議劉備：「咱們只要在宴會中生擒劉璋，不用一兵一卒，就可以坐領一州之地了。」

劉備看了看劉璋身後三萬名士兵，對龐統搖頭道：「年輕人，別太衝動，咱們剛到人家地盤，還沒有什麼民眾支持，這樣猴急，只會壞了大事。」

龐統的「鴻門宴」提案就這樣被劉備壓了下來，自然也沒有小說中寫的魏延舞劍的橋段。荊、益兩州的高層在這三個月的 party 中相處融洽，劉璋尤其喜歡以機智、幽默見長的簡雍，而劉備也和巴蜀精英們有了許多互動的機會。

這其中有一段小小的插曲。蜀中一位占卜家張裕，當時也以州從事的身分參加了這場盛宴，張裕是個男性荷爾蒙分泌旺盛的人，鬍鬚特多，劉備大概多喝了幾杯，一改他平時內斂的形象，竟對張裕開玩笑說：「當年我在涿縣，姓毛的人家特別多，東西南北都是姓毛的，所以我們縣令就說，真是『諸毛繞涿居』啊……哈哈哈，好不好笑？小龐，你笑一個嘛，哈哈哈，笑死我了……」

這邊的「涿」音同「啄」，就是嘴巴的意思，「諸毛繞涿居」當然就是在嘲弄張裕的大鬍子；話說劉備一向不是個會說笑話的人，到老年還偶爾開個玩笑應該很值得鼓勵的。但張裕可不甘示弱，他看著劉備沒生鬍鬚，便回嘴道：「以前有個人在上黨郡潞縣當過縣長，後來又調去涿縣當縣長，他退休後，別人要寫信給他，信上稱謂若只題『潞縣長』的頭銜就忽略了涿縣，只題『涿縣長』則忽略了潞縣，所以啊，那人最後就題名『潞涿君』……噗，超好笑的吧，哈哈哈：『潞涿』耶……嚕嚕嚕？好笑吧？」

這邊「潞涿君」其實是「露啄君」，就是只嘴巴沒鬍鬚覆蓋的意思，恰恰就指著不長鬍鬚的劉備。劉備當然覺得這個笑話不好笑，但偏偏話題是他自己挑起的，他只得將一口氣壓下來，暗暗在心底為這個大鬍子張裕點油做記號。

吃吃喝喝說笑話之餘，正事還是得辦。首先是最重要的政治儀式「互表」，劉備表劉璋為代理鎮西大將軍，領益州牧，劉璋則表劉備為代理大司馬，領司隸校尉。「鎮西大將軍」這個頭銜在這邊首度發明，也不知道它是「鎮西將軍」的加大版，或是「大將軍」的鎮西版，但無論如何都比劉璋現在掛的振威將軍大多了。蜀漢之後維持了鎮西大將軍這個名號，姜維便曾經掛過這個頭銜⑯。

實質措施部分，劉璋安排劉備進駐北方的葭萌，同時督領駐於白水關的白水軍。葭萌與白水都是蜀地北方的重要關隘，再往北便是張魯的老巢陽平關，屬於一級戰區，原本統率白水軍的將領楊懷與高沛都是劉璋麾下的重要將領，劉璋大手筆地將這支部隊交給劉備，足見其推心置腹的誠意。

⑯根據PTT網友指正，「鎮西大將軍」應是鎮西將軍加大版，這一頭銜可能略大於鎮西將軍，但仍在衛將軍之下。話說漢末以亂世，頭銜相當重要，原本東漢制式的將軍頭銜都有加大或變種的情況，簡單整理如下：

東漢制式將軍頭銜	三國時變種將軍頭銜	例示
大將軍	左、右大將軍	蜀漢右大將軍閻宇
驃騎將軍	左、右驃騎將軍	蜀漢右驃騎將軍胡濟
車騎將軍	左、右車騎將軍	蜀漢左車騎將軍張翼、右車騎將軍廖化
衛將軍	無	
前後左右將軍	無	
四征將軍	四征「大」將軍	曹魏征東大將軍曹休、蜀漢征西大將軍魏延
四鎮將軍	四鎮「大」將軍	蜀漢鎮西大將軍姜維、曹魏鎮東大將軍 毌丘儉

除此之外，孫權還發明了一個比大將軍更高一階的「上大將軍」做為陸遜的頭銜。

除了軍隊以外，劉璋另外奉送劉備米二十萬斛，馬匹千乘，車千乘，其他布匹錦緞等奢侈品更是不計其數。

就這樣，度完蜜月後，劉備「有呷又有抓」地帶著三萬人馬啟程前往葭萌，執行他生涯中最後一次看門狗的任務。

劉備抵達葭萌後並沒有對張魯開戰，而是做起他最擅長的群眾工作，反正大部份的經費都可以向成都報帳，劉備也是樂得做順水人情，大撒公關費，收攏民心，這樣一耗就是一年。

「皇帝不急急死太監」，看著劉備慢吞吞的樣子，年輕的龐統坐不住了，他告訴劉備：「現在我們的情形，一定要快點採取行動。挑選精兵組織特遣隊，全速進兵偷襲成都，劉璋平常不重軍事，又沒有防備，我們一戰可定，這是上計。」

龐統頓了頓，看劉備沒有表情，又說：「白水軍的楊懷、高沛都是蜀中名將，手握強兵，據守關隘，我聽說他們曾數次建議劉璋將我們遣返回荊州，我們現在只要主動告訴楊、高二人，說荊州有事，我們將撤軍，他們一則仰慕您的威名，二則又高興您要離開，一定會輕裝前來，到時我們將這二人拿下，併吞他們的部隊，向成都開戰，這是中計。」龐統呼了口氣，說：「要不，我們就應退到與荊州交界的白帝，建立和荊州的補給線，慢慢地和益州耗，這是下計。要是我們什麼都不做，一直耗下去，一定會被困死在這地方。」

劉備動作慢也不是第一次了，在龐統的催促下，他終於決定採取行動，或許還受懾於劉璋在涪城之會中展示的兵力，劉備否定了龐統大膽的上計「成都奇襲計畫」，決定以中計「併吞白水軍計畫」進行，而時機湊巧，北方的曹操又為劉備製造了一個好的藉口。

當劉備在益州享受的時候，曹操倒是忙得不可開交，他在建安十六年花了一整年搞定了馬超、韓遂等割據長安的涼州勢力後，並沒有如先前所宣告的進軍漢中，反倒是在三季的修養後，發動號稱四十萬的龐大軍力，討伐孫權。

曹操這種忽東忽西的打法令人摸不著腦袋，若說是要攻孫權之不備，那顯然曹營內部的保密作業沒做好，孫權陣營早在一年前便得到曹操進攻的消息，將首府遷到秣陵，也就是今天的南京，沿長江做好佈置，結果兩軍僵持了幾個月，經過幾次小型接觸後，建安十八年春天，曹操便知難而退了。

曹孫的交戰結果對劉備其實無關緊要，只要曹操有發兵就可以了，建安十七年底，劉備通知成都政府：「孫家和我唇齒相依，現在有難，我不救不行，再加上樂進和關羽在青泥（襄陽南方）一帶對峙，如果我不回去，樂進一定會勝（按：還真瞧不起關羽），到時侵犯益州，危害必大於張魯。張魯不過是個自守之賊，沒有什麼必要憂慮，因此，我決定返回荊州救援，請州牧再給我一萬兵，還要有若干若干的物資，讓我們聯手，痛宰萬惡曹軍。」

劉備這套撤退的戲顯然做得很逼真，近在白水關的楊懷、高沛與遠在成都的劉璋都信以為真，劉璋還當真送了四千兵和一些物資給劉備，而楊懷與高沛也禮貌性地前來葭萌，為名義上的長官踐別。

但假動作做太真也是會騙到隊友的，在成都的張松便誤以為劉備真要撤出，趕緊發了個密函給劉備和法正，內容大至上是：「眼看大事可成，怎麼會在這時候要撤退？」

這下要出事了。

翻臉

過去這兩年來，同樣身為州從事的張肅一直清楚他老弟張松正幹著賣主求榮的勾當，他保持沉默，投機地希望能沾點好處；然而當撕破臉的時點逐步逼進，張肅發現他越來越難保持冷靜。那天，城外傳來消息，說劉備已準備率軍撤回荊州，張肅心底一涼，他換了件便服，悄悄地走過張松的書房，出家門後隨便撿了匹馬，直往劉璋官邸馳去。在那一剎那，張肅想到的是他身為家族長的責任，為了保護整個家族，他必須這麼做。

建安十七年底，張肅向劉璋通報了張松通敵的陰謀。有如此關鍵的證人作證，張松完全沒有辯護的機會，很快便以叛國的罪名被處死正法。可憐這位陰謀家機關算盡，卻落得被自己的親哥哥出賣的下場，想必是死不瞑目。

但更不能闔眼的是劉璋，他這才大夢初醒，痛心地了解過去的一切的善意都是謊言，他緊急採取行動，傳令各關隘，不得讓劉備的部隊通過。

都已經翻臉了還採取那麼溫和的措施，劉璋要不就是自信太過，要不就是好人病中毒太深。但劉備可沒那麼客氣，他聽聞他的「內主」被殺後，了解已到決裂的關頭，必須快速行動，他開始宣傳劉璋所提供的物資不足，虧待傭兵，藉此激怒荊州軍團；同時他又斬殺了倒楣的楊懷與高沛，將白水軍將士的親屬逮捕為人質，裹脅白水軍造反。

建安十七年底，劉備正式和劉璋決裂，命令黃忠、卓膺領著荊州兵團為前鋒南下，他自己則帶著新收的白水軍後上，只留下中郎將霍峻帶少量士兵留守葭萌。

劉備的造反必然在成都中引起軒然大波，「引狼入室」、「我早知道」等馬後炮四處亂放，唯一比較有建設性的意見，是由一位智囊鄭度所提出的，他告訴劉璋：「劉備的軍隊不滿萬人，軍資不足，只能就地取食，對付他們最好的方法就是將巴西、梓潼的人民遷到涪水西岸，燒毀一切的作物糧倉，堅壁清野，不要和他們作戰，這樣不過百日，敵軍撐不下去必將撤退，我們趁機追擊，必能擒獲劉備。」

這個焦土戰略雖議很快傳到劉備的耳中（可見成都小朝廷內已佈滿劉備的耳目），劉備對這計狠招相當憂心，趕緊找法正商量，法正冷笑著安慰劉備道：「安啦，劉璋不可能用這招，不用擔心。」果然劉璋在一番考慮後，告訴鄭度：「我只聽說拒敵以安民，沒聽說擾民以避敵的。」否決了這項建議。

然而劉璋雖然不用鄭度之計，他所安排的「誅備大陣」也是毫不含糊，他在成都北方建立起三道防線，第一道涪城，由中郎將吳懿以及精英將領劉璝、冷苞、張任、鄧賢等防守；第二道綿竹，由幹練的護軍李嚴和參軍費觀督領各軍；第三道雒城，由劉璋的兒子劉循親自戍守。劉璋又通令巴郡太守趙筰與嚴顏固守江州，切斷劉備和荊州老巢的連繫；最後是一道釜底抽薪，由將領向存、扶禁率萬餘人沿閬水進軍，直指防守薄弱的葭萌。

劉璋隨手一揮就能動員這麼多支部隊，證明蜀中人力資源充沛，也反映了他當權十餘年所建立的行政效率；然而蜀軍無論是戰力或戰意都遠低於劉備軍團，整個「誅備大陣」在劉備的強獸人軍團面前，完全不堪一擊。

劉備自葭萌起兵後便採取閃電進軍，繞過由王連駐守的梓潼，竟趕在成都援軍到達之前進佔了涪城，形成以逸待勞的局面。涪城蜀軍的統帥應是吳懿，他是陳留人，當年隨劉焉入蜀，妹妹又嫁給劉璋的哥哥劉瑁為妻，官拜中郎將，世交加姻親加高級官位（劉璋帳下只有兩位中郎將，一個是征東中郎將趙韙，另一位就是吳懿），吳懿可以說是蜀中數一數二的人物，劉璋將第一線的任務交給他，自然是期待頗深。然而天曉得吳懿是吃了什麼藥，面對搶先一步的劉備，他竟然不戰而降，拱手將精銳部隊送上；這使得其他在涪城附近負責阻截劉備的部隊頓失統帥，包括劉璝、冷苞、張任、鄧賢等軍一一被劉備擊敗。

於短短一、兩個月內，涪城以北的半個蜀地盡入劉備手中，此下他的兵鋒距成都不到一百五十公里，等於是宣告劉璋失敗了一半。劉備也清楚這事，他攻陷涪城後，舉行了一場盛大的慶功宴，在宴席上，劉備半醉地對龐統說：「今天這場宴會，才真的叫爽啊。」龐統搖了搖頭，唱反調道：「以攻打人家的國家為樂，不是仁者之兵。」劉備正在興頭上，被潑了一盆冷水，不禁怒道：「以往武王伐紂，還不是前歌後舞？這不叫仁者之兵？你說這話太不像話了，快快滾出去！」龐統知道是主子醉了，沒說什麼便離席，過了一會兒，劉備感到後悔，又請龐統回來，龐統就當作沒剛剛一回事似的，自顧自地吃喝，劉備倒是耐不住，問龐統道：「剛剛我們那樣子，是誰的錯？」龐統道：「兩個都有錯。」劉備大笑，一切就這樣過去。

《三國志》中納入這段記錄，多少是要呈現龐統能諫，劉備能改的美德。以之前劉備拖拖拉拉的舉動看來，他對於攻蜀一事應該感到很大的壓力，直到取得涪城後才算鬆了口氣，會有這種「爽哥」的發言，也不會令人意外。

令劉備很爽的還有後方葭萌的戰事，向存、扶禁二將率一萬多人攻打葭萌，霍峻手上只有數百人，但兩軍相持將近一年，不分勝敗。最後霍峻趁敵軍戒備鬆弛，主動開城迎戰，結果蜀軍大敗，再也無力威脅劉備後方。

劉備在涪城稍事休息後，隨即揮兵南下，進軍綿竹。當時的綿竹令是益州犍為人費詩，軍隊則由李嚴與費觀共同率領。李嚴出身荊州南陽，原本在劉表麾下擔任儲備幹部，歷任各郡縣職務，建安十三年曹操下荊州時，李嚴剛好在與益州交界處的秭歸，他不願投降曹操，於是西入益州，得到劉璋重用為成都令，以才幹著稱。劉璋會在這個緊要關頭用李嚴都督綿竹，無非就是要倚靠他的能力，但他忘記了李嚴的背景，李嚴這種荊州反曹派人物，當年原本就該站在劉備那邊，只是因為地理位置才來到益州。現在隔了五年再相見，李嚴二話不說就向劉備投降，費詩、費觀也相應投降，劉備兵不血刃再下一城，連開兩個頭獎。

劉備部隊唱著凱歌繼續南進，來到成都北方最後一個據點雒城，在這邊，劉備終於遇到認真一點的蜀軍。雒城是廣漢郡的首府，由劉循負責，張任、劉璝等部隊在涪城戰敗後也紛紛撤退到雒城，整個據點約有萬餘人，戰力無論，至少這些士兵是有心抵抗外敵的。劉備幾番攻城都不順利，他審度局勢，決定採取長期消耗戰，他留下部分軍隊圍攻雒城，其他支隊則分別平撫周圍郡縣，同時他又傳令荊州，令荊州的後備隊入蜀支援，以牽制巴郡地方的部隊。

當時約當是建安十八年的夏天。

成都圍城

劉備入蜀後，荊州發生了一件大事，那就是孫夫人回娘家。

這件事發生得其來有自，孫權嫁妹的目的本來是要生兒子，結果劉備這負心漢竟將嫩妻留在荊州，單身入蜀，等於是宣告了孫權計畫的失敗。再加上後來劉備出爾反爾地攻打劉璋，更令孫權氣到髒話都罵出來了。孫權決定放棄用小手段奪回荊州的方法，他開始培養另一頭取代周瑜的鱷魚，同時為了萬全起見，他決定將自己的妹妹給接回來。

孫夫人對於自己任務執行失敗想必也相當懊惱，於是她將小劉禪一起帶上船，至少也有個東西好和哥哥交差。趙雲和諸葛亮知道此事後都嚇壞了，他們率軍沿著江水直追，最後終於截江阻住江東船隊，硬將劉禪給保了下來。

孫夫人回到江東後便不見記載，她並沒有像小說所寫的一樣，在夷陵戰後殉情自殺。以政治聯姻來說，孫夫人算是幸運，這段不美滿的婚姻只維持了兩年多，她離開時還年輕，又沒有孩子，讓她還有很多空間去追尋自己的幸福。

話說回荊州，建安十八年夏天，劉備從雒城前線下達指令，命荊州軍入蜀支援。軍師中郎將諸葛亮、征虜將軍張飛、牙門將軍趙雲，還有年輕有勇力的劉封於是率軍沿長江西上，將荊州留給襄陽太守關羽、長沙太守廖立、零陵太守郝普等看守。

諸葛亮等軍從東向西進軍的最主要任務便是掃蕩在巴地的劉璋軍團，其中最重要的一次交鋒是在巴郡首府江州，將軍嚴顏率軍對抗張飛部隊，結果嚴顏戰敗被俘，張飛要他投降，嚴顏於是說出了千古名句：「我州但有斷頭將軍，無降將軍也！」張飛大怒，下令將嚴顏推出去砍頭，嚴顏神態自若，說：「砍頭就砍頭，你生氣幹嘛？」張飛對這個不怕死的硬漢大為敬佩，於是便饒他不死，並引為上賓。

在《三國演義》中，「張飛義釋嚴顏」是一個精彩的橋段，張飛不僅用反間計擒獲嚴顏，又能壓低身段降服這位寧死不屈的老將，為「猛張飛」添上智謀與識大體的色彩，使這個人物更加討喜。不過這倒委屈了嚴顏，根據記載，嚴顏雖然沒死，但也沒有投降，他被「引為上賓」後就在歷史上失去蹤影，可能是被終身軟禁，做為劉備集團的活宣傳品，至少是保全了他寧死不降的氣節。文天祥正氣歌中所頌揚的「為嚴將軍頭」，正是為這位硬漢下的最好的註腳。另外一提，和黃忠一樣，歷史上的嚴顏也沒有特別老，全都是被羅貫中給寫老的。

荊州軍拿下江州後，隨即分兵兩路，由趙雲領一軍向西南的江陽進發，然後轉北攻打三蜀中的犍為郡；張飛與諸葛亮則走西北，目標是巴西郡與廣漢郡東部，兩軍最後將在成都一帶與劉備主力會師。這兩路攻擊雖然進行的不快，但都十分順利，張飛在廣漢郡德陽縣擊退了由張裔所率的成都援軍，其餘各地也都是所過戰克，趙雲也逐漸征服了犍為一郡。過了一年，到建安十九年底，這兩支部隊已逼近了成都。

鏡頭轉回雒城。雒城攻防戰仍陷於膠著，龐統或許是太急功心切，在一次攻城戰中太接近前線，竟遭流箭射中，當場壯烈陣亡，享年三十六歲。劉備對此大為痛心，提到都會掉眼淚，當時劉備官派的廣漢太守、荊州人張存素來不大服龐統，現在人死了，張存還是忍不住多說了一兩句龐統的壞話，劉備大怒，因此免了張存的官。

龐統一死，法正在劉備軍中的地位便重要了起來，眼看軍事攻擊陷於膠著，他決定採取政治手段，直接發信勸降劉璋。這封文情並茂的信內容十分豐富，開頭法正先幫自己拿定一個立場，他表示，劉備劉璋兩家會搞到這樣反目相向，都是法正他的錯，導致誤會，他因為不想讓劉備失望，所以只好站在劉備這邊，不過他對於舊主子劉璋還是牽腸掛肚，所以寫這封信是要為劉璋分析局勢，以盡「餘忠」。

法正接下去分析了攻守兩方的優劣，他寫道：「將軍身旁小人不懂英雄之道，不能衡量強弱局勢，以為劉備孤軍，無米無糧，一定可以以眾擊寡；然而自劉備發兵以來，每戰皆勝，蜀中各部已漸次被消滅，現在雒城雖有萬餘人，但將士水準低劣，一旦決戰，根本不是對手。若要打長期消耗戰，現在劉備軍大營已固，米糧也已囤積，相反的，將軍您治下土地越來越少，人民越來越往劉備這邊靠攏，所供應資源也越來越缺乏，若要打長期戰，恐怕是將軍的資源先枯竭。另一方面，張飛等軍已入犍為，三路齊發，蜀軍如何能擋？此外，益州道路已與荊州相通，荊州還有更多援軍，若再加上孫家的盟軍，劉備的後備實力完全無虞。現在劉備已取下巴東、廣漢與犍為三郡，巴西也即將淪陷，益州最精華的蜀地已遭破壞，東方和北方的重要關卡魚腹與白水都被攻陷，將軍您孤守成都與雒城，指揮著越來越少的居民，勝敗之勢不言可喻。」

最後法正以感性的筆調寫道：「將軍您身邊參謀只是苟且偷安，不肯用心抗敵，到時劉左將軍大軍壓境，您的左右必定背叛，可能還會危害您的家室；法正我雖承擔不忠的罪名，但自認為並沒有違背聖賢道義，劉左將軍還是懷念舊情，並沒有加害之意，您可以考慮『變化』一下，以保護家族。」

有此文筆，有此嘴炮功力，難怪法正會繼龐統後成為劉備的新歡。

法正這封信是否有打動劉璋不得而知，但大約就在勸降書寄出的同時，雒城攻防戰已到了最後的關頭。建安十九年夏天，州從事張任率領著雒城守軍出城，和劉備軍在雁橋進行悲壯的決戰，結果蜀軍依舊不敵，張任被俘虜。劉備希望張任投降，但張任卻義正嚴詞地答道：「老臣絕對不事二主。」劉備只好將張任處斬，深為嘆惜，而雒城也在不久後淪陷。

張任是蜀郡的張家班出身（張松、張肅、張裔、張裕都是蜀郡人），他的家境貧寒，靠著「膽勇」晉身為州從事；在《三國演義》中，作者大概覺得蜀中無名將，缺乏對抗性，所以把張任塑造成一級強將，不但在落鳳坡掛掉龐統，還幾度圍困劉備，讓諸葛亮做出「先捉張任，後取雒城」的超高評價，但在歷史上，他和劉備兩次作戰都失敗，在帳面上能提的，大概就是他最後寧死不降的氣節吧。很遺憾的是，比起嚴顏，張任真的是為盡忠而掉了腦袋，但偏偏文天祥沒記著這段，使張任的熱血少了偉大的歌頌者。

雒城一陷，成都已成孤城，劉備大軍繼續南下，適時與張飛、趙雲、諸葛亮等軍完成「成都大會師」。自成都城樓瞭望，四面盡是劉左將軍的旌旗，鋪天蓋地，聲勢驚人，工兵沿著包圍線挖出一道道的壕溝，雲梯、投石車在各陣營中緩步移動，聲響動人心魄。

但成都並不是那麼簡單的城市，當時整座城池還有精兵三萬人，米糧輜重可供一年之用，最重要也是最難得的，成都的官員百姓都是二牧政權的死忠子民，他們願意殊死抗戰，對抗那些不義的侵略軍。

如果說一萬名死戰的雒城人可以撐一年，那三萬名死戰的成都人勢必能帶給敵人更大的傷害，劉備也明白這一點，他築起包圍圈，鎖住個座孤城，期待圍城的壓力能摧毀成都人的意志。然而這個戰略並沒有成功，兩個月過去，成都依舊堅守，而於此同時，隨著北方夏侯淵逐步平定涼州亂事，時間壓力也漸漸地轉移到劉備這邊。

就在這個時候，一支生力軍，或是說一個人的加入，改變了整個局勢。這個人並沒有貢獻什麼奇謀詭計，也沒有為成都攻防戰流下一滴血汗，他僅僅是出現而已，便已摧毀了成都人抗敵的決心。

這個人名叫馬超。

天煞孤星

馬超也是《三國演義》中重點塑造的人物之一，基於幹爆曹操的都是帥哥的原則，馬超在演義中的形象可是「面如傅粉，唇若抹朱，腰細膀寬，聲雄力猛」、「獅盔獸帶，銀甲白袍」，連呂布、孫策、周瑜都沒能享有那麼多帥氣的形容；他興兵雪恨，在潼關將曹操殺得棄袍割鬚，「許褚裸衣鬥馬超」與「葭萌關張飛大戰馬超」這兩個經典的單挑橋段，更將馬超的武藝高強描寫得栩栩如生。在故事中，馬超是個集帥氣、勇猛、忠孝於一身的悲劇英雄。

歷史上的馬超悲劇成分要多過於英雄成分。他的父親馬騰是個低賤的漢羌混血，出身於司隸右扶風茂陵縣[17]，和劉備一樣，馬騰也是白手起家，靠著從軍討伐民變的功勞，一路升到涼州的軍司馬。西元一八四年，黃巾之亂帶起了涼州廣大的亂事，先有北宮伯玉、李文侯起兵湟中，再來是韓遂、邊章加入奪取了金城，另外還有宋建在枹罕稱「河首平漢王」，整個涼州完全脫離東漢政府的掌握，東漢政府前後派了皇甫嵩、張溫、董卓等人率兵征討，都沒有辦法討平涼州亂事。

馬騰當時雖任政府軍官，但他倒沒有強烈忠黨愛國的情操，他選擇踏上叛亂的一條路，並很快地成為涼州亂軍的中堅份子；董卓當政時，曾一度拉攏這批實力龐大的涼州亂軍（韓遂部隊號稱十萬），但接下來郭汜、李傕政府卻和馬騰、韓遂鬧翻，雙方於一九四年在長平觀大戰一場，馬、韓戰敗退回涼州，隨後又趁郭、李被斬殺之際返回三輔地區，霸佔關中，互相攻殺不已。

官渡之戰時，曹操以鍾繇為司隸校尉安定關中，拜馬騰為征南將軍，韓遂為征西將軍，韓馬集團就此臣服於曹操，馬騰還派兒子馬超、龐德協助攻擊袁紹控制的并州。建安十三年，曹操拜馬騰為九卿之一的衛尉，負責宮廷守備的工作，馬騰欣然等著兒子馬鐵、馬休來到許都任官，將關中的軍隊交給官拜偏將軍、都亭侯、當年約三十二歲的馬超統領。

相較於老爹一心臣服於曹操，馬超就顯得有野心許多，他年輕、勇猛而且有政治手段，他能拉攏羌人，甚至幾度和劉璋聯繫，希望雙方能合作。建安十六年三月，曹操對張魯宣戰，這意味著曹操大軍將踐踏過關中的土地，關中方鎮無法接受這樣的安排，於是馬超不顧老爹兄弟都還在許都當官的風險，糾集韓遂、侯選、程銀、李堪、張橫、梁興、馬玩、楊秋、成宜等十部方鎮，軍隊人數達十萬人，進駐潼關，公開與曹操叫陣。

曹操在七月時親征關中，在潼關一帶和十部聯軍纏戰三個多月，最後靠著「抹書間韓遂」之

---

⑰右扶風、左馮翊、京兆尹三個行政區合稱「三輔」，含括長安一帶，

計，離間馬超與韓遂，趁勢大破十部聯軍；馬超與韓遂退回涼州，長安終於又回到帝國政府的治下。建安十七年，曹操為了懲罰馬超叛亂，將馬騰一家二百餘口全部處斬。

不過馬超並沒有就此退隱江湖，建安十七年八月，他率領涼州羌軍捲土重來，襲捲隴右地區，殺涼州刺史韋康，並擊敗前來救援的夏侯淵部隊，佔領冀城，自為征西將軍、并州牧、都督涼州軍事，威震西土。但這樣的好景維持不到一年，建安十八年底，涼州官吏楊阜、姜敘等聯手婊了馬超一道，令馬超頓失冀城地盤，只能向南投奔張魯，而他留在冀城的家屬，同樣遭到滿門抄斬的悲慘待遇。

馬超來到漢中時是建安十九年，正月元旦，在他身邊唯一一位倖存的馬家人馬種來向他拜年，馬超忽然悲從中來，吐血狂嘯道：「一家百餘人，一夜全喪命，竟只有我們兩個互相拜年？」⑱

然而馬超的悲劇尚未結束，來到漢中後，他在張魯的支持下向涼州進行了幾次反攻，但都沒有成果，張魯底下的將官也開始排擠這位外來者，建安十九年底，馬超開始和劉備接觸，他再度拋下自己的妻子兒女逃亡，從武都逃入青海的氐族部落中，準備往成都去投靠劉備。

馬超留在漢中的妻兒，隨著張魯投降又落到曹操手中，最後妻子董氏被賜給閻圃，兒子馬秋則被張魯所殺。

在《三國演義》中，馬超起兵是為了報仇雪恨，但在歷史上，卻是馬超的舉措害死了他的父母兄弟滿門，西晉史家孫盛便稱馬超的行為是天下最「酷忍」的行為。不過，站在馬超的立場，興兵

⑱馬超還有一個大家比較熟悉的族弟馬岱，最後有與他入蜀，不過可能這時候不在漢中，未見有他的記載。

叛曹或許是不得不之舉，若讓曹軍越過潼關，關中險要盡失，他做為關中方鎮之一，也無法違逆眾意。從血緣關係較遠的家族，到家庭，到妻兒，一次又一次被敵人所屠戮、凌辱，到最後孑然一身流浪異鄉，或許這就是馬超身為亂世梟雄天煞孤星的命格吧。

話說回劉備，他知道馬超在北方被曹操擊敗後，就派遣益州人李恢去漢中和馬超接觸，當在成都圍城的指揮部裡收到馬超投誠的消息時，劉備不禁大喜過望，笑說：「看來益州終究是我的了。」他了解馬超此下沒多少人馬，於是他先請使者通知馬超留在原地，然後另外派了一支部隊，偷偷地前往氐中接受馬超的指揮。

約是建安十九年秋天，馬超率領著這支「假馬家軍」來到成都，進駐城北的包圍圈，馬超與劉備聯手的消息瞬間就傳遍了整個成都城，城中百姓無不「震怖」。可能因為與北方的通路被劉備佔領，成都人並不知道馬超已是窮途末路，對成都人來說，劉備的荊州兵團便已是打遍蜀中無敵手，更何況是那些以人頭為枕、用人血漱口的西涼兵團，而且還是勇猛殘酷的馬超親自率領。成都人誓死守城的決心，在劉備製造的恐怖氛圍下崩潰了。

看著那些無助的市民，劉璋也決定放棄了，他告訴那些意志仍堅定的屬下：「我們父子在益州當權二十餘年，對百姓一點恩德都沒有，現在這場仗已打了三年，許多人喪生荒野，都只是為了我，唉，這叫我怎麼安心？」他派出張裔前往劉備陣營表明意願，劉備也派簡雍回禮，在馬超抵達成都後兩周，成都便高掛白旗，宣告投降，劉璋左右無不痛哭。

劉備辛苦征戰三年，所等的就是這一刻，我很難想像他再與劉璋見面時的心態，是一種征服者的快感，或是一種背叛者的愧疚，或是兼而有之的複雜情緒？無論如何，劉備對劉璋保持了一定程度的禮遇，讓他重新掛回振威將軍的抬頭，保留他大部分的財產，然後將他遷到荊州的公安，從此遠離益州土地。

就這樣，建安十九年，西元二一四年年底，益州長達二十六年的二牧政權宣告終結，劉備入主成都，成為新一代的益州之主。回想當年當陽慘敗，劉備一批殘兵敗將，惶惶如喪家之犬，幾乎性命不保，想不到六年之後，他已成為南方兩大州數百萬黎民的統治者，十餘萬大軍的統帥，與曹操、孫權鼎足而三，人生的波折劇烈，莫過於此。

正所謂「贏要衝，輸要縮」，五十三歲的劉備自然不會在這邊停下腳步，他將乘著這股上升氣流挑戰自己生命中最大的敵人，迎接那前所未有的榮光。

第七章

三八縱橫

第七章　三八縱橫（215～219年，劉備54～58歲）

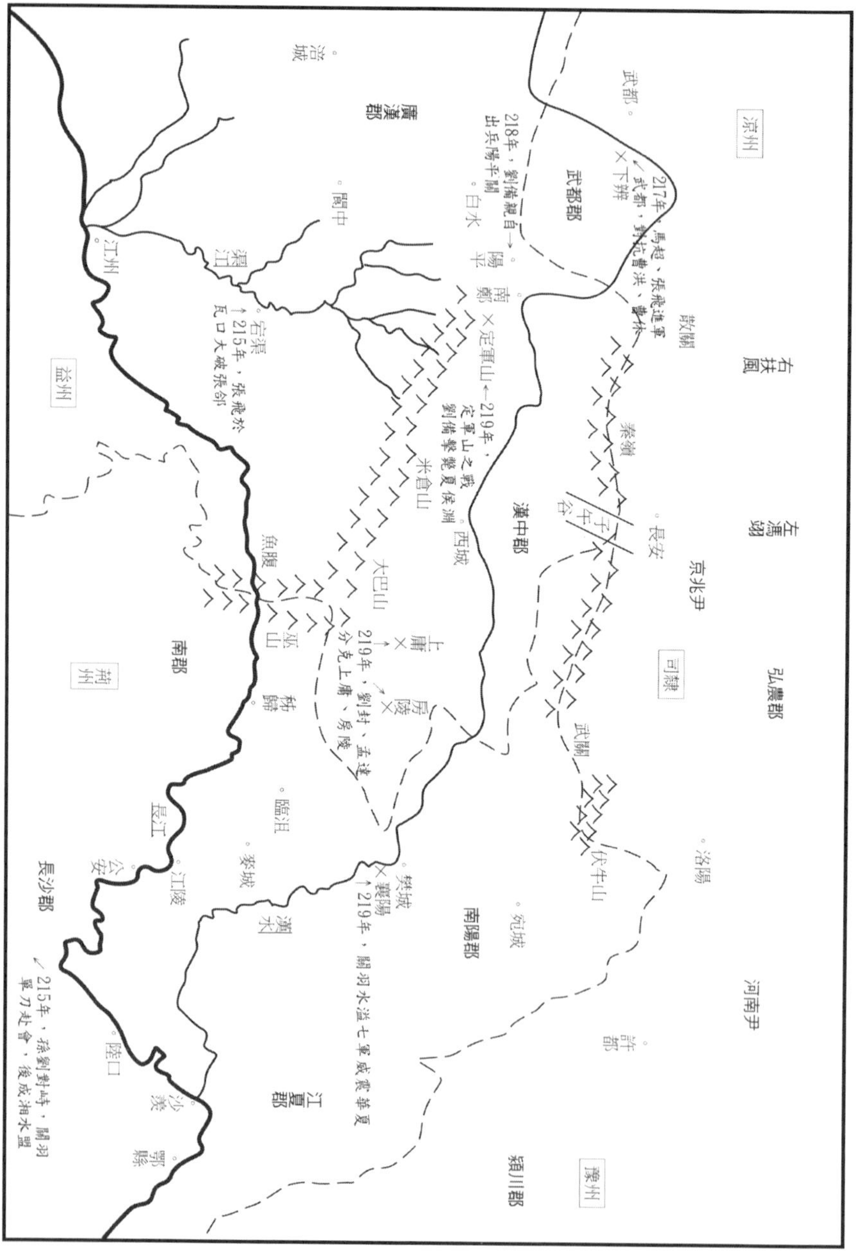

征服者姿態

「圍城」是人類所能創造規模最大的煉獄，除了城內的守軍和居民倍受壓力外，圍攻的士兵同樣也活在苦難之中，他們被驅策著日復一日地撲向那高聳的堡壘，看著鄰兵被利箭射穿胸膛、被石頭砸破腦袋、或被滾油燙成畸形的怪物，而且誰也不敢保證自己是不是就是下一個。一天，十天，一個月，一年，泥濘的壕溝與屍體的腐臭逐漸成了生活的一部分，活著的人每一步都會踩過曾是同袍的骸骨，但那堡壘依舊在，城上依舊是那批殘酷的守軍，或者是說，兇手。

就因為圍城的巨大死傷與壓力，當攻陷城池後，屠城其實是一件再自然不過的事情，基層士兵不可能在一瞬將城中的百姓由敵人變成朋友，對士兵們來說，城裡的人都是兇手，將他們殺光、強暴女人、搶奪財物，不只是歷經煉獄所應得的報酬，更是為之前犧牲的夥伴實現正義。誰阻止屠城，就是偽善、鄉愿，包括他們效忠的領袖也不例外。

成都是歷史上被屠過最多的城市之一，不過在西元二一四年政權易主時，劉備的軍隊並沒有太大的戰損，也免去了一場劇烈的「征服者 vs 被征服者」間的衝突，然而劉備仍得用一定程度的掠奪滿足他的荊州軍團；早在發兵攻劉璋時，劉備便告訴他們士兵：「一旦大事抵定，成都府庫中的財貨隨便你們去拿，我不會干涉。」

荊州兵團在歷經涪城盛宴後，都可以想像成都府庫中的光景，這或許也是他們在三年間戰無不勝的原因之一。

攻下成都後，劉備首先大開慶功宴慰勞士兵，但將士們可不是吃吃喝喝就滿足了，他們就記著主公先前的承諾，馬上拋下武器，開始搜括成都官庫內的財寶，而劉備也很阿沙力地任他們搬；甚至他還想將成都內外的房屋與田園賞賜給將士，但這行為被趙雲勸住了，趙雲很務實地告訴劉備：「現在天下未定，將不動產分給軍人，只會讓他們懈怠安逸，想安定成家，不如發還給蜀中百姓，讓他們耕作，我們抽調稅賦即可，既有收入，又可以讓百姓開心。」劉備這才將那個「內豐財施」的裏．劉備收回來，放棄了這項企畫。

對基層將士都如此慷慨，劉備對於高級幹部當然就更大方了，四大功臣首先出列，諸葛亮、法正、張飛及關羽受的賞賜最高，各賜黃金五百斤，白銀一千斤，錢五千萬，錦千匹。單以黃金而言，二〇〇九年國際平均黃金價格每盎司九百七十二美元，每盎司黃金約為三一點一〇三五公克，東漢一斤約當於現在二五〇公克，以此換算，單這四位的五百斤黃斤就相當於三百九十萬美元，即一億兩千五百萬新台幣，而且顯然這些賞賜是不用繳稅的。至於其他有功者也依其功勞，賞賜各自多寡不一。

分錢之後，就是分權。和所有的征服集團一樣，最嗆秋的位置總是留給叛徒；蜀奸一號法正貢獻最大，直升揚武將軍，領蜀郡太守，掌管益州最精華地區，成為「外統京畿，內為謀主」的一號人物；蜀奸二號孟達則拜為荊州宜都太守，鎮守荊益要衝；蜀奸三號吳懿則拜為討逆將軍，劉備並在法正的慫恿下，娶了吳懿的妹妹（就是之前嫁給劉瑁那個，劉瑁已死多年），也就是後來蜀漢的穆皇后。另外還有一位不算蜀奸的彭羕，他是廣漢本地人，原本不受劉璋重用，在劉備起兵後透過龐統介紹進入劉備陣營，負責文宣政戰之類的工作，現在劉備自領益州牧，就以彭羕為治中從事，為州府副座。

蜀奸們的地位雖然亮眼，不過軍政實權仍握在劉備的老班底手中，尤其是荊州集團。諸葛亮從軍師中郎將升了一等變成軍師將軍，劉備讓他「署左將軍府事」，等於劉備幕府下最高的行政官；巴蜀北部防禦的重責大任則分別交給霍峻和張飛，劉備將廣漢郡北部分割成立了梓潼郡，由霍峻為梓潼太守，續守葭萌；張飛則取代了龐羲為巴西太守，準備面對亂糟糟的大巴山區（龐羲應早就投降劉備，只擔任營司馬一個小職）。另外，黃忠封討虜將軍，趙雲封翊軍將軍，劉封封副軍中郎將，原本只是一等兵的魏延，則一口氣直升牙門將軍；劉備的老班底糜竺、孫乾、簡雍也各官拜將軍。另外三蜀中的廣漢郡太守一職，則交給一個叫夏侯纂的舊部；關於夏侯纂背景不詳，但從他和秦宓的互動，可以判斷他一定不是蜀人[19]。

除了以上兩類功臣外，還有一類人士在劉備底下獲得跳躍性的重用，在定義上他們是東州集團，但我更想將他們稱為「旅蜀荊州人」；由於劉焉家族就出自荊州江夏，因此吸引了許多荊州人士入蜀仕官。這些旅蜀荊州人一方面熟知巴蜀民情，另一方面又能夠和荊州統治集團溝通，於是成為劉備和巴蜀本地最好的橋樑。

這其中最受重用的是蜀奸四號李嚴，他拿到了三蜀中犍為太守的重要位置，另拜興業將軍；另外一位是董和，他是南郡人，原本任益州太守（益州郡和益州是兩碼子事，益州郡約在今天雲南一帶，後來改名為建寧郡），劉備將他升為掌軍中郎將，和諸葛亮共同管理左將軍府事，等於小內閣

⑲根據《三國志秦宓傳》的記載，夏侯纂當上廣漢太守後，聘用當地人秦宓為五官掾，請前往秦宓家中詢問「貴州」事務，可見夏侯纂一定不是益州人。

成員；董和的兒子董允在後來的蜀漢政權中也倍受重用，列名為「四相」之一。

除此之外，費觀、費禕、鄧芝、王連、呂乂等旅蜀荊州人，也受到劉備與之後的蜀漢政府相當的重用。最後就是劉巴，他入蜀才短短幾年，應該還不算旅蜀荊州人派別，但他超強的名聲讓劉備迷惑，劉備於是讓他擔任左將軍府西曹掾，主管幕府人事。

相較於以上三類人馬，益州本地人的待遇就差多了，比較顯赫的升遷是黃權和張裔。黃權之前被劉璋外放為廣漢縣長，現在劉備將他小升為偏將軍，和張飛共守巴西要塞；張裔則被任為巴郡太守。

正所謂「豫州入川，荊楚人貴」，建安十九年底，西元二一四年，這個由新舊荊州人所控制新成都小朝廷正式建立，它將統治益州達半世紀之久；雖然益州本地人在之後蜀漢政權中所扮演的角色日漸重要，但政府實權始終是掌握在荊州人手中，這和東吳政權的「江東化」形成一個強烈對比。

這樣的「省籍問題」是導致蜀漢滅亡的原因之一，而單以目前而論，這種外來政權結構，也必然會引起益州豪族的反動。

更何況劉備入蜀之初還遇上一些財政問題。

諸葛亮治術

之前劉備允許士兵從成都府庫搬錢當然是一種非常態的激勵措施，反正官庫也不是你家倉庫，一般百姓對此並沒有太多反應，但搬完之後問題就來了：政府沒錢。

劉備對此深感煩惱，向新成立的幕僚團諮詢意見，劉巴大概是想將功折罪，便告訴劉備：「這太簡單了，我們只要發行一：一〇〇的貨幣，同時平抑物價，派官員監管市場，這樣就搞定了。」劉備同意這劑速成特效藥，開始鑄造「直百五銖」錢，也就是新錢一元等於舊錢一百元，這樣沒過多久，成都府庫果然又再度充實。

劉巴的建議是以課「鑄幣稅」（Seigniorage）的方法支持財政，簡單來說就是政府直接印鈔票向市場買東西，在沒有成本的情況下，政府要印多少就有多少。在金屬貨幣時代，貨幣的價值是取決於金屬的成分，並不像紙鈔可以無限發行，劉巴是藉由虛增面額，達成鑄幣稅的效果。

經濟學課本告訴我們，貨幣數量的增加會造成貨幣貶值與通貨膨帳，這個理論同樣適用於古中國；之前董卓也搞過這一套，他發行相當於五銖錢重量六分之一的小錢（換句話說一元新錢=六元舊錢），結果導致北方物價飆漲，最後貨幣不能使用，退回以物易物的體制，要到魏明帝後才重新恢復五銖錢的制度。

「直百五銖」的邏輯也是一樣，但劉巴顯然比董卓更有經濟學概念，在大量增加貨幣供給的同時，他又進行「平抑物價」與「市場控制」兩項配套措施，以沖抵鑄幣稅造成的通膨效應[20]。

---

[20] 這一部份在網路上連載時，有網友提供了精闢的相反意見，他認為「直百五銖」並非虛增面額，反而是政府貼水，換言之面額五銖的直百錢，事實上含有超過五銖的含銅量；換言之，在這個時候，劉備政府缺的不是錢，而是糧草或其他物資，因此以這種補貼的方式向民間收購，也藉此提高民眾對政府的信心。詳文可見連結 http://forum.gamer.com.tw/C.php?bsn=06331&snA=13564（二〇一二・〇二・二十一最後瀏覽）。

我們看不大出來劉巴是如何「平抑物價」，或許當時成都府庫雖然沒錢，但糧草充足，因此在發行直百五銖時同時釋出大量官糧，緩和了糧價上漲的壓力；另外也有可能是直百五銖錢流通的範圍大（至少荊州與益州都能使用）。至於「市場控制」一節，則可能因為成都市場規模較小，配合諸葛亮的強力執法，使得物價控制在一定程度。總而言之，從歷史記錄看來，劉巴的政策除了「府庫充實」外，似乎沒有太多負面效果。

由於筆者是自由經濟主義信奉者，因此對於劉巴經濟管制的成效抱持比較懷疑的態度；劉備之所以要充實府庫主要是為了支持他的軍事行動，或許在劉巴的安排下，通膨情況已較為溫和，但對於長久生活在富足、低物價環境中的益州人民來說，這樣的改變勢必仍造成相當的困擾，若再加上前面提到的省籍問題，以及隨之而來的荊州、漢中之役，新成都小朝廷建立初期，蜀中百姓的生活應是承擔了很大的壓力。

然而劉備入蜀後，巴蜀地方除了小型騷亂外，並未再出現如當年賈龍、趙韙等本地實力派所領導的大規模變亂。我想這一切都要歸功於一位到目前都很低調的人物，諸葛亮。

現在《三國演義》的翻案論點總是喜歡貶低諸葛亮的地位，說他不得劉備的信任，在集團中的地位不如法正，連「謀主」的位置都沒有。但我想這種說法不僅低估了諸葛亮，也低估了劉備，在經過多年的歷練後，劉備已越來越清楚政治上用人的哲學，法正、孟達這種聰明又高傲的人物，劉備給他們漂亮的職位，讓他們提供天馬行空的奇謀，但要當整個政府的舵手，所需要的不僅是聰明，更要認真、負責、有紀律、肯吃苦，這種苦命加班到死的人物，當然是非諸葛亮莫屬。

這時候約三十二、三歲的諸葛亮仍算不上是個老練的政治家，他沒有太多挪騰縱橫的政治經驗，所依靠的武器只有嚴謹而細密的管理邏輯。所以諸葛亮選擇了法治，他先用邏輯訂定出合理而周密的法條，然後公平而嚴格地去執行。

劉備入蜀不久後，成都小朝廷就頒佈了「蜀科」，也就是蜀地的新刑法，由諸葛亮、伊籍、李嚴、劉巴、法正五人共同制定（注意，沒有蜀人），諸葛亮親自執行。據說諸葛亮執法嚴厲，從高層到小民都頗多抱怨，法正還為此向諸葛亮關說，表示政權新成立，強龍不壓地頭蛇，執法應寬緩一點。

諸葛亮搖頭對法正說：「二牧政府十幾年來從未強力執法，大家只會奉承拍馬屁，有力人士胡作非為，真的是司法已死。只會用酬庸的職位或金錢去收買人心，人家最後就不會希罕，蜀中亂象就是這樣發生的。現在我讓司法活過來，收緊執法標準，這樣人們才會感受到守法的好處，提供的賞賜最多不過爵位，這樣大家才會因賞賜感到榮耀，這才維持上下秩序的方法。」

這一段話可以看出諸葛亮的鐵腕管理風格，規矩至上，福利縮水。不過從「君子小人咸懷怨嘆」的反應看來，諸葛亮的執法顯然是公平的，沒有既得利益的問題，這至少能消弭了先前二牧政權下，東州人侵凌益州人的問題，也減少了一般小老百姓對嚴刑峻法的反感，反正一切都照規矩來，不分省籍，不分貴賤，沒有特權，所有的行為都有可預見的法律結果，這樣子日子雖然是苦，但至少不會是「只准州官放火」的苦法，大多數的百姓也就默默地接受了。

在接下來九年劉備在世的日子裡，諸葛亮一直都肩負著成都留守的重責大任，蜀漢政權的基本架構也在他手下逐漸完成。他以高效率的行政，使得前方征戰的劉備後勤無虞；他就像一個樂團中的 bass 手一樣，當主唱、鼓手、吉他手都已經發瘋隨興亂飆時，他仍穩定地彈著每一個 bass 音，維持歌曲的進行。

就在這套諸葛亮治術下，充滿矛盾的巴蜀地區逐漸安定下來，最終與蜀漢政權結合為一體。

不過要強調的是，諸葛亮或許為巴蜀民眾帶來安定的日子，但卻不是好日子，苛酷的刑罰伴隨著是沉重的賦役，從一個鎖國不戰的二牧政府，換成一個年年對外作戰的蜀漢政府，巴蜀百姓所承受的負擔可想而知。

巴蜀百姓很快就接受了第一次的軍事震撼教育，就在劉備入蜀的隔年，一次大規模的軍事行動啟動了，但這次的對手卻不是劉備宣傳已久的萬惡曹賊，也不是漢中妖道張魯。

這次的敵人是老盟友，孫權。

單刀赴會

在劉備攻略益州的三年之間，孫權在淮南一帶和曹操也糾纏得不亦樂乎，建安十八年初一場大規模的濡須口之戰讓江東群英見識到了曹操強大的復原能力，建安十九年中，孫權又主動出兵攻打曹操在皖城的基地，對於劉備在西方的行動無暇顧及。等到建安十九年底，孫權才獲得劉備併吞益州的消息，想到四年前劉備什麼「寧願自己披髮逃入山林也不讓江東攻打益州」的鬼扯，三十三歲的孫權不由得火上心頭，罵道：「xxx，老騙賊竟敢誆我！」

光罵髒話並不能解決事情，此時已是個成熟君主的孫權，很快便安排軟硬兩手措施，軟的部分由諸葛亮的哥哥諸葛瑾負責，而硬的部分，則交給一頭新培養出來的揚子江鱷，呂蒙呂子明。

呂蒙是豫州汝南人，出身低微，年幼就投靠在孫策帳下當差的姐夫鄧當，十五、六歲時，呂蒙年少氣盛，因口角殺了一個官員，後來自首免死，反而被孫策看上，留在左右。幾年之後鄧當過世，呂蒙繼承部隊的指揮權，他練兵嚴謹，深受孫權喜愛，在建安十三年攻打江夏黃祖一戰中擔任前鋒，立下大功，晉升橫野中郎將；在之後赤壁與江陵作戰中屢有功勞，升偏將軍，領尋陽令，鎮守荊州和揚州交界大門。

呂蒙原本是個靠實戰硬拼出來的士官，一直到觸發了「士別三日，刮目相看」事件後，才智力大增，從吳下阿蒙成為一個有戰略頭腦的將領。借荊州以後，呂蒙轉回東線，在濡須、皖城之戰中都立有功勞，受拜廬江太守，總管淮南要地，但他對西邊的荊州戰略一直情有獨鍾。早在借荊州之初，他就針對與孫劉兩家關係，向魯肅提出五項機密對策，現在借荊州也已經借了四年，孫小妹策略又失敗，孫權的耐心用盡，差不多是呂蒙這頭鱷魚游回荊州的時候了。

當時東吳的荊州事務仍由漢昌太守魯肅主管，由於孫、劉在荊州的界線並不明確，雙方部隊駐紮犬牙交錯，經常發生糾紛，魯肅總是盡可能維持兩家的和平，期望保持南方聯盟的和諧。不過孫權這口氣已經憋得夠久了，他已不在乎這種表面上的和諧，建安二十年初，孫權直接派諸葛瑾來到成都，先恭喜劉備領益州牧，緊接著就是單刀直入地告訴劉備：你得了益州，我們承認，不過也該是你把荊州還給江東的時候了吧。

當時劉備才在成都過完征服者的癮，馬上就收到這封存證信函，心下肯定是五味雜陳；要還荊州肯定是不可能的，但在道理上似乎又稍嫌站不住腳，最後劉備只好用了一個超爛的藉口，他告訴諸葛瑾：「等我們得到涼州之後，再還荊州吧。」

劉備這話一則默認了他有還荊州的義務，二則給人一聽就是藉口的壞觀感，實在沒道理，不過顯然劉備大概也找不到更好聽的交代了。孫權一聽這話果然是火冒三丈，他悍然採取單方面行動，直接宣稱擁有長沙、桂陽、零陵三郡主權，並派出官員上任，但關羽也不是會讓步的人，他馬上派兵驅逐所有江東官員；孫權自然也料到這種情況，這回他決定不退了，他召集兩萬大軍，直接攻打三郡，而統帥就是野心勃勃的呂蒙。鴿派的魯肅則率軍西上，進駐巴丘牽制關羽，孫權自己則前往陸口，坐鎮指揮。

呂蒙終於回到了他最喜歡的荊州，他的行軍速度極快，長沙太守廖立不及防禦，棄城逃跑，不知名的桂陽太守大概不是逃跑就是投降，只有零陵太守郝普稍微堅守，但不久也被呂蒙用賤招所騙，獻城投降。呂蒙於是輕取江南三郡，士氣大振，向北進駐長沙郡益陽縣，準備和劉備、關羽援軍一決死戰。

孫權出兵荊南消息很快地就震動了新成都小朝廷，對於荊州集團來說，荊州是家，怎麼樣都不能落入孫家手中，更何況他們才剛征服巴蜀，若就此退縮，恐怕再鎮不住巴蜀豪族，這個議題不容許反對意見，劉備馬上動員了他有生以來最大的兵力，由關羽先帶荊州兵三萬人前往長沙益陽爭奪三郡，他自己則從益州調動五萬人，快速地開回老巢公安，準備和孫家動手。

當時大約是建安二十年，西元二一五年上半年，在湘江兩岸，超過十萬名的士兵列陣對峙，曾經攜手擊敗強敵的盟友，已到了反目駁火的邊緣。

不過在這緊張時刻，和平大使魯肅仍未放棄以和平手段解決爭議的機會，他在益陽前線和關羽安排了一場面對面的會談，打算將一切是非曲直給講開；會談是採取「單刀會」的形式，也就是雙方的軍隊都停駐在百步之外，只由少數將領帶著貼身短兵器進會談。在《三國演義》中，羅貫中是寫關羽單刀去赴魯肅的會，後來有些翻過頭的翻案文章，又說是魯肅單刀去赴關羽的會，但其實這是一場平等的會晤，所有人都是單刀，沒有人在武裝或人數上佔便宜。

這場單刀會的過程很像港片中黑道大哥談判。魯肅大概就是口齒伶俐的「山雞」型大哥，他一見面就告訴關羽：「當初我們讓塊地盤給你，不就是看你們輸到褲子都沒了，暫時挺你們一下，現在你們拿了益州，不還荊州，我們退而求其次，只要你南方三郡，你也不肯，雲長哥，你說這公不公道？」

關羽就是那種嗓門大、但比較不會講話的「基哥」型人物，他反應沒那麼快，碰著魯肅說道理要想一下，這時旁邊一個不知名的小弟（不是周倉）就應聲了：「靠，佔地盤是靠實力的，哪有說你的就永遠是你的啊？」

魯肅一聽這話馬上變了臉，大聲罵道：「王八蛋，你算老幾，敢應聲！」（這句台詞是想像的），關羽心下多少感激那人幫他活絡場面，但被人搶了話還是失面子，他拔刀起身，大聲罵道：「這是國家大事，你們這些小的知道些什麼！快滾！」同時對那人使了使眼色，要他快點退下。經過這一亂，關羽順了順思緒，才對魯肅說：「嗟，當年烏林之戰，我大哥也是流血流汗拼命打，這才幹掉了那個王八蛋曹賊，這樣子換一塊地盤不行？怎麼，肅哥，你現在來跟我要地盤？」

魯肅冷笑道：「這什麼話？當年我和你家大哥在長阪碰面，你們人少又破敗，從街頭仆到街尾了，只想逃到交州去，哪有想到今天這番光景？是我家老闆看得起你大哥，捨得下土地，給你們一塊地方暫時蹲蹲，想不到你大哥虛情假意，今天偷我們的方便取了益州，現在連荊州也想整碗端去，這種事，一般人都沒臉皮去做啊，何況是當大哥的？」說到這邊，魯肅將語氣放緩，恢復讀書人的樣子，說：「我聽說，貪而無義，必有大禍，我們倆身負重任，如果不能幫忙分是非、辨對錯，只會帶不義之兵硬爭，又怎麼會有他媽的好結果呢？」

魯肅這番話說得又快又長，裡面的道理恐怕已經超過了關羽所能應答的範圍，關羽無言以對，最後，這場單刀會就以關羽的沉默收場；看起來，魯肅在會中狠刮了關羽一頓，確實是大快江東的人心；但話說回來，這場單刀會的實質意義很少，當時雙方的話事人劉備和孫權各在公安與陸口，要談也該是他們倆去談，魯肅自己就算把關羽的臉皮由紅罵到青，對於解決爭端並沒有幫助。

不過合作了那麼久，雙方多少還有點情義在，雙大軍在益陽對峙了數個月，一直沒有發生大規模的流血衝突；這期間關羽曾試圖採取積極攻勢、渡過資江，但被甘寧用咳痰給擋住了。一直到了建安二十年七月，劉備方面才出現了讓步的跡象。

劉備態度鬆動的原因很簡單，建安二十年，西元二一五年，七月，曹操擊敗張魯，進駐漢中。

再見曹操

張魯是個傳奇人物，他的祖父張陵本是北方陳留人，也曾是個士人，後來看破紅塵，躲到益州的鶴鳴山修道，道成後稱受太上老君賜寶劍與符籙，以「天師」之名降妖救世，遂在益州開壇傳道，信徒要先奉納五斗米，因此又被稱為「五斗米道」。

張陵過逝後，他的兒子張衡繼承天師之位，張衡之後又由張魯接手，他的道友張脩掀起益州的五斗米道之亂，一八九年才歸順劉焉，並在劉焉的安排下進軍漢中，使漢中南鄭成為五斗米道新的大法壇。

張魯的寡母是個法力高強的道姑，而且還駐顏有術，劉焉當時常常「拜訪」張魯他家，外面的流言可想而知（「唉，劉州牧真辛苦，都年紀一大把了，為了州事還要……真是難為他了。」）；但他們的下一代張魯和劉璋卻不對盤，劉焉一死，張魯就在漢中宣佈獨立，而劉璋也毫不客氣地將張魯的母親與家族全部斬首，巴蜀與漢中的仇冤就此結下。

張魯在漢中推行的是他的道教國家制度，他以老子的《道德經》為經典，不稱王只自稱「師君」，底下的幹部則依資歷為「祭酒」或「大祭酒」，一般信徒則稱「鬼卒」。他下令全面禁酒，春夏禁止殺生，犯罪者可先被赦免三次，輕者可以以社會勞動代替刑罰。他又設置義倉、義米肉等社會救濟措施，若有人妄取，則恐嚇會遭疾病。

張魯這個簡單又迷信的體制很快就被居民所接受，穩定的漢中平原也不斷吸引難民湧入，使得張魯勢力越來越大，帝國中央無力管制，只好給他一個漢寧太守的頭銜做羈縻之用。

曹操在建安十六年不小心說了一句「我想打張魯」後，引起整個關中、西涼軍閥的大爆走，曹操花了整整四年的時間才肅清帝國西疆，到建安二十年，西元二一五年，三月，張魯都等得打呵欠了，曹操終於帶著夏侯淵、張郃、朱靈等部隊來到陳倉，對五斗米道國正式宣戰。同年七月，張魯戰敗，丟失了陽平與南鄭等主要重鎮，退入大巴山區。

對劉備來說，孫權是對手，曹操是仇人，掉了荊南三郡了不起是被對手打敗，但掉了漢中和巴郡，可是會被仇人割喉。在那一個當下，劉備權衡輕重，決定以巴蜀為先，他立刻派出使者前往陸口通知孫權和談事宜，而孫權一看劉備願意談，也馬上將鱷魚呂蒙關起來，放出「和平之驢」諸葛瑾前往公安進行談判。

其實以當時的局面來看，孫權大可拒絕談判，和曹操頭尾夾殺劉備，自己吞下荊州。但我想孫權當時也很擔心曹操拿下巴蜀，他仍希望維持在東方的單線作戰，讓劉備承擔多一點的曹操壓力，既然劉備現在肯讓步，孫權對內也有了交代，於是他釋出相當優惠的和平條件：江東只要長沙、桂陽兩郡，歸還零陵，並釋放零陵太守郝普。

劉備同意這個條件，雙方於是重新盟誓，以湘水為界，湘水以東的江夏、長沙、桂陽三郡屬孫家，以西的南郡、武陵、零陵三郡則屬劉備。對劉備來說，這個條約雖然掉了長沙這個江南大糧倉，但至少穩住南郡大本營，另外收回零陵，算是個可接受的結果，他仍以關羽都督荊州軍事，以小舅子糜芳為南郡太守守江陵，將軍士仁守公安，另外以武陵人潘濬為荊州治中，處理州中政務，自己則火速帶著部隊回到蜀中，應付更麻煩的曹操部隊。

這次「奇襲三郡」其實是個相當嚴重的事件，這意味著建業小朝廷仍未忘情「竟長江所極，據而有之」的夢想，這回雖然只取了兩個郡，但不代表將來荊州防備衰弱時，江東不會再趁勢出手。然而劉備或許是被諸葛瑾那老是掛個老好人微笑的長臉給迷惑了，在他的認知中，他和江東的荊州爛帳已結清，從今以後他們的敵人只有一個，那就是北方的曹操。

很遺憾的，這是個錯誤的認知。

劉備約莫在八到九月左右回到成都坐定，急召參謀商量曹操佔據漢中、侵襲三巴的問題，這時候最有資格就這個議題發言的，不是諸葛亮、也不是法正、劉巴，而是巴郡閬中的在地人黃權，他相當嚴正地告訴劉備：「若失漢中，則三巴不振，等於是去了蜀地的臂膀，不可不爭！」劉備同意黃權的看法，他很爽快地追加這位巴郡人為護軍，讓他統率諸將，包括新任的巴西太守張飛在內，北上「迎接」張魯。

不過張魯原本就傾向投降曹操，當初曹操攻陽平關，張魯就打算投降，是他老弟張衛堅持要戰；陽平陷落後，張魯又想要投降，但閻圃勸他多撐一下，爭取更好的談判條件，所以他暫時退入大巴山中。現在黃權來勸降他，其實正好給他和曹操討價還價的籌碼，九月起，巴郡的板楯部落便陸續向曹操投降，曹操封兩個頭目杜濩、朴胡為巴中與巴西太守，到了十一月，張魯終於投降，換來的條件是拜鎮南將軍，封閬中侯，食邑萬戶，張魯的五個兒子和閻圃也都封侯。

張魯這「邑萬戶」的待遇可以算是天價，後來漢獻帝退位當山陽公、劉禪投降當安樂公時，也才有食邑萬戶，張魯以敗將的身分投降能拿到這般待遇，讓我們不得不承認閻圃在談判上確實有一套；和張魯一起投降的還有馬超的舊部龐德，曹操拜他為立義將軍。

插兩個題外話。第一，這邊的曹操封賜的杜濩、朴胡等板楯頭目來頭可不小，板楯又名「賨人」，是巴地的原住民，早在商周時便已在大巴山區建國，板楯人最大的特色就是能歌善舞、勇猛善戰，他們的「巴渝舞」是一套著名戰舞；楚漢相爭時，板楯對漢朝立有大功，劉邦於是特別免除了羅、朴（濮）、昝、鄂、度（杜）、夕、龔等板楯七姓的賦稅。向曹操投降的杜濩與朴胡，就是七姓中的杜、朴兩族的頭目。

板楯人是「五斗米道化」很深的民族，八十年後，板楯人李特以五斗米道號召起兵叛晉，他的兒子李雄則建立了以板楯、五斗米道為主體的國家：成漢。

第二，由於張魯沒和曹操硬碰到底，天師家族因此得以保留了下來，「張天師」成為一個歷朝政府所承認的高貴頭銜，一代一代地傳下去，第六十四代的張天師張源先先生在二〇〇八年十月十七日於台灣過世，第六十五代繼承似乎發生爭議，目前新聞還找不到張天師一職由何人接任。

張魯一降，意味著曹操完全據有漢中，並透過板楯部落將勢力伸入三巴地區，這正是當初黃權所謂「三巴不振」的最壞情況。黃權在這邊充分地展現了他在地人的價值，雖然「迎張魯」的計畫已經不可能，黃權還是成功地擊潰板楯部落，斬杜濩、朴胡，稍稍穩定巴地的局勢。

但無論如何，曹操盤據漢中，就像大野狼在茅屋外徘徊一般，你不知道他會用什麼方法闖進來，也不知道這棟茅屋是否堅固；當時巴蜀為此一片躁動不安，許多地方都有小股的叛亂，甚至一日之內達十餘起，劉備必須不停地鎮壓，但人殺得越多，他心裡就越慌亂，在入蜀不到一年的當下，劉備恐怕沒有把握擋住他的天敵曹操。

然而令人意想不到的，曹操並沒有趁著征服漢中的氣勢繼續向南進軍，建安二十年十二月，曹操離開漢中。

消長之間

在那個當下，曹操身邊的參謀如劉曄、司馬懿等，都建議應趁劉備立足未穩，一股作氣掀了巴蜀這個新巢。但曹操退怯了，他留下一句「人苦無足，既得隴右，復欲得蜀」的千古之嘆後，帶著主力人馬，班師回鄴城，留下都護將軍夏侯淵、平狄將軍張郃、平寇將軍徐晃等鎮守漢中。

曹操這一嘆也嘆出了人類在歷史洪流中的渺小，如柏陽先生所說，如果自一八四年黃巾之亂起算，曹操帶兵作戰也已經三十年了，奮鬥了三十年，曹操不過稍稍安定中國北方，政權仍不穩固，三十年的南征北討，即便是鐵打的身軀也會磨損，更何況是血肉之軀？當時剛滿六十歲的曹操，看到劉備、孫權漸漸站穩腳步，或許已感到一統天下無望，他或許也曾在夜深人靜時，看著自己枯老的雙手，捫心自問：這麼多年來，我究竟做了什麼？我的人生滿足嗎？是否有遺憾？

在接下來的兩年內，曹操就像個老孩子般，在排場的遊戲中打滾著，他封了魏王，設置了相國和御史大夫，讓曹丕當了太子，女兒則是有湯沐邑的公主；他在頭冠前掛上十二道冕旒，交通工具換成六匹馬拉乘的金根車，兩旁懸的是天子旌旗，出門用天子專用的交通管制。這時候的曹操已不在乎他的版圖、不在乎遊戲的結局畫面如何，他只想喘口氣，好好享受這三十年血汗換來的成果。

但離開漢中並不意味曹操著毫無動作，為了壓制劉備向北發展，曹操下令將漢中與巴郡的居民遷移到長安三輔地區。

這個艱鉅的任務由張郃負責。張郃是冀州河間人，原本為韓馥麾下軍司馬，後來跳槽到袁紹那兒，官渡之戰時又轉到曹操陣營，建安十六年起，張郃便與夏侯淵、徐晃組成「征西三人組」，一路從潼關、長安、隴右、漢中打下來，累立大功。當時大巴山區北部已在曹魏掌控中，但張郃並不以此為足，他大膽地向南進軍，將所擄獲的人口逐漸北移，他的目標是板循古都宕渠，也就是今天四川省渠縣。

張郃的入侵很快就引來巴西太守張飛的反擊，張飛下令封鎖幹道，與張郃形成對峙，雙方僵持近兩個月，張飛打破僵局，親率精兵一萬多人，從山間小道瓦口主動出擊，結果張郃大概不熟地理，將軍隊帶入狹窄蜿蜒的山道中，張飛縱兵攻擊，魏軍首尾無法相救，慘敗，最後張郃僅領著十幾人棄馬爬山，從小道狼狽地逃回南鄭。

本戰中張郃軍的陣亡數士並不清楚，但一戰大破五子良將，本戰可以算是張飛的生涯代表作；據說張飛對此也頗為得意，在渠縣附近的八濛山刻石記功，也就是後世所謂的「八濛山銘」或「立馬銘」，為書法名帖之一，不過八濛山銘的摹本僅出現在明朝之後，現在已經失傳，因此究竟銘文是張飛所刻，或只是後人的附會，也無法分辨了。

黃權、張飛對曹軍的接連獲勝，不僅穩定了巴郡，更穩住了整劉備集團的軍心，對於劉備來說，曹操的部隊已不再是所向無敵，他屬下的各軍都有和曹軍獨立作戰的能力。

劉備身旁的智囊團也看出了曹操的衰老，建安二十二年，法正向劉備提出攻略漢中的建議，他表示：「曹操一舉擊降張魯，卻不趁勢進軍巴蜀，留下夏侯淵、張郃駐守，而自己北歸，不是他沒有企圖，而是力量不足，顯見內部一定有問題。如今夏侯淵和張郃的能力並沒有勝過我國將帥，我方進軍討伐必能獲勝。屆時以漢中為基地，廣積糧草，趁虛出擊，可以一舉推翻曹賊，中興漢室；其次可以蠶食雍涼之地，拓展國土；最差也是固守險要，持久保國。這是上天送給我們的禮物，機不可失！」

法正稱曹操有「內部問題」（內有憂逼）其來有自。第一，當時曹操的繼承之爭已到最後階段，曹丕、曹植各擁人馬，在內部明爭暗鬥，這事牽連甚廣，即便曹丕最後確定為魏太子，仍然餘波盪漾；第二，曹操稱王、僭用帝制等等舉動，已觸及最後一批東漢保皇黨的底線，這在許都城內埋下一枚不定時炸彈，隨時可能爆炸；第三，建安二十二年，北方發生大規模的傳染病流行，連文學界偶像團體「建安七子」中徐幹、陳琳、應瑒、劉楨、王粲都在這次疫情中過世，更可想像一般小老百姓的悲慘境遇，據說情況嚴重到「家家有強尸之痛，室室有號泣之哀」的程度，這對華北的社會經濟造成很大的壓力；第四，即便內憂外患，曹操仍然決定在建安二十一年十月進攻孫權，結果雙方在居巢對峙幾個月，曹操便在隔年三月撤退，更顯見曹操強弩之末的態勢。

相反的，劉備這邊在建安二十年七月擺平借荊州的問題後，便一直保持在休整的狀態，劉巴的貨幣政策、諸葛亮的法治、張飛的軍事勝利，使得劉備在財力、兵力與信心上都處於節節上升的狀態，在此消長之間，奪取漢中不僅是合理，更是戰略所需。

不過成都內仍有人提出不同意見。第一位是儒林校尉周群[21]，他和黃權一樣是巴郡閬中人，是最熟悉前線的人士，而且他精通天文數術，劉備於是詢問他關於出兵漢中的看法，周群掐指一算，表示：「雖然能得到土地，但沒辦法得到人民。還有，如果出動偏師，一定不利，千萬小心。」另外一個算命家，也就是當初嘲諷劉備沒有鬍子的張裕則直接了當地說：「不可爭漢中，軍必不利。」

後來劉備攻下漢中，但這兩位命理師的命運卻大有不同；由於曹操的移民政策，劉備確實在漢中得不到多少人口，而且攻打武都的偏師也失敗，一切如周群所言，劉備嘉賞他的神準，於是以益州牧身分，舉周群為茂才。

至於愛唱反調的大鬍子張裕就沒有好運了，在這之前，他就私下做出「庚子年（西元二二〇

㉑「儒林校尉」是劉備新發明的官銜，充滿衝突的美感。

年）會改朝換代」、「劉備得益州後九年會失益州」等反動的預言，劉備對此大為反感，又記著先前鬍子的笑話，這回逮到機會，便以張裕算命不準的罪名，將張裕處斬。

建安二十二年，西元二一七年，約第四季，劉備的漢中攻略正式啟動，他採兩路作戰，第一波由張飛、馬超領軍，進攻漢中西北的武都郡，第二波主力則由劉備親自率領黃忠、魏延、劉封、法正、黃權等軍，直指陽平關而來。

漢中與長安之間有險峻的秦嶺阻隔，交通只靠子午谷、斜谷等險道連接，為避過險道，曹操進攻漢中時，是大老遠地向西繞過秦嶺，先來到相當於今天甘肅省南方的武都郡，再往東進軍。因此劉備在北伐策略上將武都設定為首要戰略目標，目的應是要切斷漢中的後勤。劉備選擇以「涼州達人」馬超帶路，最近氣勢正旺的張飛領軍，配合雷銅、吳蘭等將領，重兵壓境，對於武都顯然是志在必得。

來勢洶洶張、馬的部隊很快就攻下武都郡的首府下辨，氐部落五萬餘人也因此響應，一時間聲勢頗為浩大。曹魏的援軍則於稍後到達，這回曹操所派出的統帥是他的堂弟曹洪，但實際負責戰略的，則是年輕的騎督尉、有「曹家千里駒」之稱的曹休，他是曹操的遠房族子，漢末時帶著母親到江東避難，後來從荊州輾轉投靠曹操。曹操相當喜歡曹休，經常帶他出征，又讓他接了曹純過世的缺，統領虎豹騎。下辨之役中曹休的正式軍銜是參軍，但曹操已私下協調，表明由他負責實際的作戰指揮，曹洪也樂得只當個名義上的統帥。

當時吳蘭屯駐下辨，張飛則駐於固山，形成犄角之勢，張飛放出消息，表示將繞道截斷曹軍後路，令曹軍諸將驚疑不定，年輕的曹休卻意志堅定，他表示：「如果敵人真要斷我退路，應該要機密行事，今天張飛高調地聲張，可見他們其實沒這材調。趁敵軍分散，我們應擊集中兵力，先攻擊吳蘭，只要擊破吳蘭，張飛必定撤退。」

曹洪同意這個戰略，立刻動員進攻下辨，結果蜀軍大敗，將領任夔被斬，吳蘭逃亡後被氐人所殺，雷銅大概也在本戰中陣亡；失去側翼的張飛與馬超無法支持，在建安二十三年三月撤退。

武都戰線雖失利，但並無損劉備侵奪漢中的決心，他率領部隊北上陽平，直接對上「征西三人組」。劉備命將領陳式攻打馬鳴道，自己則率軍攻擊駐紮在廣石的張郃，不過這兩路作戰仍然不順利，陳式被徐晃擊敗，劉備也打不下張郃；到了七月，北方傳來曹操親征的消息，劉備開始感到壓力，不得不向成都方面請求增援。

老樣子，在成都主持後勤的還是控球後衛諸葛亮，本來主子在禁區要球，他應當快點 pass 出去才對，但這回諸葛亮對增兵請求卻猶豫了，他是一個很謹慎的政治家，劉備前後幾場對外作戰，已使蜀中百姓的不滿達到了臨界點，那一年，三蜀之一的犍為郡便發生馬秦、高勝之亂，聚眾達數萬人之多，南中越嶲夷帥高定也派兵攻擊新道縣；這些叛亂雖然都被李嚴給弭平，但已顯示出巴蜀的內部危機。

有鑑於此，諸葛亮特地向犍為在地人、時任州從事並代理蜀郡太守的楊洪，徵求關於增援的意見，想不到楊洪竟然很煞氣地表示：「漢中是益州的咽喉，存亡關鍵，沒有漢中就沒有蜀，這是家門禍事！今天這情況，男子當戰，女子當運，派兵增援，有什麼好考慮的？」

既然蜀地代表都沒在怕，諸葛亮也不再客氣，成都後備部隊終於在建安二十三年下半年送達漢中前線，為原本不振的劉備軍注入活血。

另一方面，前來增援漢中的曹操，在同年九月抵達長安後，卻停住不前，沒有立即增援漢中。在這一消一長之間，漢中情勢已往劉備一方傾斜。

「我必有漢川！」

建安二十四年，西元二一九年，複雜的一年。

剛加入後備部隊的劉備軍重振士氣，不過劉備並不積極進攻，反而是在新年剛過完後，便突然南撤，渡過漢水，來到南岸的定軍山脈，沿山設立營寨，並由陣中第一悍將黃忠搶佔山區高處，掌握地形優勢。

劉備這招「以退為進」正好打中夏侯淵的阿奇里斯腱。夏侯淵，字妙才，夏侯惇的弟弟，是個性子較急、決策果斷的統帥，早年便以行軍快速著稱，在曹軍中有「三日五百，六日一千」的稱號；過去幾年他「虎步關右」，見著西涼軍閥或氐人部落就打，連曹操的命令也不等，向者披靡，威風無比；想不到來到漢中後，竟被劉備軍壓著打，在陽平關中一龜就是一年之久，胸中怨氣早就快從耳朵噴出來，此時他見到敵軍後撤，一不小心就熱血灌腦，隨即和張郃共同率軍出擊，南渡漢水，準備在定軍山一舉殲滅對手。

夏侯淵出城野戰，正中劉備下懷。

夏侯淵來到定軍山，安下陣勢，由張郃守東圍，他自己守南圍。劉備採取聲東擊西戰術，在某個寒冬深夜，劉備發動夜襲，放火焚燒敵軍的防禦措施，製造混亂，然後再以少量部隊挑戰東面的張郃。深夜混戰中，夏侯淵誤判情勢，急著帶兵前往支援張郃，但這一調動卻被高處的黃忠所掌握，黃忠趁著夏侯淵調兵之際，率軍向山下突襲，定軍山的深夜一時「金鼓振天，歡聲動谷」，夏侯淵完全被攻個冷不防，當場陣亡。

一戰擊斃曹軍主帥、諸曹夏侯名將，定軍山一役可以算是黃忠的成名之作。羅貫中大概覺得這樣的戰績還不夠格當五虎將，於是在漢中爭奪戰中，又加入「計奪天蕩山」的橋段，讓黃忠敗張郃、斬韓浩、射夏侯尚，過足了英雄癮。其實在歷史上，黃忠屬於鬥將型的將領，作戰經常「先登陷陣，勇冠三軍」，就是劉備這種老兵革的菜。另外以資歷論，他在劉表時期就已是戰將，算是荊州將領的老前輩，因此雖然黃忠在劉備底下一直沒有率大兵團獨立作戰，劉備仍給他與關羽、張飛、馬超相同的地位。

不過據說這次黃忠擊斬夏侯淵，劉備並沒有特別高興，他心中忌憚的其實是張郃，當聽到夏侯淵的死訊時，劉備還叨唸了一句：「要嘛就要殺最強的，殺這個有什麼用呢？」

夏侯淵之死還有另一個插曲，十九年前，張飛在小沛娶了夏侯淵的姪女為妻，定軍山之役時，這位夏侯夫人也在蜀中；她聽聞叔伯戰死，必然是百感交集，夏侯夫人很勇敢地提出申請，請求厚葬夏侯淵，劉備也很大方地准許。三十年後，夏侯淵的兒子夏侯霸因為魏國權力鬥爭，被迫投奔蜀漢，靠著夏侯夫人這道關係，受到劉禪的熱烈招待。從殺父之仇到託身保命，只能說是世事難料，買保險也不見得比較好。

鏡頭轉回眼下的定軍山。主將陣亡，茲事體大，曹軍不禁亂了陣腳，撤回陽平，但這終究是一支有紀律的部隊，丞相長史杜襲和司馬郭淮等將領收拾敗軍，並推舉張郃為主帥，沿漢水設防，將劉備軍擋在漢水南岸，為曹軍設下停損點。

事情都已經這副德性，曹操若還龜在長安就太對不起屬下了，他先派另一個諸曹夏侯junior的曹真前往陽平支援，擊退了劉備的將領高翔，三月，曹操的大軍終於慢吞吞地來到漢中，準備好好面對這場決戰，但此時蜀軍已佔據險要，氣勢一面倒地傾向劉備這方，聽見曹操來到漢中的消息，劉備只是冷笑一聲，道：「曹公雖來，無能為也，我必有漢川矣！」

這是劉備第三次向曹操嗆聲，距上一次汝南嗆蔡陽，已整整過了二十年，前兩次嗆聲都是以劉備施展逃跑大絕作收，但這回不同，在這位天敵去世之前，劉備要親自感受在曹操背後開香檳的痛快。

其實劉備面對曹操的打法也沒什麼太大的熱情，他命部隊據守險要，不與曹軍主力野戰，另外派軍游擊騷擾曹軍糧道。由於曹軍的補給線必須跨過險峻的秦嶺，在長期作戰上，曹軍於是漸居下風。

在接下來的兩個月內，劉曹兩軍都只有小股接戰，這其中有記載、而且還相當精彩的，莫過於「據漢水趙雲寡勝眾」一戰。

話說有一天，駐紮在山上的黃忠得到情報，曹操一隊大規模的糧隊將會從山下經過，黃忠才剛宰了夏侯淵，手氣正旺，一得到情報馬上就帶兵去劫糧，而當時同駐一地的趙雲，也派了一支隊伍和黃忠同去。然而趙雲在寨中等了又等，眼看約定時間都過了，卻仍不見黃忠的安全回報，趙雲心知情況不妙，他於是率手下數十名騎兵，輕裝出寨，豈知才剛下山，便碰上了曹操親率的大軍；趙雲帶的這數十騎想來也是劉備身旁精銳衛隊，面對大隊敵軍毫無怯意，還和曹軍先鋒直接開幹，一直到曹軍主力湧至，趙雲才下令突圍。當趙雲正準備往營寨方向撤退時，卻見到將領張著受傷且身陷包圍，超帥氣的趙雲二話不說便又殺入重圍，將張著救出，一齊往營寨逃去。

當時留守蜀軍營寨的將領是沔陽長張翼，他見曹軍殺來，正準備關門拒守，但趙雲卻下令大開寨門，所有士兵藏於寨內，偃旗息鼓，不准出聲。曹操親自率兵前來，以為有伏兵，不敢冒然攻擊，下令撤退，趙雲便趁此時擂動戰鼓，數千名弓手持先進武器「戎弩」射擊曹軍後方，曹軍本來就以為有伏兵，又被亂箭攻擊，一時軍心大亂，軍士爭相逃跑，自相踐踏、掉入漢水中淹死者甚眾。第二天劉備前來視察戰情，聽了昨天勝仗的簡報，不禁讚道：「子龍一身都是膽也！」

這段歷史記載出自於《雲別傳》，內容和《三國演義》中差不多，當然小說中還幫趙雲鋪了很多帥氣的梗，例如趙雲救黃忠時，是「雲大喊一聲，挺槍驟馬，殺入重圍；左衝右突，如入無人之境；那鎗渾身上下，若舞梨花；遍體紛紛，如飄瑞雪」，張郃和徐晃原本在圍毆黃忠，一見趙雲前來，是「心驚膽戰，不敢迎戰」。趙雲退回營寨時，他還告訴張翼：「休閉寨門，汝豈不知吾昔在當陽，長阪時，單槍匹馬，覷曹兵八十三萬如草芥！今有軍有將，又何懼哉！」簡直是威過威士忌，帥呆了。

不過言歸正傳，《雲別傳》只著重趙雲帥氣的空營計，好像忘了交代黃忠的去向，趙雲只救了個張著回來，黃忠就沒人理了。

趙雲這一勝可能要直接記在曹操帳上，雖然不是重大決戰，但對曹軍士氣想必是個嚴重的打擊。類似的小股會戰不斷產生，曹軍傷亡逐漸增加，糧食也開始匱乏，相較於劉備往往親臨前線督戰的高昂士氣，年邁的曹操顯得沮喪不安。時序進入夏天，某天，曹操在啃完一塊雞排後，終於有感而發地吐出「雞肋」兩字，對他來說，漢中這場仗已是毫無味道可言，五月，曹操下令放棄漢中，全軍北返長安，他命令楊阜為武都太守，並留張郃把守要道陳倉。

劉備站在山上，看著最後一批曹軍遠離了視線，肯定要拉弓慶祝一下，經過了這麼多年，他劉玄德終於可以不必再背對著「曹」字軍旗，這也證明天下能獨立面對曹軍的，不是只有江東那些小朋友而已。雖然曹操還是不大瞧得起劉備，嘴炮說什麼漢中戰略劉備也想不出來，但他就是叼走了曹操嘴邊一塊肥肉，這在當代還沒幾人成功過。

劉備笑了，得意而自信地笑了，但此刻他的眼中已不再只有南鄭，他需要更大、更廣的戰略目標。

建安二十四年，夏天，劉備再動員，三路伐曹。

三八縱橫

《三國演義》第六十九回中，神卜管輅為曹操占卜天下大勢，設下一辭：「三八縱橫，黃豬遇虎，定軍之南，傷折一股。」這裡第一句「三八縱橫」就是指建安二十四年。當年歲次己亥，己屬土，對應黃色，亥屬豬，因此己亥年就是「黃豬」；而一年十二個月的正月是地支中的「寅月」，對應虎，所以第二句「黃豬遇虎」就應著「己亥年正月」。「定軍之南，傷折一股」，所指當然是指夏侯淵在定軍山陣亡一事。

管輅在歷史上確有其人，關於他神卜的記載也多得不勝枚舉，最有名的應是他和何晏「老生常談」那段；但管輅應該沒有見過曹操，至少不會在建安二十四年前做出以上這種預言，管輅約生於建安十四年，定軍山之戰時他才十歲，十歲小孩就能算命，那恐怕要三太子上身了。

不過以歷史的後見之明來說，建安二十四年確實是曹魏政權的瓶頸，西晉文學家陸機在他的《悼魏武文序》中也寫道：「建安之三八，實大命之所限」，點出在這一年前後曹操所面對的困難，而沒有意外的，這些困難大部分是源自於劉備集團的強大反擊。

首先，建安二十三年，正月，在許都中的保皇黨金禕、耿紀、吉邈等人發動兵變，企圖劫奪漢獻帝，與劉備合作，最後被曹操任命的長史王必所鎮壓。

建安二十三年，十月，南陽宛城的侯音聚眾數千人造反，他據守宛城，和關羽連結，迫使當時駐守在樊城的曹仁不得不回兵討伐，經過三個月的血戰，建安二十四年，正月，曹仁終於攻破宛城，屠城。

建安二十四年，正月，定軍山一戰，夏侯淵被斬，五月，曹操撤離漢中。劉備乘勝追擊，三路進擊，準備肅清漢水沿岸：原本鎮守宜都的孟達率兵北上，攻擊漢水邊上的房陵郡，副軍中郎將劉封則從漢中往東，沿著漢水攻擊上庸、西城兩郡，最後是關羽，他率領荊州兵團，重兵攻打漢水要塞襄陽與樊城。

上庸、西城、房陵合稱「東三郡」，位在漢中東邊，荊州西北，也就是今天湖北和陝西的交界處，這一帶是秦嶺、大巴山、武當山等山脈的交匯，山勢險峻，也因此成為漢水上游的重要戰略要地，對關中和南陽盆地都有居高臨下的優勢。劉備以孟達、劉封東西兩路夾攻東三郡，很快就有斬獲，房陵太守蒯祺被孟達所殺，上庸太首申耽則投降。

這一連串的勝利使劉備集團大為振奮，苦幹了這麼久，也該是升官發財的時候了，而且要從老闆先升起。建安二十四年，七月，由平西將軍、都亭侯馬超領銜，一百二十名漢臣「上表」給皇帝，表示劉備現在的頭銜「左將軍、司隸校尉、豫州牧、荊州牧、益州牧、宜城亭侯」太遜，不足以「鎮衛社稷」，因此因循舊例，由群臣推舉劉備為「漢中王」，以漢中、巴、蜀、廣漢、犍為做為王國的領土。

劉備在這邊也沒太多推辭，他簡單做了一篇給皇帝的文告，表示不便違逆眾議，只好先受領王爵，並奉還之前所領的左將軍、宜城亭侯的印綬；今後他會更加努力，撲討逆賊，以報皇恩。劉備於是在漢中沔陽舉行儀式，接受了漢中王的王冠。之所以不當「巴王」、「蜀王」而是「漢中王」自然有其政治意義，四百年前，劉邦也是受封為漢王，從漢中起步建立了漢朝，現在劉備在這個漢帝國的龍興之地稱王，大有宣告自己漢室正統的意義。

隨著劉備封王，他麾下諸將自然也可以官升一等了。首先是四大將軍出列：關羽為前將軍，假節鉞；張飛為右將軍，假節；馬超為左將軍，假節；黃忠為後將軍。這邊簡單解釋一下，「假節鉞」和「假節」都是一種軍事權力的象徵，「假」就是代理，「節」是符節，是傳達命令的信物；「鉞」則是一種特製斧頭，一般做為皇家禮器，象徵權威。假節鉞或是假節便相當於皇帝授權給將領，使該將領掌握刑罰或調動軍隊的權力；這其中「假節鉞」又比「假節」高出一個等級，依後來晉朝定下的制度，「假節鉞」的將領可以直接處決「假節」的將領。劉備這樣的安排，可見經過入蜀和漢中之戰後，關羽還是高居集團中的第一把交椅，沒有絲毫動搖。

文官部分，在漢中之戰立有功勞的法正再升一等，為尚書令，等於是漢中王國的閣揆，在他底下另外補入劉巴、還有剛從荊州調來的襄陽人楊儀為尚書，這使得漢中王國的尚書部門成為最難相處的部門。

另一個重大的升遷就是魏延，劉備把他從一個小小的牙門將軍，破格升為鎮遠將軍，並接下漢中太守一職，鎮守前線，當時賭盤普遍是押張飛為漢中太守，魏延出線的結果一發佈「一軍皆驚」。劉備還特別拉高拜官的規格，大會群臣，並當眾問魏延：「今天你身負重任，有什麼打算？」魏延豪氣沖天地說：「如果曹操帶全天下的人馬來，我便為大王擋下；如果是派一個將領帶十萬人來，我魏延便為大王將他們給吞了！」劉備大讚一聲「好」，底下的人也不敢說啥，一齊鼓掌叫好。

原則上，劉備會用魏延為漢中太守有兩個理由，第一是籍貫，第二是年紀，當時劉備軍的主力還是荊州兵團，而荊州籍的將領中，霍峻已經過世，黃忠也只剩一年的壽命，培養新血自是刻不容緩，這裡面最有資格的就是魏延和劉封，於是魏延以鎮遠將軍主屯漢中，劉封以副軍將軍守東三郡，雙雙扛起前線重任。

魏延和楊儀的故事就從這邊開始了，在往後的十五年裡，這兩人還得像養在一缸裡的兩條鬥魚般，爭個你死我活，關於兩人鬥爭的經過，可以參考我寫的一篇《魏延之死》。

至於大家都很喜歡的趙雲雖然在漢中也有表現，卻沒得到升職，還是個雜號的翊軍將軍；諸葛亮也同樣沒有升官，仍居軍師將軍的位置。

在稱王、大封群臣之後，劉備頂著溽暑烈日，開心地回到成都，當時荊州已傳來關羽進攻襄樊的消息，一切情報顯示戰況順利，橫跨漢水指日可待，劉備只是點了點頭，派人回去勉勵關羽好好作戰，同時命人修築成都到漢中之間的驛道與官方館舍，以備南北交通和軍事調動之用。

在那一片看漲的聲浪中，劉備好像忘了什麼。有些陰謀，正在不見光的水沼深處隱隱攪動著。

襄樊之戰

劉備忽略的是他的前妻兄孫權的反應。

建安二十二年，江東的第二代荊州都督魯肅去世，原本孫權要以徐州人嚴畯代替魯肅的位置，但嚴畯以自己一介書生，不識軍事而堅決辭讓，孫權不信，還很搞笑地要嚴畯騎馬看看，結果嚴畯一上馬就摔了下來，孫權沒辦法，只好改用呂蒙為漢昌太守，負責江東的荊州事務。

從魯肅到呂蒙不僅是換人，也是政策的大轉彎。呂蒙本著對荊州的一番野心，一上任便打算推翻魯肅所主導的孫劉聯盟，他告訴孫權：「假設我們以征虜將軍孫皎守南郡，潘璋駐守西邊的白帝城，蔣欽帶萬餘人水軍巡遊江上，針對敵人所在出擊，我呂蒙看管前線襄陽，這樣我們怎麼會打不過曹操？又哪裡需要依賴關羽？關羽、劉備不過是一群詐騙集團，走到哪裡背叛到哪裡，我們絕對不能對他們推心置腹，現在關羽不敢東進，只是因為至尊聖明，我們這些老骨頭又還活著，如果我們不能趁現在處理荊州，到時情況有變，要再興兵，恐怕就難了。」

這是一個極為機密的決策，當時建業小朝廷中，另外一位重臣全琮也曾就圖謀荊州做出建言，但孫權為了保密起見不作回應。呂蒙到了陸口之後，馬上裝矮子與關羽保持良好關係，孫權還為自己兒子向關羽的女兒提親，關羽或許不夠敏感，但他本質上討厭這種做作的討好，因此不但拒絕親事，還狗幹了提婚使者一頓。呂蒙和孫權對此都沒有激烈反應，他們是熟練的獵手，在機會來臨前，他們不介意將自己全身泡在爛泥之中，只露出一雙濁黃的眼睛。

建安二十四年，夏天，江東的機會來了。

當年七月，關羽開始執行劉備的漢水大戰略，向襄樊發動大型攻擊，一旦成功，襄樊、東三郡、漢中就會連成一線，成為進可攻退可守的完整前線。

當時曹魏方面負責襄樊防線的是征南將軍曹仁，從赤壁之戰後，曹仁大多數的時間都待在荊州，對襄樊防務應頗為熟悉。但或許是受到前些年疫病、宛城之亂或是孫權攻合肥的影響，當時曹魏在襄樊的防守顯得十分虛弱，面對關羽北伐，以騎兵見長的曹仁竟放棄在漢水南岸陸戰對決，而是自個兒把守北岸的樊城，將南岸的襄陽交給將軍呂常駐守。

曹仁會選擇守北岸，可能是因為船艦不足，無法臨時搭載大批騎兵過河；但這麼一來，整條漢水便成了關羽艦隊的泛舟水道，關羽可以輕易地在北岸任一口岸登陸，長驅混亂衰弱的南陽地區，而曹軍只能選擇沿著漢水佈陣，設法阻擋關羽的水陸兩棲部隊。為了完全封鎖漢水北岸，曹操向襄樊送出大量的援軍，立義將軍龐德早於侯音之亂時便隸屬於曹仁麾下，汝南太守滿寵此時也率兵前來樊城助守，第三批也是最主要的援軍則由左將軍于禁統領，一共有七支部隊約三萬人，駐軍於漢水河岸，以防敵軍登陸。

于禁是當時除了諸曹夏侯之外，跟隨曹操最久、也是最得曹操信任的將領，早在初平三年，西元一九二年曹操新任兗州太守時，于禁便拜入曹操麾下，從陶謙、呂布、張繡、袁紹一路打過來，以治軍嚴謹、執法嚴格著稱；建安二十四年時，于禁已經在曹操手下做事二十七年，官拜左將軍，假節鉞，為諸將之首。曹操在他身體不適之際，派于禁率精銳救援襄樊，所託付的責任之重可想而知。

然而天意弄人，這位百戰宿將一世威名，注定要喪在滔滔的漢水洪流中。

八月，襄樊地區下起滂沱大雨，連綿十餘天不停，造成漢水暴漲，樊城四周變成一片水鄉澤國。于禁雖然身經百戰，但在荊州作戰還是大姑娘上花轎頭一遭，對於天候狀況無法及時掌握，他的軍隊原本駐紮在河邊，軍營一下子被大水淹沒，于禁只好率軍移到高處；另一方面，洪水卻給了關羽艦隊逞能的機會，他們直接駛入洪水區，對在高地上沒有食物、軍備和遮蔽的曹軍猛烈攻擊，于禁無奈，只好做出他軍旅生涯中最沉重也是最羞辱的決定，率兵投降。

但另一邊，剛歸降曹操不久的龐德卻盡顯硬漢本色，死戰到底，最後龐德軍箭矢用盡，他帶幾名死士想乘小船突圍，但技術太差，船隻翻覆，被關羽所擒，不屈被斬。

于禁投降對於曹操可謂是晴天霹靂，這不但是極嚴重的軍事挫敗，更是人與人之間三十年信任的瓦解；在短短八個月內，曹魏喪失了第二個重要統帥，三萬精兵遭俘，曹操所任命的荊州刺史胡修也向關羽投降。當時唯一的後備部隊是臨時從漢中抽出來的徐晃軍，屯駐於宛城，那是支菜兵新編制的部隊，根本派不上用場。此下樊城內只剩數千人把守，糧盡援絕，洪水之猛烈，關羽的艦隊甚至可以直接開到城樓之上；曹仁和滿寵雖然溺死了一頭倒楣的白馬，表達誓死守城的決心，但在那個局面下，恐怕沒有人相信一頭死馬可以證明什麼。

更糟糕的是，關羽這場空前大勝觸發了某種骨牌效應，那些潛在的反曹勢力紛紛冒出頭來，和關羽連結。例如在河南的孫狼便率眾在司隸陸渾縣起兵叛變，接受關羽的印綬，司隸郟縣也有類似的勢力，嚴重影響曹魏在河南地區的防務。另外在曹操的首府鄴城，則發生了神秘的「魏諷案」。

魏諷是一位背景神秘的人物，他的父祖不詳，連出身籍貫都有爭議，但他卻平步青雲，擔任魏王國相國鍾繇的長史；據說他口才很好，有領袖魅力，在鄴城士大夫圈中集結成一股力量。于禁投降後，九月，魏諷企圖聯合長樂衛尉陳禕襲擊鄴城造反，但陳禕卻在最後關頭倒戈，向曹丕告密，魏諷的陰謀功敗垂成，他與他的黨羽都被曹丕處決。

魏諷案之所以重要，在於它發生在曹魏的心臟，不僅主謀魏諷高居權力核心，涉案的也不乏一些權貴子弟，包括黃門侍郎劉廙的弟弟劉偉、已故破羌將軍張繡的兒子張泉、已故侍中王粲的兩個兒子、還有當代大儒宋忠的兒子；總共因涉案的被處決的人數一說數十人，一說數千人，若後者屬實，那可能是漢末最大的獄案。

整起獄案的來龍去脈是個歷史之謎，有人說這是曹丕為了即位所發動的大清洗，也有一說認為魏諷和關羽相呼應。後一種說法最有力的證據就是，除了魏諷自己以外，所有留下名字的涉案人，都曾在荊州待過：劉廙和王粲都是年少就到荊州避難，張繡曾是劉表的爪牙，宋忠則是土生土長的荊州人，他們的兒子、兄弟都是在荊州生長，隨後才遷居北方；這群年輕的「荊歸派」對於荊州，自然比對於曹魏有更深的認同，因此當關羽率兵北上時，他們趁機呼應作亂也不令人意外。

當然在史無明載的情況下，這一切只是臆測。我們能確定的是，建安二十四年的十月，關羽大破曹軍，威震華夏，劉備集團的聲勢也和漢水的水位一樣，來到有史以來的最高點，當時成都小朝廷肯定到處是樂觀的氣氛，襄樊一地已是囊中之物，接下來要放眼的是更重要的目標，三輔、南陽、還有許都的皇帝。

但就在那年第二個十月來臨時，這美好的前景展望，軋然而止。

附錄：蜀漢排名學

建安二十四年，七月，劉備麾下百官一百二十連名上表給漢獻帝，推舉劉備為漢中王。

當然，當時漢獻帝在曹操手上，這份上表也僅是聊備一格，證明這個「漢中王」是漢帝國體制下合法的頭銜。

真正有趣的是上表的連署順序，根據《三國志》載錄的上表全文，領銜上表人的順位如下：

平西將軍都亭侯臣馬超
左將軍長史領鎮軍將軍臣許靖
營司馬臣龐羲
議曹從事中郎軍議中郎將臣射援
軍師將軍臣諸葛亮
盪寇將軍漢壽亭侯臣關羽
征虜將軍新亭侯臣張飛
征西將軍臣黃忠
鎮遠將軍臣賴恭

揚武將軍臣法正
興業將軍臣李嚴

中國政治哲學一向講究論資排輩，無論是吃飯時的座位安排、典禮時進場的順序、照相時站位的相對位置等，都隱含著權力分配的意涵，像劉備進位漢中王這等天字第一號的政治大拜拜，群臣連署的順位，當然不會只依照姓名筆劃，究竟馬超何德何能可以第一個簽名，諸葛亮又為何會排在許靖、龐羲、射援這些名不見經傳的角色之後？

馬超居首這一點比較沒有爭議，在劉備麾下群臣中，馬超受領的「合法」漢朝官爵最高，在他和曹操翻臉以前，馬超是偏將軍、都亭侯，和同樣是偏將軍的關羽比較，馬超的「都亭侯」硬是比關羽的「漢壽亭侯」高出一階㉒，再加上他曾經也西涼的一方之霸，由他領銜自然使這次的封王更有「眾望所歸」的說服力。

這邊要特別說明一點，有些人因為小說的關係，以為馬超是所謂的「名門之後」，其實並不正確。馬超家族據稱是東漢名將馬援之後，就和劉備自稱是中山靖王之後是一樣的道理，就算真有血緣關係，也早已不可考，而且完全沒有實質意義。馬超的祖父馬子碩當過小官，後來被裁掉，窮到沒辦法娶老婆，只好娶外藉新娘（羌女），生下馬騰，馬騰年輕時是砍柴的，跟劉備織草鞋差不

㉒「都亭」可以簡單解釋為「城市裡的亭」，因此「都亭侯」比單純的「亭侯」在概念上稍稍高了一等；「都鄉侯」與「鄉侯」也是一樣的道理。

多，後來從軍開始當官，然後加入叛軍，然後又被招安，官才慢慢大了起來，要說馬超是什麼名門之後，實在有點勉強。

至於馬超之後的許靖其實也算是個大人物，他是汝南出身的名士，和他堂弟許劭所主持的「月旦評」是東漢後期非常有影響力名士排行論壇，年輕的曹操不擇手段都要許劭給他一個評語。許靖後來舉孝廉，當到帝國的尚書郎，專門主持帝國中央人才選拔，使他在士人群中更具有影響力。董卓當政之後，許靖離開洛陽，經過揚州、交州的流亡生涯，最後在劉璋的邀請下，來到成都，劉璋還很客氣地讓他當蜀郡太守，誰知道後來劉備進攻成都、城中軍民一致決心守城時，這位地方父母官竟然翻出城牆向劉備投降，這不僅是背叛了劉璋，也讓劉備對這種滿口仁義道德、到頭來卻跑得比誰都快的「名士」相當反感，不過礙於許靖的名聲，劉備還是讓許靖擔任他左將軍府的長史，也就是辦公室秘書長，不過這看起來只是個虛銜，實際的事務應是由諸葛亮以「軍師將軍，署左將軍府事」的頭銜管理。

不過無論實質部分如何，許靖既然有舉過孝廉，在漢帝國中央幹到尚書郎的位置，更是名滿天下的名士，讓他排在馬超之後也沒有太多問題。

至於排第三個龐羲在之前介紹劉焉、劉璋的部分已有提過，他是河南人，劉焉的老友，最高當過漢帝國的議郎，當年長平觀之戰，劉焉的兩個兒子被李傕、郭汜所殺，龐羲護送劉焉的孫子來到蜀中，成為劉焉一族的大恩人。劉璋讓龐羲擔任巴西太守，專職對抗張魯。劉備攻蜀的時候，史書上倒沒記載龐羲的反應，主動投降的機會很大，劉備拔除了龐羲太守的官職，只讓他擔任自己左將軍府下的營司馬，算是一種權力上的節制。

至於排第四名的射援就顯得更名不見經傳了，他是關中扶風人，士族出身，他老哥射堅當過漢帝國的黃門侍郎，射援雖然也有點名聲，但在還沒擔任任何漢朝官職之前就跑來投奔劉璋了，他在劉璋麾下似乎也沒取得一官半職，一直到劉備當家，才徵召他為左將軍府的「議曹從事中郎、軍議中郎將」。在之後的蜀漢政權中，他也只擔任過諸葛亮丞相府的祭酒和從事中郎，從來沒有一個比較顯赫的職官，唯一可以說嘴的大概是他的老婆是漢帝國太尉皇甫嵩的女兒吧。

至於排第五的諸葛亮當時掛的是劉備給他的「軍師將軍，署左將軍府事」的頭銜，他本身完全沒有接受過之前漢帝國中央的官職或爵位。反之，諸葛亮後頭排的三位將軍：關羽、張飛、黃忠都拿過漢朝中央的官職，關羽還是偏將軍、漢壽亭侯，按官爵可以排到第二位的；張飛當年也是偏將軍，黃忠也被曹操升為裨將軍。

換言之，這份名單並不是單純以漢室的官爵高低來排名。

黎東方先生的在《細說三國》中認為，可能這份上表是許靖寫的，龐羲和射援可能是年紀大、關係好，所以就放在前面。

在網路連載時，ptt 的網友 boman 提供了一個很好的想法，許靖、龐羲、射援三人應可以算是左將軍府中職員的代表，加上一個代理主管幕府事務的諸葛亮，可以象徵三公或四輔的角色，因此在馬超之後先排這四位，再排上關、張、黃三位將軍。

當然，這份排名還有成千上萬種解釋方法，這邊也只是略提一兩種說，供大家參考娛樂之用。

第八章

最後榮光

第八章　最後榮光（220～223年，劉備59～63歲）

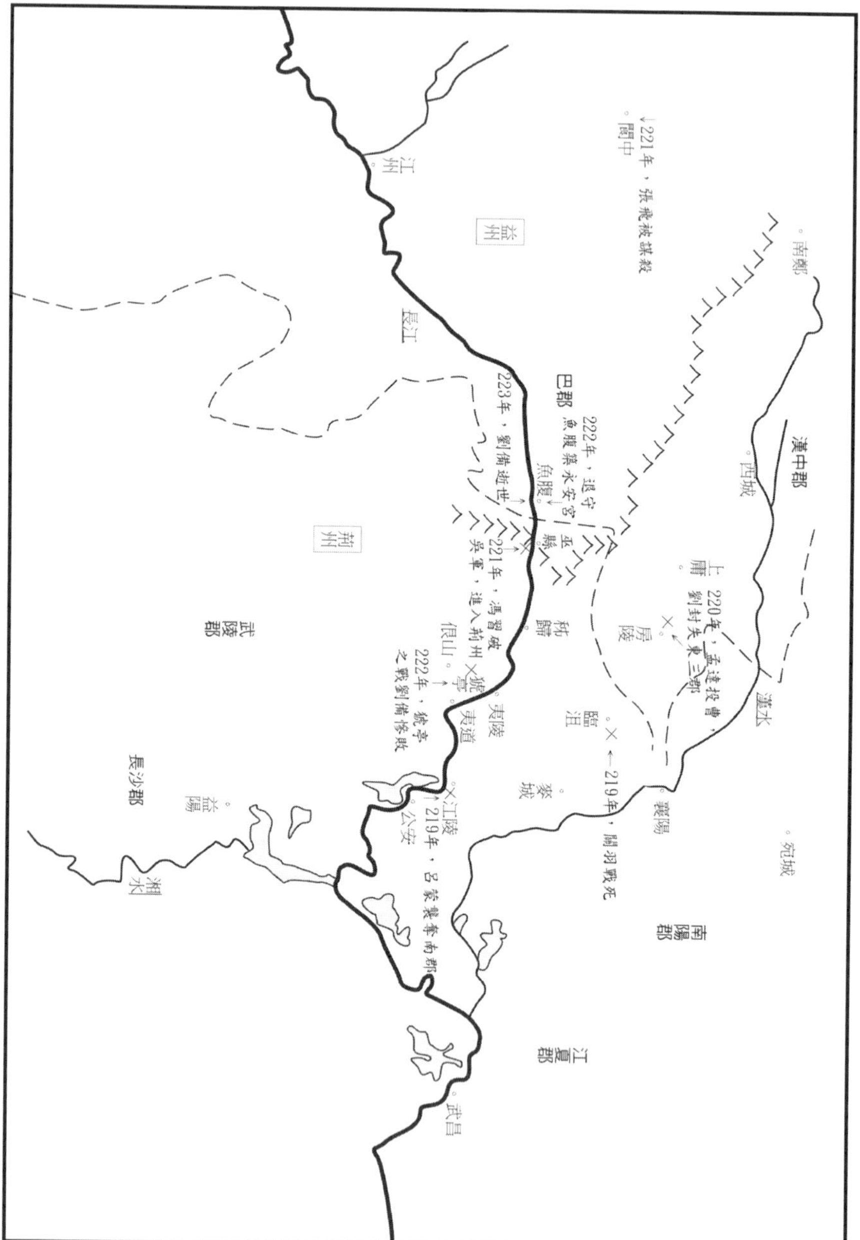

一個世代的結束

建安二十四年，歲次己亥，閏十月。

對於關羽而言，季節入秋，事情依舊相當順利，雖然洪水逐漸消退，但樊城的牆基也已泡軟，城破指日可待；江東方面原本一臉侵略性的呂蒙聽說最近身體不好，返回建業休養，換上一個叫陸遜的年輕人代領漢昌太守的位置，一上任就來了封馬屁十足的信，想來不是什麼大人物。既然江東不足為懼，江陵就用不著那麼多軍隊，可以調幾個營來北邊幫著打；還有留守後方的麋芳與士仁兩個小王八蛋，事情怎麼都辦不好，等前線搞定，一定回去好好教訓他們……

「這一切太順利了，」關羽或許某天睡醒時會靈光一現地想：「俺打了大半輩子的仗，還沒打得那麼順過，順利得不像是真的。」

的確，這一切都不是真的。

于禁投降後兩個月，曹操終於拖著老病的身軀來到洛陽，面對關羽的威脅，一眾智囊擾嚷的雜音幾乎淹沒了這個行將就木的老人，他想要將獻帝遷離許都，馬上有人說這樣會打擊士氣，有人勸他親征，但也有人告訴他要對部下有信心。曹操最後只能做兩件簡單的事情，一是繼續調動援軍，二是親自來到洛陽南邊不遠的摩陂，為襄樊困局遙作聲勢。

就在那個關鍵時刻，一封公文跨過淮水送到了曹操面前，公文主旨欄寫著「求和、稱藩」，文末蓋上「漢討虜將軍　孫權」的大印，公文密等是：「極機密」。

這個發展對曹操並不意外，蔣濟和司馬懿很早就判斷，孫劉連盟只是一片薄脆的糖衣，隨著關羽逐漸北上，孫權圖謀荊州的動機將越來越強，孫權不會希望皇帝真的落入劉備手中，更不能抵擋後防空虛的荊州的誘惑。眼下孫權這封信，就是向帝國中央稱臣請降，並以討伐關羽做為稱臣的見面禮。

曹操「大體上」同意了孫權的請求，他讓孫權當車騎將軍，假節，另外送上那個致命的抬頭：荊州牧。不過曹操另外動了點手腳，他將這件事情洩露給關羽知道。

曹操這邊的盤算很簡單，根據董昭的意見，若放任孫權得了荊州，對曹操一點好處都沒有，今天把這訊息洩露出去，讓關羽撤軍和孫權拼個你死我活，不但解了襄樊之圍，曹軍更可坐收漁翁之利；即便以短期來看，讓樊城圍城中的軍士知道情況有變，也能鼓舞士氣。董昭最後又判斷，關羽為人逞強，一定不會選擇「馬上撤退」這個唯一正確的策略。

我無爾詐，爾無我虞。

建安二十四年，閏十月，獵殺關羽大陣正式啟動。曹操方面，樊城附近的洪水終於消退，各地援軍也陸續到了定位，徐晃彙集了徐商、呂建等十幾支部隊，包括平難將軍殷署所率領、剛從馬超、韓遂那邊招降來的西涼騎兵，正式向關羽挑戰。當時關羽已收到孫權可能襲擊後方的消息，但正如董昭所判斷的，他對情資正確性有所懷疑，也不願放棄即將到手的戰果，因此並未在第一時間下令撤退。在軍心不穩的情況下，徐晃很快就突破關羽設下的包圍圈，在野戰中擊退救援部隊，並成功地與樊城內的曹仁達成連繫，雙方裡應外合出擊，關羽不能抵擋，只好撤回漢水南岸。

原則上這一敗並不算太嚴重，曹操的騎兵畢竟是天下第一，要在陸戰上取勝有其難度，關羽的艦隊仍控制著漢水，襄陽也還在包圍圈中，只要攻下襄陽，多少也算是達成戰略目的（當然關羽面子會掛不住就是了）。

但問題已經不在眼前，而是在後面。

在陸遜這塊羔羊皮的掩護之下，孫權、呂蒙、蔣欽、潘璋、朱然、周泰等大小鱷魚紛紛潛回了長江中游，準備靠群體作戰吞下荊州這塊肥肉。十一月，呂蒙進行奇襲作戰，他將特種部隊藏在民船上，由一般平民百姓駕船，偽裝成商旅，逐步渡過長江，然後快速地摸掉江岸所有哨口。於是，在沒有任何警報的情況下，江東大軍進入南郡，駐守公安的將軍士仁（演義上寫成傅士仁）首先投降，接著鎮守江陵、也算是劉備老班底的糜芳竟也開城獻降，江東軍兵不血刃地佔據南郡，由呂蒙守江陵，陸遜向西進軍宜都，切斷荊州與益州之間的交通，蔣欽更率江東水軍進入漢水，徹底包圍關羽軍。

若是進行事後檢討，劉備集團「大意失荊州」最大的原因就是情資。孫權和曹操結盟，沒人知道，江東主力從東線移到荊州，沒人知道，甚至現在呂蒙都拿下南郡了，還是沒人知道江東軍想幹嘛。關羽得到後方淪陷的消息後，並沒有在第一時間回軍反攻，相反地，他慢慢地南撤到當陽附近的麥城，並不斷地向江陵派出使者，冀望可以像四年前那樣在談判桌上解決事情。

但這回江東群鱷已不想多說什麼，他們張開大口只是為了吞下所有的荊州地。

十年前赤壁之戰剛結束時，荊州人或許對於江東政權頗為反感，因此紛紛集結到劉備旗下，經過十年孫劉兩家共治荊州後，民間的偏見應該有所緩和，呂蒙進入江陵後更大做群眾工作，親自拜訪民間耆老，振濟貧困，提供免費醫藥服務，還以偷竊百姓的斗笠的罪名，殺了麾下一名同鄉的士官（這招鄧小平也用過）。關羽不斷派遣使者過來，等於是給呂蒙免費的宣傳機會，呂蒙總是不談正事，只招待使者在城中四處探視，讓他們見證江陵城易主後的良好秩序，更讓他們能造訪其他荊州軍士的家屬，順道帶些口訊或書信回去。這些使者回到關羽軍中後，自然而然將訊息散播給同袍，荊州軍士們知道自己的家人沒事後都鬆了一口氣，但也相對地打消了反攻江陵的戰意。

關羽是個好統帥，他並沒有強押著士兵去攻打家人所在的城池，當發現士兵無心應戰時，他選擇詐降，然後帶著一小隊死士企圖從西北邊的山區逃往劉封、孟達駐守的東三郡；但一切已經太遲，關羽的詭計被孫權視破，朱然、潘璋兩人率軍急追，最後在臨沮縣追到了關羽的殘隊，關羽和他的兒子關平（不是義子）、都督趙累當場戰死（或有記載是被俘後處斬）。

關羽之死是歷史上的一個頓點，他賠掉的不只是自己的性命，更是劉備戰艦右舷上的主炮；失去了荊州，蜀漢北伐只剩漢中一個據點，「隆中對」從此成為泡影。後世很多論者因此對關羽多所批評，認為他好大喜功、擅自北伐，破壞了劉備的整體戰略；他剛愎自用、辱罵江東使者之舉，破壞了孫劉聯盟；他驕傲自大、輕蔑同僚之舉，逼反了麋芳與士仁。

我認為前兩項指控是不成立的。建安二十四年關羽大舉出兵襄樊，應是配合劉備在漢中、東三郡的攻勢，證據中看不出關羽當時已經熱血灌腦，有一路打上去收復中原的打算。至於搞壞與孫權的關係就更不該算在關羽頭上，縱然關羽的個性可能造成許多不必要的磨擦，但侵奪荊州是呂蒙、孫權既定的政策，這恐怕非關羽壓低姿態能改變的。另外，孫權為自己的兒子向關羽提親顯然更是一個陰謀，關羽的女兒嫁過去等於是個人質，而且孫權一方面把自己妹妹接回來，另一方面又向關羽提親，儼然是在挑撥劉備和關羽的關係，關羽拒絕合情合理，至於「辱罵」雖然很像是關羽會做的事，不過因為是記在孫權傳上，倒多了一些政治宣傳的可疑性。

但第三點指控關羽是賴不掉的。不要忘了，關羽是「大頭仔」典型的人物，他對於所認同的大哥誓死效忠，但對看不起的人連表面功夫也不想做。當初劉備封黃忠為後將軍時，關羽就直截了當表明他不屑與黃忠並列；既然連黃忠這種素有名聲的戰將都只能換取這樣的態度，那士仁、麋芳在關羽麾下所受到的屈辱就可想而知了。

附帶一提，麋芳投降東吳後，並沒有得到太多尊嚴，仍不時地遭到專門羞辱降將的虞翻的羞辱；他老哥麋竺留在益州，雖然沒有受到劉備處罰，但心中仍十分羞愧，不久就因病過世。想當年麋家兄弟在徐州家產萬貫，為了劉備不惜拋家棄產，連家中妹妹都奉上，最後卻落得這樣的下場，真是頗令人感慨。

關羽的死也被後世藝術家渲染成經典的「英雄末路」橋段，《走麥城》便是三國名戲之一，對於一代武聖殞落，民間總是多些同情和不捨。其實便是以歷史來看，在那短短半年之內，曹仁、滿寵、于禁、徐晃、龐德、呂蒙、陸遜、朱然、潘璋、蔣欽等眾多名臣猛將齊集荊州，為的就是他關雲長一人，這般陣容也比得上當年紂王殺元始天魔的誅魔大會[23]，關羽也算死得壙上有光了。

然而關羽死後，我們不禁要問一個問題，本書的主角劉備在哪裡？

這大概是這幾年一些陰謀論者相當熱愛的議題，包括劉備陰謀論、諸葛亮陰謀論等說法紛紛出爐，主要論點無非是：諸葛亮或劉備為了避免劉禪繼承後，關羽尾大不掉，所以寧可犧牲荊州，借孫權的刀除掉關羽。

㉓典出香港玉皇朝的漫畫《天子傳奇一》。

雖然我也很喜歡陰謀論，但我個人認為這樣的說法推論過度，單就這時候劉備和關羽的關係來看，還看不出關羽有什麼太拿翹的模樣，劉備要收拾關羽該有成千上百種手法，沒有理由送掉大好的荊州地。至於是諸葛亮主謀就更誇張了，諸葛亮此時還沒有話事的地位，不可能單獨操弄這種手段。

我想，劉備之所以沒有赴援荊州，主要還是情資問題，在當年閏十月之前，關羽在襄樊戰線仍是進展順利，之後雖然敗於徐晃，但也還用不著另外支援；隨後江東軍奇襲的速度太快，封鎖線做得太好，據說荊州百官完全逃不出荊州，包括關羽的主簿廖化想走也走不了，只能暫時向孫權投降。反觀益州這邊，當時的劉備雖在成都，但主力部隊應仍留在漢中和東三郡，在如此資訊不明、兵力有限的情況下，劉備或許在決策時遲了半拍（這也不是第一次了），但就是這半拍，喪了他好兄弟的命。

無論如何，建安二十四年結束的時候，關羽死了，荊州掉了，史書上沒有記載劉備的反應，那恐怕不是痛心疾首可以形容的。但劉備並沒有立即採取報復行動，之前幾年他擴張得太快，他需要時間重整他的力量。

關羽在建安二十四年十二月的死很巧合地觸發了一連串大人物的過世，首先是曹操，在見到孫權送來的關羽首級後，建安二十五年正月二十三日，曹操在洛陽走完了他六十六年的人生，留下佈置妥當的篡位舞台給他三十三歲的兒子曹丕。另外是呂蒙，在完成他一生最大的職志後，他帶著南郡太守的頭銜，在公安病逝，享年四十二歲。另外蜀中，法正與黃忠也在建安二十五年先後過世，在東吳，蔣欽在自荊州返回江東的路上過世。

建安世代已接近尾聲，不僅是人，也包括「建安」本身。

命運轉折

曹操雖然沒走過「建安三八」的大命之限，但他的團隊走過了，曹丕在賈逵、司馬孚等幹部的協助下，渡過了政權交接的陣痛期，成功接手漢丞相與魏王大印。九個月後，曹丕完成了他老爸遺留下來的任務，東漢延康元年，西元二二〇年，十月，四十歲的漢獻帝劉協宣佈禪讓，曹丕即任帝位，改年號為黃初。曹丕封劉協為山陽公，並允許公國內繼續施行東漢的曆法制度，劉協退位後又活了十四年，一直到魏明帝青龍二年，西元二三四年才病逝，在中國歷代末代皇帝中，他算是很幸運的一位。

相對來說，走完十年的大運，劉備集團在建安時代結束之際，又進入一種密雲不雨的危機前夕狀態。失去關羽和荊州是一大打擊，接下來丟失東三郡，更突顯了劉備集團內部的問題。

前一年，劉封與孟達兩路出兵，拿下了上庸、西城、房陵三郡，基本上這三郡位處山區，地勢險要，只要不亂搞，應該不會出什麼狀況，但人際關係卻成為這個軍區的致命傷。劉封是劉備的義子，也是重點栽培的將領，在過去十年的征戰過程中，他從一個無名小將，快速地升為一方鎮將，此時大約才三十來歲的他，正是趾高氣揚，意氣風發，對於靠出賣主子換取地位的孟達不大瞧得起，因此在兩人共守東三郡的期間，劉封經常欺辱孟達，連劉備賜給孟達的軍樂團（鼓吹），也被劉封佔為己有。

孟達則是和劉封完全相反的人物，他出身豪族，相貌堂堂，口齒伶俐，反應靈敏，對於劉封的欺辱，他一直悶在心裡，直到他聽到關羽被擊斬的消息。當初關羽圍攻襄樊地區時，曾屢次要求劉封、孟達出兵助攻，但兩人都以三郡初定、情勢尚不安定為由拒絕。現在關羽戰死，聰明如孟達馬上知道自己會成為檢討的對象，延康元年，西元二二〇年，年中，孟達帶著自己部曲四千餘家，向曹丕投降。

一個熟悉敵人情勢、手握重兵的將領帶槍投靠，初掌權的曹丕自是大喜過望，再加上孟達名士的風範，正是曹丕的菜，曹丕於是給予孟達高規格的待遇，先是下令將東三郡合併為新城郡，以孟達為新城太守，再任命孟達為曹魏第一代的「散騎常侍」，那是曹丕新設立的官職，等於是皇帝專屬的從官，是將來中央輔臣、地方大員的跳板。曹丕也經常與孟達同搭一輛車，說話時勾肩搭背，親密的程度，連其他官員都頗有微詞。

有這位叛徒天王的加入，曹丕自然不能浪費，年底，曹魏帝國新任右將軍徐晃、征南將軍夏侯尚從樊城出兵，進攻東三郡。

孟達當時自然是魏軍嚮導，他很盡責地寫了封勸降信給劉封，大意是：「將軍你和劉備其實非親非故，但卻位居高官，手握一方兵權，現在劉禪為太子，一定會有功高震主的嫌疑，不如您現在投降我國，繼承您原生父親羅侯的爵位，才是安身立命的方法。」

劉封並沒有接受這個還滿有道理的勸降，他整頓軍隊，決心獨立抗戰。但東三郡本地大族並沒有這個意願，上庸太守申耽與西城太守申儀兄弟先後投降，劉封也被魏軍擊敗，孤身逃回成都。

一連丟失荊州和東三郡，當時成都必然是處於一種低迷又肅殺的氣氛中，劉封敗逃回來正好成為眾怒所指的代罪羔羊；此外，據說諸葛亮此刻也已考慮到接班的問題，他擔心劉備過世後，年輕的劉禪將制不住勇猛又囂張的劉封，因此唆使劉備趁機殺絕後患。劉備最終接受這個建議，他安給劉封兩個罪名：欺凌同事、不救關羽，然後逼劉封自殺，劉封臨死前大嘆：「可恨當初不聽孟達之言！」

從關羽和麋芳失和，到劉封與孟達的衝突，都可以看見劉備集團膨脹太快所產生的後遺症。雖然在成都小朝廷內，劉備力求新舊人馬平衡，形成「有志之士，無不競勸」的和諧場面，但在外的帶兵將領卻沒能領略團結的重要，他們手握重兵，滿腦想著趁順風球，多單打建功，灌了幾個籃之後就以為自己是隊上一哥，除了總教練以外其他人都不看在眼中，最後就是內部不和、空有一堆明星球員戰績卻每況愈下，相信有看球的人都很熟悉這種報導。

會搞成這樣，身為主帥的劉備當然要負最大的責任，是他造就了急功近利、只要得分一切都不管的政策風格，讓集團為此付出慘重的代價。

所以劉封非死不可。在他有限的人生中，劉封雖然還沒有什麼驚人的戰績，但從入蜀、漢中到攻略東三郡，可以看得出他是個有潛力的戰將，劉備以「不救關羽、欺辱孟達」的罪名逼死這位明日之星，殺雞警猴的目的十分明顯。

不過劉封之死在當時的成都小朝廷中只是件小事，大多數的集團成員、包括劉備自己，都在忙著一件更重要的事情——稱帝。

這是一個需要詳細步驟的計畫。

第一步是宣傳漢獻帝劉協已被謀殺的消息，只有舊皇帝死了，才有新皇帝的空間，劉備親自為劉協服喪，追謚他為愍帝。根據謚法，「愍」是指「在國逢難」，是一個有同情意味的謚號。

第二步是要搞些「祥瑞」，證明劉備稱帝是天命所歸，這一部份由益州本地的儒生們負責。張裔、黃權、尹默、杜瓊、譙周、何宗等人聯名上書，列舉出古代河圖、洛書中一堆有「備」或「玄」的句子（例如洛書寶號命曰：「天度帝道備稱皇，以統握契，百成不敗」），證明劉備稱帝，是新石器時代就有的預言。然後儒生們又說，前幾年，益州天空常常出現黃氣，象徵天子出現；漢朝的帝星歲星（木星）後面，也常常看到熒惑（火星）與太白（金星）跟著移動，象徵漢朝將有中興之主等；之前因為漢獻帝還在，所以大家不敢亂說，現在這樣看來，漢中王即帝位，完全是順天應民啊。

有了名義、有了祥瑞，第三步就是正規的政治儀式了，約當是西元二二一年，曹魏黃初二年年初，許靖、麋竺、諸葛亮等人上書，正式勸進劉備稱帝。

這裡頭卻有個超不識相的人唱了反調，那是犍為人、時任益州前部司馬的費詩，他大咧咧地告訴劉備：「今天大敵未克，大王你連殿門都還沒踏出一步，就要稱帝自立，我看不大好吧。」

當時劉備沒什麼心情搞些辭讓的儀式，他乾淨俐落地把異議人士費詩調到偏遠的永昌郡去，命劉巴草擬稱帝用的文告，然後就在當年的四月六日，於成都西北的武擔山築壇，正式接受了「皇帝」的稱號，並建立自己的年號「章武」，設立百官、宗廟，蜀漢帝國由此建立。

新帝國一成立，當然又要再封官。這時候法正已死，劉巴也只剩一年壽命，能擔起新帝國行政的只剩一人：諸葛亮，他受任為帝國丞相，錄尚書事，開始了他二當家的生涯。軍隊方面，關羽、黃忠都已去世，唯二的兩名上將各升至高位，張飛為車騎將軍，領司隸校尉，馬超為驃騎將軍，領涼州牧；另外漢中的魏延從鎮遠將軍升級為鎮北將軍，討逆將軍吳懿則加掛一個關中都督的頭銜，應是與魏延共守漢中。

至於大家最喜歡的趙雲，說也奇怪，還是沒得升官，繼續掛著雜號的翊軍將軍。

這些稱帝拜官的儀式很無聊，但也很重要。掛上皇帝的頭銜不單是為了和曹丕平起平坐，也正當化了劉備對益州的統治；以中國傳統的政治概念來說，「皇帝」所統治的不是一個國家，而是「天下」，正所謂「普天之下，莫非王土」，只要是文明世界的領域，都在皇帝的統治之下。因此當劉備承受天命，變成皇帝之後，益州一地自然屬於他的合法統治範圍，他並不是外來的統治者，漢朝仍在，只是皇帝這個位置換人，至於曹丕稱帝自然是不合法的。

當這些政治秀告一段落，實質的部分就來了。失去的東西必須要討回來，積欠的仇怨也必須報還，在他簇新的皇帝冠冕後，剛滿六十歲的劉備的眼神冷酷而果斷，他決定要用一個敵人的頭顱和鮮血，為新建立的帝國畫上第一道光彩。

西元二二一，章武元年，六月，劉備向孫權宣戰。

開戰？反戰？

章武元年，剛稱帝的劉備拋出了東征的議題，立刻在成都引爆激烈的論戰，反對最力的是跟隨劉備多年的翊軍將軍趙雲，他義正嚴辭地告訴劉備：「國賊是曹操，不是孫權，只要消滅曹魏，孫吳自然會平服，如今曹操雖死，但他的兒子曹丕篡位，我們應該順從天下民心，出兵北伐關中，佔據渭水、黃河上游，則關東義士必定為接應我們。現在我們先和東吳開戰，只怕會沒完沒了。」除了趙雲之外，廣漢人秦宓也認為天時不對，不可伐吳。

劉備沒有耐心說服這些反對派，他乾淨俐落地將秦宓打入大牢，然後令趙雲留守江州，不隨同出征。

即使不看之後慘敗的結果，以當下客觀的情勢來看，劉備集團才剛歷經兩次嚴重的挫敗，兵力有限，要奪回荊州確有難度，就算成功攻下南郡，又要同時面對北、東兩面夾攻，怎麼算都不利。我們不禁要問，究竟是什麼原因，令劉備那麼堅持、執意出兵荊州？

這也是一個經常被討論的問題，最常見的答案當然是劉備對關羽的兄弟義氣，當時曹丕身旁的謀士劉曄，便對劉備攻吳做出很深入的分析。劉曄認為，第一，劉備集團原本就是個戰鬥集團，之前的失利只能用之後的勝利彌補，一定要發動戰爭，才能強大自己；第二，劉備和關羽關係非比尋常，在這個以道義自詡的集團中，要是劉備說什麼對孫權「以德報怨」之類的屁話，恐怕會被內部唾棄至死。

這兩個理由當然都成立，但我認為劉備非要攻打荊州，主要還是因為荊州兵團的壓力。

當年劉備帶了幾萬名荊州軍人來到蜀中，許給他們一個美好的夢想：你們將是天府之國的主人，擁有滿手的財富，當你們再次回到故鄉時，你們不只是富人，還是英雄，受到所有鄉親的尊敬與崇拜！

結果呢？這個夢只實現了一半，荊州人成了益州的主人，掠奪了滿手的財富，但故鄉荊州卻掉了，還是掉在那些殘虐的江東人手中，荊州軍人們怎麼可能接受這樣的結果？什麼北伐中原，現在老子沒心情，要不，我們一起打回荊州，要不我們自己走回去！

劉備稱帝時拜馬超為涼州牧，拜張飛為司隸校尉，拜吳懿為關中都督，可見劉備其實有將涼州、關中放在心裡，但在荊州兵團的強大壓力下，劉備必須先將兵鋒東指，至少也要先向孫權討一個交代。

在這場開戰反戰的論戰中，一個關鍵人物的動向成為大家關注的焦點，那就是剛接任二把手的諸葛亮。在這場論辯中，諸葛亮始終保持沉默，並沒有表明立場，直到隔年劉備戰敗的消息傳來，留守成都的諸葛亮才嘆了口氣，說：「若是法正還活著，他一定可以勸阻老闆東征，就算出征，也不會敗得這麼慘。」

諸葛亮這句馬後炮引來後世上百種的解讀，最常見說法便是認為，和法正相比，諸葛亮根本不受劉備信任，戰前的發言沒有重量，反諸葛論者會繼續扯到諸葛亮軍事才能不足，溝通沒有技巧等等。

易中天教授在他的《品三國》中則有另一種見解，他認為在此時此刻，劉備和諸葛亮已經面臨理念上的分岔路口，劉備想割據，而諸葛亮重復興，這種衝突造成諸葛亮在此一緊要關頭囊括不語。

但我覺得答案可以再更直接一點，只要看一下當時的環境，我們就會了解諸葛亮有口難言的原因。最初孫權暗算關羽，他老哥諸葛瑾就在軍中，呂蒙死後，諸葛瑾還接了他的南郡太守的位置，若要東征，諸葛瑾肯定是第一標靶，即使諸葛亮和他老哥不親，但兄弟關係是鐵一般的事實㉔，此刻

㉔況且諸葛瑾、亮兄弟並沒有不親，諸葛瑾的第二個兒子諸葛喬還過繼給諸葛亮當養子，兩人也經常有家書往來。

他若主戰，必然會被批評是「枉顧天倫」；如果是反戰，則會被批評是「以私廢公」，甚至是「私通外國」（後來諸葛瑾在江東就有這樣的傳言），即便劉備相信諸葛亮，也不會給予他的發言任何重量，那倒不如省點口水，中立就好。

另一方面，諸葛亮本身就是荊州集團的頭頭，一堆荊州幹部都是他帶進來的，當這些同儕都用荊州話高喊「打回去、打回去」，諸葛亮恐怕也不敢提出相反的見解。

章武元年，西元二二一年，六月，東征拍板定案，劉備親自來到巴地首府江州，各路蜀軍也陸續集結，準備順著長江水流，一舉蕩平荊州地。

但就在出兵前夕，一名傳令兵突然衝入劉備大帳，表示巴西閬中軍隊有緊急密報，十萬火急。巴西？閬中？十萬火急？劉備只覺得眼皮一跳，失聲道：「老天，難道是張飛死了？」

很遺憾，劉備的第六感是對的。

荊州人的戰爭

張飛的死是一場謀殺，他的部將張達與范疆在發兵前一天動手，刺殺張飛，並將張飛首級割下，順江逃亡，投奔孫權。

張飛的死在歷史上的記載就這麼簡略，我們不知道張達和范疆的動機，也不知道他們用什麼方法殺了這位萬人敵。《三國演義》以創作補足了這些空白段落，所以我們現在都認為，張飛是為了幫關羽報仇，責令張、范二人連夜打造白盔白甲，否則處斬，張、范發現不可能完成這項任務，於是鋌而走險，趁張飛熟睡時，一刀刺進張飛腹部，再割下首級。

根據歷史記載，關羽和張飛是兩個風格截然不同的主管，關羽很討厭那些讀書的士大夫，但對待低階士兵卻相當好；張飛則是相反，他禮敬讀書人，還曾因為敬慕劉巴的名聲，特別跑去人家家裡住了一晚，但他對待屬下相當苛刻，動不動就又打又殺，劉備就此警告過張飛多次，說這樣下去遲早會出事，但張飛依舊我行我素，最後果真死在自己屬下手上。

張飛死後，遺體便葬在閬中，後人也在閬中為張飛立了廟，不過張飛的頭呢？其實也不在孫權那兒，據說范疆和張達帶著張飛的首級順江逃亡，路上就將首級丟進長江中（為什麼呢？可能要躲盤查吧），張飛於是託夢給一位漁夫，將他的首級打撈起來，葬在四川東部的小鎮雲陽，形成張飛「身葬閬中，頭葬雲陽」的情形。雲陽不久後也立了一座張飛廟，一直保留到今天，因為廟中收藏了很多名畫字帖，使雲陽張飛廟還比閬中張飛廟多了些名氣；二〇〇七年長江三峽大壩興建造成水位上漲，中國政府將張飛廟遷移了三十二公里。

話說回二二一年，張飛的死對劉備東征有很大的衝擊，張飛的資歷最深，又擔任過宜都太守，當初征服益州，他帶兵一路沿長江打進來，對於長江沿岸作戰經驗豐富，再加上他擒嚴顏、敗張郃的威名，各軍都督的位置原是非他莫屬。

喪失了張飛，趙雲奉派留守，馬超又不能重用，劉備這回東征，顯然缺少一個有威望、有經驗的將領擔起統籌、領導的角色。但劉備並不受挫折，他自己就是身經百戰的宿將，他決定親自帶領年輕的荊州將領，好好打這一場屬於荊州人的戰爭。

經過劉備的重新組織後，擔起都督諸軍重任的，是南郡人、時任領軍的馮習，前部則由同是荊州人的張南負責，這兩位仁兄先前的事蹟都不明，只知道是隨劉備從荊州入蜀，估計兩人年紀不大，職位不高，功勞也不顯著，都督諸軍或都督前部這種重責大任，自然也是頭一遭。

東征行伍中其他的荊州將領還有輔匡、傅彤、向寵（向朗的弟弟）、趙融、廖化（廖淳）等人，劉備都讓他們獨立統率部隊。這些將領在之前都沒有太醒目的戰績，劉備或許是想利用這次作戰好好磨練一下，希望可以從中拉拔出一兩個至少有劉封水準的統帥級人物。

參加東征的荊州人還有馬良，當時他擔任新帝國的侍中，相當於國策顧問，是本次東行身分最高的文職官員；另外還有龐統的弟弟龐林，劉備讓他加入黃權的部隊，負責江北作戰。

除了荊州人以外，劉備動員的主要是巴地的軍團，巴地多山，民風善戰，自古有「巴將蜀相」的說法。首先加入東征的是巴將之首黃權，經過漢中之戰後，他已經成為劉備最信任的巴蜀將領，他挺身而出，自告奮勇要為劉備打前鋒，但劉備決定不讓他搶走荊州人的風采，讓他當鎮北將軍，率軍從江北進軍，防禦北方魏軍。

隨軍出征的還有巴郡閬中人的程畿，在劉璋時代，他擔任漢昌縣長，手握精銳的板楯傭兵，是一個硬脾氣的悍將。另外一位非荊州籍的將領是吳班，他是吳懿的族弟，北方陳留人，當時擔任領軍一職，率領水軍，擔任全軍前鋒。

章武元年，西元二二一年，七月，劉備的復仇大軍正式從江州開拔，沿長江直指荊州而來。荊州各兵團士氣昂揚，打從入蜀以來，他們已經十年未嘗一敗，他們已不是當年劉表麾下的軟腳蝦，這次面對江東水賊，荊州人將要他們吐出不該吞下的土地，付出應付的代價。

然而大多數的荊州將領此刻還不知道，這一場東征，將是他們的最後一戰。

劉備亦然。

外交的藝術

面對劉備的復仇威脅，孫權很早就開始準備。

西元二二〇年中，劉備稱帝前後，孫權將首府由東方的建業搬到江夏的鄂縣，改名武昌，使東吳中央有更多餘力照料新征服的荊州地。當時呂蒙已過世，他的部隊由昭武將軍朱然繼承，鎮守江陵，南郡太守的頭銜則掛給綏南將軍諸葛瑾，戍守公安。

江陵以西，負責防守的是右護軍、鎮西將軍陸遜，他擔任宜都太守，守宜都、夷陵等地；宜都更西面的秭歸和巫縣，則另外成立固陵郡，由振威將軍潘璋擔任太守。潘璋是個怪咖，好酒好賭，又愛欠錢不還，每次帶幾千人出征，總把營區搞得有幾萬人一樣，只要一不打戰，馬上就開軍市，搞得他的部隊什麼玩意兒都有；擊斬關羽後，潘璋聲名大噪，他又合併了甘寧死後留下的部隊，兵強馬壯，孫權將這麼一個侵略性的人物放在最西線，恐怕不只是防禦，多少還有點圖謀巴蜀的意味。

除此之外，孫權將原本在交州一把罩的平戎將軍步騭調上來，率領萬餘人鎮守長沙，加強荊南防禦。

除了軍事佈局，孫權更力求在政治上深化江東對荊州的統治；他授給陸遜人事權，讓他可以自由拔擢荊州人士；同時，孫權也重用前荊州從事、武陵人潘濬，舉凡荊州事務一概徵求他的意見，加強施政的在地性。

軍事內政兼具，劉備明白，孫權絕對不是一個簡單的敵人，要奪回荊州，光靠武力是不夠的，還得靠某位仁兄幫忙。

七月，劉備的復仇大軍才開離江州，馬上就接到江東的求和書，老樣子，是由和平之驢諸葛瑾執筆。

在《三國演義》中，諸葛瑾提出的和平條件是：一、送還孫夫人；二、遣返叛將（麋芳、士仁、范疆、張達）；三、交還荊州。羅貫中企圖呈現的是，連這麼優渥的條件劉備都不答應，足見桃園三結義的義薄雲天。

但根據歷史記載，諸葛瑾這封議和書其實只是單純嘴炮，連「投降輸一半」都沒有，諸葛瑾告訴劉備：「陛下和關羽的關係，與漢帝的關係，哪個比較親近？荊州一地和天下，哪個比較重要？只要審酌輕重，就會知道此下攻打荊州，完全是錯誤的決策。」

這種空口白話當然不可能有任何效果，劉備大概會想：「廢話，當然是關羽和我比較親，我連劉協那小子都沒見過幾次，親個屁；荊州和天下哪個重要？沒有荊州哪來的天下！」他將江東使者斥回，繼續向東挺進。

劉備發兵不久後，前線便傳來好消息，兩位領軍馮習與吳班旗開得勝，在巫縣擊敗江東將領李異、劉阿，打通長江三峽中點，江東軍展開大撤退，一口氣讓出秭歸等重要據點，一直退到離江陵只有一百五十公里左右的夷道、猇亭一線，蜀漢大軍遂趁勢前進，重兵進駐秭歸。

從孫權主動議和和撤退，劉備知道，孫權也在擔心那個人。

那就是曹丕。

三國之間是一種賽局，彼此牽一髮而動全身，蜀漢打東吳，曹魏不可能置身事外，只要曹魏選擇去開某一國的後門，便能改變戰局。

客觀評估，劉備的後門要比孫權牢固一點；漢中多山，有魏延和吳懿重兵把守，曹操先前又清空了武都郡，再加上曹丕即位後，西涼羌胡叛亂無常，種種原因，使得曹魏發兵漢中的機率大幅降低。

反觀孫權，征服荊州後，他必須面對更廣大的北方防線，打從東海岸起，曹魏的一級統帥包括臧霸、曹休、張遼、滿寵、徐晃、曹仁、夏侯尚等，佈滿了淮河、漢水一線，若曹丕下令動手，再加上劉備的復仇軍，恐怕孫權也只能大呼：「呂蒙誤我！」

劉備賭的就是這一點，以他的兵力，獨立奪回荊州有其難度，但只要曹丕肯在後面捅孫權一刀，孫權就算不仆街，也必定要讓步。

就因為這樣，蜀漢的東征進行得相當的緩慢，西元二二一年夏天巫縣大捷後，劉備並沒有趁勝大舉進擊，反而是讓軍隊停留在秭歸，他自己坐鎮第二線魚腹，整整四、五個月沒有動作，我認為，劉備就是在觀望曹丕的動向。

要爭取曹丕配合，當然不能只靠機運，早在建安二十五年初，曹操過世時，劉備就派了使者前往北方弔喪，企圖改善蜀魏關係，為東征鋪路。但這個舉動貓哭耗子的意味太明顯，曹丕並沒有接受。

這把戲你知道我知道，獨眼龍也知道，劉備懂得拉攏曹丕，孫權當然也會，長久以來和劉備在荊州議題上打交道，孫權更明白外交的箇中三昧，在面對曹丕的外交工作上，孫權找到一個樞紐人物，他的名字叫浩周。

浩周是上黨人，父祖不詳，估計也是士族出身，在曹操底下曾當到徐州刺史，建安二十三年襄樊大戰時，他擔任于禁的護軍，隨著于禁投降關羽，之後也一同成為東吳的俘虜。孫權看出這位身分不低、有點呆呆的文人的價值，因此給予他相當高規格的待遇，而浩周也就這樣呆呆相信孫權是個好人，成為一連串錯誤的開始。

建安二十五年初，曹操過世，孫權派浩周回到北方，向曹丕傳達自己的赤膽忠心，孫權表示，之前邊境的軍事衝突都是誤會，希望能建立雙方軍事互信機制，曹魏應該揭露邊界軍隊部署的情形與目的，避免再有類似衝突發生。

曹丕看了孫權的信，半信還半疑，孫權之前叛盟的紀錄不少，誰也不敢保證這次是真的，浩周先生就在這邊派上用場了，他拍胸脯保證，孫權一定是真心投降，而且這次一定願意將他的兒子孫登送來洛陽當人質，浩周不知道那根筋不對，還用了殺手鐧，他向曹丕發誓：要是孫權不歸降，我全家死光光。

大概就是因為浩周的氣勢，曹丕接受了他的見解，當年底，曹丕即任帝位，又派浩周出使孫權，要求孫權送交質子。當浩周告訴孫權他用身家性命為擔保時，孫權痛哭流涕地說：「浩兒，你用全家性命為我擔保，我……我還有什麼話好說？」

的確，無話好說，就是不會送質子。

浩周回去後，孫權前前後後又給浩周寫了好幾封信（不是給曹丕），先強調自己一定會送兒子過去，但兒子年紀太小，要再多教訓，過了一陣子又說，會派宗室重臣孫桓一起過去，再過一陣子，又說連江東元老張昭老先生，也要一起上去洛陽，時間就在今年十二月。

這是一個很高明的催眠技巧，它讓浩周和曹丕覺得整件事一直有進度，但其實什麼也沒完成。

其實當時洛陽朝廷中，也有人建議曹丕應該配合劉備攻打江東，例如劉曄，他很明確地分析道，如果曹魏此時出兵江東，東吳必亡，到時候蜀漢也不可能和曹魏對抗。但是曹丕當時已經被孫權哥哥的甜言蜜語蒙了心，他不但沒想過要去開孫權的後門，甚至還反過來想要和孫權聯手，一同去攻打蜀漢。

曹魏黃初二年，西元二二一年，十一月，劉備巫縣大捷後不久，魏吳同盟正式確認，曹丕降詔，封孫權為吳王、大將軍、荊州牧、都督交州，另外再加上至高無上的「九錫」，表明在吳蜀之戰中，曹魏不會對對東吳動手。

當年濡須之戰，曹操和孫權對陣時，見江東軍陣列嚴謹，曾感嘆地說：「生子當如孫仲謀，劉景升兒子若豚犬耳。」這句話算是公道的曹操嘴炮，但曹操只批評了劉表的兒子，好像忘了把自己的孩子拿出來跟孫權比一比（孫權比曹丕大四歲而已），或許曹操心知肚明，只是開不了口。

這場外交戰中，孫權大獲全勝，按捺了曹丕之後，孫權終於將懸著的一顆心放下，全心對付他的前妹夫劉備。西元二二二年，三十九歲的陸遜被任命為大都督，率韓當、朱然、潘璋、宋謙、徐盛、鮮于丹、孫桓等將領，一共約五萬大軍進駐猇亭，在這裡，新一代的江東鱷魚頭領，將為劉備搭建一座華麗、燦爛、也是最後的戰爭舞臺。

紙上談兵

擺平了曹丕，江東軍展開了第一次的反擊，蜀漢章武二年，西元二二二年，正月，江東軍在老將宋謙的率領之下，擊破蜀軍的五個堡壘，擊斃蜀軍負責將官，為江東在巫縣失利後挽回了一些顏面。

但這次反擊徹底激怒了劉備，當時他應該已知道短時間內，曹丕不會對江東動手，這麼一來，要取得勝利只剩下一個最原始的方法：血淋淋的軍事勝利。

就在宋謙反擊之後，劉備下令動員，蜀漢軍隊水陸並進，大舉進入荊州西界，劉備率領陸軍親自進駐秭歸，水軍則由吳班與陳式率領，進屯夷陵，控制長江兩岸。次月，蜀軍繼續前進，江南主力部隊直推進到夷道縣的猇亭，江北的側翼軍團則在黃權的帶領下進入夷陵境內；劉備另外派馬良由佷山前往南方的武陵郡，串連當地的原住民，武陵蠻頭目沙摩柯接受劉備招撫，帶領部族北上加入戰局，零陵和桂陽兩郡的原住民也紛紛響應劉備，一時之間，荊州西、南兩面已樹起無數「漢」字大旗，劉天王的歸來魅力不減。

相較起來，江東軍就顯得小孬孬許多，統帥陸遜帶著主力部隊一直龜在猇亭，整天只會向孫權放大話，說什麼夷陵是要害，一定要守住（廢話！），劉備以往作戰敗多勝少，這次放棄水軍單用陸軍，又用過時的陣法，憑藉至尊的威靈，一定可以打敗擊敗敵軍（聽起來是拍馬屁）。

唯一比較有 guts 是年輕的孫桓，他的父親孫河原本姓俞，因為長期追隨孫策，被賜姓孫並認為宗室成員。十五歲那年，孫桓曾在京口見過前來借荊州的劉備，在他的印象中，劉備只是個落魄的歐吉桑，鞠躬哈腰地跟孫權哥哥討碗飯吃；十年後，二十五歲的孫桓首次批掛上陣，官拜安東中郎將，投入對蜀軍的戰鬥，年輕氣盛的他依照少年的印象行事，率領部隊單挑在夷道的蜀軍前鋒，但劉備現在——或是從來——並不是他所想像的那樣，孫桓軍一戰不利，反而陷入蜀軍包圍。

理論上，像孫桓這種「少爺」級的同事遇難是非救不可，否則背上的黑鍋包準用鋼刷都刷不清，但說也奇怪，陸遜卻好像不把孫桓受困當一回事，他按兵不動，絲毫沒有出兵救援的跡象。

劉備又派了吳班率一支部隊駐紮在無險可守的平地上，企圖吸引江東軍出擊，但同樣，猇亭大營營門深鎖，沒有發兵的跡象。

劉備笑了。他聽過陸遜的名字，知道這個三十九歲的年輕人出身吳郡大族，娶了孫策的女兒之後平步青雲，是個能說能寫的傢伙，不過擔任諸軍都督還是頭一遭。這回孫權用他帶兵，很多將領都不服，整個指揮一團亂，別說要進攻，現在連自保都有問題。看到陸遜帶兵，劉備倒想起了一個人：馬良的小弟馬謖，同樣是出身好家庭，書讀很多，愛議論軍事，但真上戰場，恐怕一班兵都帶不起來。

對於在沙場上打滾一輩子的劉備來說，這些將戰爭當道理在研究的書生，只是量級不夠的對手，瞬間便可以KO結束比賽。

然而這是一個錯誤的評估，劉備至少要知道，他的對手好歹也是在《三國志》中，除了君主外、唯二有自己單獨傳記的角色。

陸遜確實是大族出身，確實有豐富的學術底子，也確實年輕，但他卻不是紙上談兵一族；他不救孫桓是因為評估孫桓守的住，他不打吳班是因為他看到了劉備設下的伏兵，面對內部不諧的問題，他有很高EQ的處理方法。

陸遜，本名陸議，字伯言，江東吳郡人，東吳四大都督中最長壽的一位。陸家為吳郡四大士族之一，陸遜的祖父陸紆官至城門校尉，父親陸駿官至九江都尉，不過陸遜小時候父親就過世了，他於是投靠擔任廬江太守的從祖父陸康。興平元年，西元一九四年，孫策奉袁術之命進攻廬江，陸康於是將陸遜和自己的兒子陸績一起送回吳郡避難，陸遜是個早熟的小鬼，那年他大概才十一、二歲，便已經為叔公綱紀門戶，儼然成為族中的執法者。

建安九年，西元二〇四年，二十一歲的陸遜正式投入孫權幕府，他先擔任府中的東西曹掾，之後出任吳郡海昌的屯田都尉，開始了他十五年的討伐山越生涯。和其他江東將領動不動就對山越斬首五千、斬首七千的滅族式作戰相比，陸遜的策略偏向勦撫並重，在討伐同時他不斷招降原住民，並將其中精壯者編為部隊，也就是因為這樣，孫權才會安排將孫策的女兒嫁給陸遜，並開始重用他為參謀顧問。

建安二十四年，西元二一九年，三十六歲的陸遜第一次投身三國間的戰爭，他配合呂蒙的江陵作戰，快速襲取西面和西北的宜都、房陵、南鄉三郡，徹底斷絕關羽的退路；陸遜隨後掃平秭歸一帶的擁劉叛變，受封為右護軍、鎮西將軍、婁侯，成為江東最西線的第一把手。

《三國演義》第八十三回回目說陸遜是「書生拜大將」是過度戲劇化的說法，從上面的履歷就可以看出來，陸遜從二十來歲就開始帶兵，前前後後也打了十幾年的仗，並不是全無經驗的學院派。但東吳諸將不服領導就真有其事，面對劉備進攻，孫權動員的都是「巴庫」很硬的將領；偏將軍韓當是孫家資歷最深的武將，從孫堅時就跟隨作戰，若是一梯退三步，陸遜早退到台灣海峽裡；

昭武將軍朱然則是孫權的老同學，戰前鎮守江陵，還假節，於私於公都是動不了的人物；建武將軍徐盛與振威將軍潘璋則是孫權一手拉拔的親信；即便是神秘、沒有頭銜的將領宋謙，也是孫策時代起的元老，當年孫策和太史慈幹架帶的十三騎中，有一位就是宋先生。

面對這麼多資格老、關係好的同事，即便陸遜也不算省油的燈，但擔任管理職還是罩不大住，江東諸將各自為政，不肯互相合作。面對這樣的情形，陸遜並沒有向孫權打小報告，他在一次會議上發表了一番相當懇切的談話，表示劉備是個強敵，今天大軍壓境，各位應該要相親相愛，協力抗敵；小弟我是個讀書人，上頭之所以委屈各位聽我指揮，是看在我有有點本事，能忍辱負重，就因為如此，各位應各司其職，切勿再有違法亂紀的情況發生。

這篇演說其實很老套，江東諸將未必就因此對陸遜心服口服，但至少他們克制了自己的傲慢，維持了表面上的團結。

單單這表面上的團結，就足以使江東軍立於不敗之地。

西元二二二年，從三月起，蜀吳兩軍在猇亭展開了對峙，劉備雖然一時無法突破陸遜的防線，但對於打持久戰，他更有信心，後頭有益州諸葛亮、李嚴、趙雲的完整後勤線，蜀軍絕對有久耗的本錢，即使不打下江陵，也能鞏固夷陵一帶；而且吳魏關係隨時會生變，一切還是回到劉備最初的設計之中。

然而這回勝利女神並沒有眷顧老劉備，陸遜並不是只在防守，他是在觀察，就像鱷魚沉在泥沼中，只露出雙眼，掃射牛羚們過河一般。在四個月的蟄伏後，陸遜看見了劉備和蜀軍致命的弱點。

連營數百里。

最後的脫逃

「火燒連營七百里」是一個壯觀的意象，這等於是蓋一座從基隆到恆春連接不斷的建築，然後一把火全部燒光光，這在物理上是可能，但在現實上有點困難。

在歷史記載上，「劉備七百里連營」其實是曹魏情報單位送給曹丕的報告，可能情報員知道曹丕比較喜歡文學性的描寫，所以用了誇飾的修詞。根據蜀、吳兩方的正式記載，劉備在夷陵的佈陣，其實是在戰線上設下了約五十個營寨，固守險要，倒沒有強調說它們是「連」在一起的。

劉備這樣的佈陣受到很多後來的批評，最主要的問題是這樣佈陣容易分散兵力，劉備本次東征帶了多少人馬不清楚，十萬可能已經是最大數，保守計算可能只有不到五萬人而已；以這樣的兵力設五十營，一營平均也不過一、兩千人，給敵人各個擊破的機會。此外，在沒有無線電的時代，過度分散的佈陣會造成指揮上的困難，尤其在缺少足以壓陣的高級將領的情況下，所有的指令全部來自劉備本身，一旦劉備和各營的通訊被切斷，整支軍隊就容易陷入混亂。

劉備不是傻瓜，他前前後後打了那麼多年戰，為何會在老來做出這樣錯誤的判斷，頗令人費解。比較常見的解釋是劉備因應山區的破碎地形，只好分散兵力佈防。我個人認為，這可能是劉備輕敵的心理，加上對人事問題的妥協所造成的雙重錯誤；就前者而言，劉備不認為陸遜會反擊，因此將兵力分散一點無所謂，就後者而言，由於欠缺大將，荊州諸將誰也不服誰，劉備只好讓他們各自帶兵，直接聽令於劉備，除了馮習為大督，張南都督前部以外，輔匡、趙融、廖淳、傅彤等都被任命為「別督」，擁有一定的指揮權，這也符合劉備本次出征「練兵」的意旨，讓大家都有獨當一面的機會，看看誰是接班人。

陸遜一直在觀察劉備的佈局，他很清楚劉備打持久戰的意圖，也意識到東吳方面的弱點，時間並不在東吳這邊，只守不攻，只會苦到自己。在四個月的觀察之後，陸遜對整體戰況做出三點總結：一、蜀軍放棄水軍，只用陸軍，這是件好事，這等於是劉備放棄長江上游優勢，顯示蜀軍沒有積極進攻的企圖；二、蜀軍分散紮營，到現在佈陣已經固定，都是保守做法，沒有太新奇的設計，一切很好掌握；三、像劉備這種戰場上的老油條，剛出兵的時候仗著報仇口號，氣勢正旺，把戲很多，經過長時間對峙，老油條的氣勢已經沮喪，變不出新花樣。陸遜最後向他的同僚說出了一個簡單的結論：要破敵人，就在今天！

蜀漢章武二年，西元二二二年，閏六月，昏昏欲睡的江南夏日，這是陸遜選定的反攻日。

陸遜先發動了一次不成功的試探性攻擊，驗正自己對蜀軍佈陣的假設，現在他已有十成的把握，在他的一聲令下，江東各部隊展開驚天動地的大反擊。

首先是江東名產火攻，這是破壞敵軍指管通情系統最有效的手段，火一燒下去，軍隊必會陷入混亂，狼煙也燒不出作用，飛鴿傳書也變成烤乳鴿。陸遜命江東軍前鋒每人手拿一束茅草，向蜀軍營寨發動攻勢，沒殺人之前先放火，趁著梅雨後的乾季，火勢瞬間延燒，蜀軍頓時陷入大亂。潘璋、朱然、韓當等率主力部隊隨後攻上，潘璋一馬當先單挑馮習的部隊，擊斬馮習，殺傷蜀軍甚眾；朱然與韓當則大破駐紮於涿鄉的蜀軍；孫桓也趁機突圍，發動反擊。

劉備原本期待在這樣的對峙中結束這個夏天，想不到情勢在一瞬間完全失去控制，營門外火光滔天、殺聲不斷，各處失利的消息像潮水般湧來，張南、馮習、沙摩柯陣亡、杜路、劉寧投降，四十幾處營壘都被攻破，更可怕的是敵軍已經繞到我軍後方，再不走就太遲了。

遇到這樣的晴天霹靂，劉備也亂了手腳，但他總算還記得十幾年來未曾使用的脫逃技術，二話不說就帶兵西撤，一直撤到宜都西邊的馬鞍山才稍稍穩住陣腳，劉備在山上重建指揮部，並收攏敗軍，打算和江東人再戰一回合。

這時馬鞍山的蜀軍還有數萬人，但他們已喪失再戰的勇氣，陸遜不久便率大軍來到馬鞍山，指揮部隊從四面八方發動猛烈攻擊，結果蜀軍完全崩潰，陣亡萬餘人，看著滿山滿谷滿江面的蜀軍屍體，劉備全身為之僵寒，他對天大喊道：「今天我被陸遜這樣羞辱，難道是天意嗎！」但此刻怎麼樣的呼喊也已無濟於事，劉備只能趁夜再翻山逃亡。棘手的是，陸遜早已佈下天羅地網，水陸兩棲追兵伺候這位脫逃天王，年輕的孫桓更為了一解被圍攻的悶氣，率軍翻山直趨夔道，打算鎖住劉備的退路。

不過逃脫天王終究是逃脫天王，越到絕境脫逃的道具和手法越多，從馬鞍山撤退時，一名驛站管理員放火焚燒大量鎧甲車輛，堵塞山路，為劉備擋下了東吳的追兵；程畿也在長江上孤軍對抗江東無敵艦隊，用自己的生命耽擱了敵軍的前進；劉備同時還選擇偏僻的路線脫逃，才避開了孫桓的追擊。歷經千辛萬苦，劉備終於抵達秭歸，稍稍收攏敗兵，但不久江東追兵又已追到，劉備不敢再戰，他拋棄所有的輜重，再往西撤，一路回到當初的東征基地魚腹，當初在巫縣之戰吃虧的東吳將領李異、劉阿窮追不捨，率軍直追到魚腹外的南山，所幸此時留守江州的趙雲和漢昌長馬忠率軍前來支援，才擋下了追兵，穩住戰局。

這場著名的「夷陵之戰」便以劉備難堪的慘敗劃下句點，清點戰損，只有一個「慘」字可以形容。荊州將領馮習、張南、傅肜與武陵蠻頭目沙摩柯陣亡，前往荊南招降的馬良也不幸殉難，劉寧與杜路投降孫權，荊州兵團死傷數萬，輜重幾乎全部喪失。

此外，劉備也因此喪失兩名優秀的巴地將領，程畿在水戰中遭江東艦隊圍攻，力戰而死，巴將之首的黃權，則因為長江水道被封鎖，無法撤回蜀地，無奈只好率軍向曹魏投降；龐統的弟弟龐林也一同投降。

劉備在戰後間接地承認自己敗戰的責任，由於黃權投降曹魏，蜀漢的執法單位馬上逮捕黃權的家人，請求依法處罰，但劉備卻嘆了口氣，說：「今天這樣，是我負黃權，不是黃權負我。」於是下令釋放黃家人，維持原來的待遇。四十年後，黃權的兒子黃崇參與了對抗鄧艾的滅蜀之戰，與諸葛瞻在綿竹一同戰死。

夷陵一戰稍微可以稱幸的是吳班、陳式、廖化、輔匡這些將領活了下來，經過這場震撼教育，他們在日後的軍旅生涯都有更成熟的表現，另外一位是向朗的弟弟向寵，在這場大潰敗中，他的部隊維持得最完整，因此受到劉備提拔，任中部督，典領禁軍。程畿、黃權所留下的巴將位置，後來則由馬忠、王平取代。

夷陵之戰最大的損失是劉備自己，時間大神已經收起了對劉備的寬容，他的傳奇即將告一段落。

劉備還沒死

很多人以為夷陵一敗後劉備就翹辮子了，其實不然，夷陵之戰結束西元二二二年，六月，距劉備的死期還有將近十個月的時間。

劉備在戰敗後並沒有回到成都，而是留在魚腹，並將縣名改為「永安」。這地方有二百年前公孫述所興建的白帝城遺址，扼守瞿塘峽險要，劉備於是在遺址附近重新築營，命名為永安宮。

劉備不回成都並不是覺得戰敗丟臉，他並沒有完全放棄東征的希望，那些原本期望的變局，到現在才發生。

夷陵一戰大獲全勝，令東吳諸將士氣大振，除了李異、劉阿帶著少數兵力侵入蜀中，徐盛、潘璋、宋謙等將領都紛紛向孫權上書，表示已經打到這個程度，劉備手到擒來，此刻應趁勝追擊才是。不過陸遜、朱然、駱統等否決了這項提議，並不是因為他們被諸葛亮的八陣圖給嚇到，而是他們了解自己陣營中不安定的因素。

夷陵大勝之後，孫權將繳獲的蜀漢印綬、敵軍首級等戰利品送交給曹丕，還列了一張有功人員名單，要曹丕多少意思一下。曹丕並沒有照表全收，他回送給孫權一些皮草、名馬、明光鎧等等，還超自戀地附贈自己手抄的《典論》和詩文。於此同時，曹丕又派了高級官員侍中辛毗、尚書桓階來到武昌，重點工作就是要孫權將孫登送到洛陽。

不過孫權還是不買帳，他舉了東漢初年隗囂的例子，說隗囂當年送兒子隗恂當去洛陽當人質，最後落得子死父亡的下場，所以還是不送為妙。

這下子曹丕爆炸了（據他的說法是他底下的人爆炸），他採取了當皇帝以來最龐大的軍事行動，西元二二二年，曹魏黃初三年，九月，曹丕動員三路伐吳，以曹休、張遼、臧霸為東路，出洞口（約在安徽省和縣），進攻京口（今天鎮江）；中路則是曹仁和他的兒子曹泰，目標是巢湖畔的江防重鎮濡須塢；西路則是龐大的主力，由曹真、夏侯尚、張郃、徐晃等部隊，進取江陵，曹丕自己也來到宛城，坐鎮指揮。

面對這樣的陣仗，孫權不敢怠慢，他以呂範、徐盛、賀齊、全琮在東線對戰曹休，中路以朱桓抵擋曹仁，西路則以剛剛在夷陵之戰中取勝的部隊如諸葛瑾、朱然、潘璋等負責保守南郡。至於西線部份，李異和劉阿的部隊應早早就撤回荊州，而和蜀漢交界夷陵一線，仍然由陸遜把守。

劉備聽到曹丕三路伐吳的消息時，肯定氣得拍桌子大罵，之前老子在夷陵撐了四個月你不動作，現在才來擺大陣仗，你究竟是腦袋長蛆？還是現在想來揀魚翁之利？

劉備決定採取行動，雖然他的部隊才在三個月前陣亡了三分之二，但現在東吳處於危急情況下，偷雞或許也能從孫權身上討回一些便宜。當年八月，劉備將犍為太守李嚴召來永安，並命蜀漢部隊重返巫縣，將壓力灌在夷陵的守軍身上，劉備還寫了一封信給陸遜，說：「我聽說現在魏軍已在江陵，我也想重新回到東方，將軍你說可能嗎？」

陸遜收到這信時肯定是冷笑了一聲，我陸伯言難道是被嚇大的？你的底牌我不用X光眼鏡都看得清清楚楚，還想偷雞摸狗？他於是回了一封信給劉備，說：「閣下要回來東邊逛逛，我沒意見，只是您的軍隊新破，創傷未復，而且才剛剛派人來我們這邊講和，同時內部也在重建，恐怕一時三刻，還動不了軍隊。如果閣下不詳加計算，要在大敗之餘，再送人過來，那我責任所在，一定熱情迎接。」

劉備當然知道自己的部隊禁不起再一次的大戰，也知道嚇不倒陸遜，只好接受和平的安排。當年十月，孫權派使者前來請和，劉備同意，派太中大夫（官階千石，屬於副部長級的言官）宗瑋前往東吳報訊，十二月，孫權派同樣等級的太中大夫鄭泉再來永安拜訪劉備，雙方才算是真正恢復了邦交。

其實夷陵戰後究竟是哪一方先派使者求和，雙方各說各話，《蜀書》上是說「孫權聞先主住白帝，甚懼，遣使請和，先主許之」，但陸遜的信上卻說是蜀方「始求通親」，專門婊人的《江表傳》上更記載是劉備先給孫權信，內容是深切反省自己的錯誤，請求恢復邦交。

在這段恢復邦交的過程中，還有一點很有趣的就是孫權對劉備稱帝的態度；由於先前孫權是向曹丕臣服，不可能承認劉備的帝位，但現在為了要和蜀漢建交，孫權表示願意讓步，他說：「之前都稱劉備政權為『蜀』，那是因為漢帝還在的原因，現在漢帝已經被廢了，那我看這樣，我們退一步，就叫劉備『漢中王』好了。」

孫權的退步還是不認劉備的帝號，只認他的王號，這樣「漢中王」和孫權的「吳王」才處於對等地位。另外根據吳人的記載，鄭泉出使劉備時，還大喇喇地教訓劉備，說曹家侵凌漢室，劉備自稱為宗室卻不帶頭對抗，反而自己稱帝，這不合民意，所以我們不會承認，劉備聽了這話感到相當慚愧（又是《江表傳》記載的）。

無論如何，在西元二二二年的年底，劉備在永安停下了腳步，他一面整頓軍隊，一面觀察魏吳雙方的激戰，當時東線曹休 vs 呂範的作戰，東吳方面進行得相當辛苦，西線面對曹魏龐大的戰力，諸葛瑾與朱然也應付得頗為吃力。劉備表面上和孫權和解，內心裡可能還藏著一線希望，在某個適當的時點，他將重返荊州，重返榮耀。

但命運之神讓劉備的野心注定不可能，有一天，劉備發現自己開始拉肚子。

身後安排

劉備縱橫天下這麼多年，最大的本錢不是仁義道德，也不是張飛關羽，而是他有一副健壯的身體，從東北到西南，不同的氣候，不同的飲食習慣，逃亡期間物質匱乏，作戰之中皮肉外傷，劉備的身體都挺了下來，讓他一路活到六十歲，要是劉備像周瑜、呂蒙一樣在三、四十歲就過世，那他的傳奇來不及開始就結束了。

由於長期以來身體都沒病沒痛，劉備在十月左右發現自己有腹瀉的情況時，大概還不怎麼在意，他照樣接見東吳的使者，和孫權重締和平協議，構思重返東方的計畫。

但這病並沒有好轉，併發症一一跑了出來，一代強人劉備終於倒下了。

劉備並不好死，他的病症到十二月便已相當嚴重，但卻一直拖到隔年四月才過世。對一個曾經縱橫天下的梟雄來說，這是一種最沒有尊嚴的死法，什麼叱吒風雲在病床上都只成了談笑的往事，所謂英雄，如今吃喝拉撒都要他假手他人，今天拉肚子拉到脫肛，明天卻變成便秘要浣腸，這頭的皮膚因為褥瘡而潰爛，另一邊又出現黃疸，最後理智被磨去，勇氣被磨去，耐心被磨去，只剩下一個虛弱、腐臭、惹人厭的活皮囊，哀哀求一個死而已。

俗話說：「閻王要人三更死，不能留人到五更。」但反過來也一樣，閻王要你拖到五更，你想在三更來個好死也求之不得。

劉備的病痛不僅是他個人的事，對於根基還不深的蜀漢政權來說，皇帝病危造成了瓶頸危機，南中地區的少數民族蠢蠢欲，但首先出問題的卻在核心的三蜀地區。

章武二年，西元二二二年，十二月，漢嘉太守黃元造反。

漢嘉郡位在蜀郡西北邊，在東漢時原本是蜀郡屬國。蜀郡屬國是用以安置並鎮壓三襄種夷、青衣道夷、旄牛夷等少數民族，劉備入蜀後，將蜀郡屬國改為漢嘉郡。

這位有膽子開第一槍的漢嘉太守黃元來路不明，很可能也是劉備的舊班底，他造反的原因是他和諸葛亮一向有嫌隙，害怕劉備一過世，諸葛亮會對他不利，索性登城自守，不聽成都指揮。

黃元的亂事隨著劉備病況的加重而擴大，隔年，章武三年，西元二二三年，三月，諸葛亮前往永安探視劉備，黃元趁機出兵攻陷邛縣，這使得空虛的成都大感緊張，害怕是黃元將攻打成都，或是要前往南中聯合少數民族據地造反。只有擔任益州治中從事的楊洪看出了黃元真正的意圖，他認為黃元沒有據地造反的實力，唯一的可能是要順江東下，看看劉備病情如何，如果劉備病好，黃元就會投降，如果劉備病危，黃元就會向東逃奔東吳。

結果黃元的行動被楊洪料個正著，他在前往永安的路上遇到政府軍埋伏，兵敗被俘，送往成都處斬。

如果楊洪的推論屬實，那黃元也不過是個衝動的小可憐蟲，他只是想去永安見老長官最後一面，為自己討一個安身保命符，只是他對諸葛亮的恐懼讓他失去理智，才會用上兵變這種激烈的手段。

從這段敘述可以看出以下幾點。第一，諸葛亮接班當時已經是公認的事實，大家都知道十七歲的劉禪不足以撐起這個新帝國，將來的權力一定是握在諸葛亮手上；第二，劉備和諸葛亮有著不同的班底，有一些諸葛亮想要處理的人物，是靠著有劉備罩才能暫時免於受罰；第三，諸葛亮治術的嚴厲手段，足以令那些劉備罩的傢伙感到恐懼。

在我的歷史認知中，諸葛亮是一位理性、聰明、努力、有效率的政治家，但他獨斷、強勢的施政風格也是不容否認的事實。當這種人的朋友不如當他的敵人，因為即便是敵人，只要不踩到那條界線，他不會隨便整治你；但相反的，當他的朋友，不但沒有情面可講，為了怕被批評護短，有功一定輕賞，有過一定重罰。

現在很多翻案文章都喜歡以負面的角度去描述劉備與諸葛亮的關係，有時候往往有翻案過頭的問題。以比較中立的角度來看，劉備和諸葛亮的確有著截然不同的性格，但這並不妨礙兩人的信賴關係。劉備是草莽軍人出身，他重感情、重實務、有群眾魅力，所以他喜歡趙雲、魏延這種豪邁的武人，對法正的犯忌也是睜一隻眼閉一隻眼；諸葛亮則是以學者專家轉任的行政官，他強調理性、效率、法治，所以他喜歡馬謖、蔣琬、姜維這種有文化涵養、能將計畫做得井井有條的人物，但只要有人犯錯，不分親疏，一律依法論斷，馬謖、向朗就是栽在諸葛亮的鐵腕下。

打從建安十三年，西元二〇八年以來，劉備和諸葛亮就是靠著兩人的截長補短，創建了蜀漢帝業，縱使兩人在某些議題的認知上可能有所歧異，但這並不妨礙劉備對諸葛亮的信任或是諸葛亮對劉備的忠誠。到了最後這一刻，沒有宗室重臣，元老班底也死得差不多了，劉備明白，眼前這位四十二歲的讀書人，是他唯一可託付的對象；雖然他可能將國家帶到完全不同的方向去，但至少不會把國家弄垮就是了。

章武三年，西元二二三年，四月，重病的劉備做出了身後的安排，十七歲的太子劉禪無意外是帝國的合法繼承人，劉禪的兩個異母弟弟魯王劉永和梁王劉理年紀更輕，只能預約未來輔佐的角色。真正的顧命大臣有兩位，為主的是擔任丞相、錄尚書事、司隸校尉的諸葛亮，為副的則是任尚書令、輔漢將軍、犍為太守的李嚴。

李嚴和諸葛亮並受託孤並不值得大驚小怪，諸葛亮也是人，聽話也是會有漏耳的時候，也是有腳滑摔進長江裡的可能，因此無論如何都要找個職務代理人。劉備並沒有挑上他的妻兄、時任關中都督的吳懿，他會挑上李嚴，主要還是看中荊州人的背景，以及李嚴之前在犍為郡鎮壓少數民族的優秀表現。劉備以李嚴為中護軍，統內外軍事，留鎮永安，做為益州東面屏障。

在交代後事時，劉備告訴諸葛亮：「你的能力比曹丕高十倍，一定能安定我的國家，成就大事。如果我的兒子可以輔佐，那就輔佐他，若是不行，你就取代他吧。」諸葛亮流淚回答：「臣敢竭股肱之力，效忠貞之節，繼之以死！」

劉備這段話歷來都有正反兩面的解釋，有人說這是君臣信賴的最佳表現，有人說這是劉備故意耍心機，逼使諸葛亮不敢動謀篡的念頭，我在這邊就不對這段話多做討論，我只知道這樣的託孤嘴炮在當時滿流行的，孫策託孤張昭、劉表託孤劉備都說過類似的話。

至於劉禪呢，未來的漢室皇帝，那年他已經十七歲，顯然是個低調的孩子，自從他被張飛從孫夫人手上奪回來後，我們就對他的人生一無所知。理論上，劉禪應該從成都到永安見他老爸最後一面，站在病床前聽父親叨叨說出最後的遺言，或是帝國君主才能知道的秘密，但歷史並未記載這感人的一刻，我們也不排除劉禪重頭到尾都留鎮成都，沒去永安，劉備最後的吩附是透過一道遺詔送到劉禪手上。

說是遺詔，其實更像是一封家書，開頭劉備交代了自己的病源，並告訴劉禪：「我活到六十三歲，已活得夠本，放不下的只有你們兄弟。聽射援先生說，諸葛丞相最近常常誇獎你的智識氣量，說成長得比他預期得快，若是這樣，那我還有什麼好放不下的？你要好好加油。」

接著，劉備道出了一生中最常被引用的一句話：「勿以惡小而為之，勿以善小而不為，要知道，唯有賢德可以服人，你老爸我德性不夠，千萬不要學我。你可以讀《漢書》、《禮記》，有空再讀諸子、《六韜》、《商君書》等，可以增長智識。我聽說丞相已手抄了一套《申子》、《韓非子》、《管子》、《六韜》，但還沒讀過就在路上遺失了，可以再向丞相問問。」

劉備給劉禪開的書單，和當年孫權開給呂蒙的書單相近，都包括了史書和兵書，對於亂世為生的人才來說，政治與軍事是求生的不二法門，稍有不同的是，劉禪是要當皇帝，因此劉備的書單中多了《商君書》和《禮記》兩部作品，前者是法家著作，是帝王學的基礎；後者則是儒家制度的闡述，多少讓帝王懂一些那些名士在鬼扯什麼。至於諸葛亮手抄的作品則都是法家著作，可見得法家治國，算是劉備與諸葛亮共同的信念。

交代完太子，劉備又記掛另外兩個小兒子，魯王劉永和梁王劉理，這兩個孩子都是庶出，年紀不詳，總之小於劉禪的十七歲，劉備在臨終前將劉永叫到床前，吩咐他：「我死了以後，你們要將丞相當成父親對待，和丞相好好合作。」

交代完這一切後，劉備擾嚷的一生終於靜了下來，那些與他同一世代的大人物早已化為塵土，在歷史的洪流中安息，如今輪到他；在彌留時刻，或許他會憶起幽州的風沙、家門口的大桑樹、黃河畔萬頭鑽動的黃巾難民、許都中送往迎來的權貴派頭、襄陽的歌舞昇平、長江上的熊熊火光，以及他曾擁有並失去的妻子、兒女與同伴，在過去的半世紀中，他躲過了無數次死神的召喚，但這次不行。

章武三年，西元二二三年，四月二十五日，劉備過世，享年六十三歲。

劉備之後

劉備死後葬於何處略有爭議，有一說認為劉備就葬在白帝城，也有說法是葬在江州，不過依照三國志的記載，劉備四月二十五日過世後，棺木在五月運回成都，停棺百日後，在八月下葬於城郊的惠陵。

和劉備一同下葬的還有劉禪的生母甘夫人，她於十年前逝世於荊州，葬於南郡，劉備過世的前一年才決定將她遷葬至蜀中，現在劉備也過世了，群臣於是奏請將夫妻二人合葬，追謚劉備為昭烈皇帝，甘夫人為昭烈皇后。

舊事完結，新時代來了。

新皇帝劉禪在成都登基，改年號為建興，以張飛的女兒為皇后，以吳懿的妹妹穆皇后為皇太后。在他的四周，有他老爸所留下的四大都督，捍衛著成都平原的安全。

北方。都督漢中的仍是劉備的愛將，漢中太守、鎮北將軍魏延，新皇帝沒有升他的官，而是另賜給他都亭侯的爵位，讓他繼續擔負川北防守的重責大任。在漢中和魏延一起奮鬥的還有國舅吳懿，他仍掛著討逆將軍、關中都督的招牌。

南方。在牂柯郡的平夷縣（今天貴州懷仁一帶），有劉備親任的庲降都督李恢坐鎮；「庲降都督」是劉備入蜀後新創立的職位，用以鎮壓南中地區，最初由南郡人鄧方擔任，鄧方死後，由南中在地人、益州郡籍的李恢接任，在未來南中動亂的日子裡，李恢將扮演相當重要的角色。

東方。巴地首府江州，有年輕的巴郡太守、江州都督費觀鎮守；費觀是旅蜀江夏人，他是劉璋的女婿，也是劉備重點拉攏的對象，年紀輕輕就拿到太守和都督的位置，劉禪即位後，又給了他都亭侯的爵位，並將之前劉璋掛的振威將軍頭銜也賞給了費觀，使這位三十來歲的將領一下子顯得重要非凡。

最東線的永安，則是由託孤大臣李嚴以尚書令、中都護的名義負責，新皇帝另外給了李嚴都鄉侯、光祿勳的頭銜，並讓他假節，使李嚴成為川東最高軍事領導。

另外獲得重大升遷的將領有兩位，一個是官位一直很低的趙雲，他在新皇帝手下獲得跳躍性的重用，從雜號的翊軍將軍直升為中護軍、征南將軍，另拜永昌亭侯，有人認為，劉備之前之所以一直不升趙雲的官，就是要留給兒子重用，這樣趙雲才會買新皇帝的帳，我個人還滿喜歡這種說法的。另外一位獲得升遷的將領則是低調到不能再低調的陳到，他可能是劉備忍者軍團的暗部首領，追隨劉備近三十年，什麼官銜也沒有，劉禪即位後一口氣把陳到拉到護軍、征西將軍的位置，並讓他留在永安，協助李嚴防守。

在以上的這些武將中央，坐鎮的是諸葛亮和他的內閣班底。建興元年，諸葛亮封武鄉侯，揭開了武侯時代的序幕，他的丞相辦公室正式成立（開府治事），辦公室主任（丞相長史）一職由旅蜀南陽人王連擔任，他是旅蜀荊州人的大老，很多人都是透過他介紹而進入政府；負責國家人事的東曹掾則由零陵人蔣琬擔任，廣漢人李邵則為西曹掾，主管府內人事；另外府中參軍有馬謖與廖化，閬中人馬忠為門下督，丞相主簿則是南陽人宗預。

這就是後劉備時代蜀漢的佈局，新皇帝、新人事、新將領、新氣象，當然，還有新危機。

建興元年，西元二二三年，牂牁太守朱褒起兵造反，益州郡大族雍闓、越巂夷王高定紛紛響應，雍闓更綁架益州太守張裔，送交給孫權表示歸附，並發兵攻打最西南方的永昌郡。孫權也任命劉璋的兒子劉闡為益州刺史，坐鎮於益州和交州交界處，圖謀益州的野心表露無疑。

既然東吳動手，曹魏也不會安份，不過這回曹魏不用武鬥，而是文攻，幾名名士級的曹魏重臣，如司徒華歆、司空王朗、尚書令陳群等紛紛寫信給諸葛亮，闡明「天命人事」，希望諸葛亮知所進退，趁此機會帶領蜀漢歸降。

諸葛亮讀了這些勸降書，但並沒有一一回覆給這些大人物，他寫了一封公開信，要讓天下人見識蜀漢新當權者的氣魄。

信的一開頭就把這些名士狗幹了一頓，諸葛亮說：「當年項羽據有中原，也有帝王的樣子，但因為他沒有道德，最終仍是失敗，曹魏今天也是一樣，就算今天不垮，將來也必定垮台。這幾個老傢伙憑著自己的年歲長，為偽政府做書，就像當年陳崇、張竦拍王莽馬屁一樣，將來也必得報應！」

諸葛亮在第二段擴大攻擊範圍，表示：「當年光武帝以數千老弱殘兵，在昆陽大破王莽四十萬大軍，正所謂『據道討淫，不在眾寡』。曹操仗著聰明才智、數十萬大軍，也只能救張郃於陽平關，最後喪師損眾，鎩羽退出漢中，他這才知道皇位不能肖想，所以還沒回到許都就自己乖乖病死，留給他那個淫蕩又放浪的兒子曹子桓篡位。因此，縱使這幾個老傢伙有蘇秦、張儀詭辯的本事，想要以驩兜滔天之詞，詆毀先賢，也不過就是賣弄文墨，大丈夫不為也！」

最後諸葛亮嚴正地道：「軍誡曰：『萬人必死，橫行天下。』當年軒轅氏以數萬人，便能整制天下，更何況如今我們有數十萬人，『據正道而討伐有罪』，又豈是可比擬的？」

在諸葛亮眾多流傳的作品中，這篇名為《正議》的公開信並不能與《出師表》相提並論，但我個人相當喜歡諸葛亮在這篇《正議》中大喇喇反擊的態度，尤其最後那一句「據正道而臨有罪」，更是正氣凜然，擲地有聲，或許劇作家就是受了這篇正議的影響，才杜撰出「諸葛亮罵死王朗」的經典橋段。

未來十五年，諸葛亮都將以這樣的氣勢支撐著蜀漢政權，劉備的人生結束，現在是你的時代了，諸葛亮。

附錄：老友們

建安二十四年七月，關羽水淹七軍、圍攻襄陽的同時，應該也派員就曹魏在南陽地區的佈署做了情蒐工作；在那些情資報告中，關羽會看到一個熟悉的名字，南陽太守，田豫。

在第一章中我們曾稍微介紹這號人物。田豫，字國讓，幽州漁陽郡雍奴縣人，生於東漢靈帝建寧四年，西元一七一年，小劉備十歲。他所出生的雍奴縣大約在今天天津市西北，是帝國的邊陲，在東漢末年，東起遼東半島，西到今天張家口市，包括遼東郡、遼西郡、右北平郡、漁陽郡、上谷郡等地，已佈滿烏桓移民，幾名部族首領如丘力居、樓難等人有實力也有野心，各擁強悍的烏桓騎兵，形成一股力量。

田豫就在這種漢胡交雜的環境中成長，他的父祖不詳，估計出身也不會太好，注定他要和劉備一般成為一位邊城浪子。

初平三年，西元一九一年，幽州英雄公孫瓚在東光大破黃巾，聲名大噪，二十歲的青年田豫大概也是被這樣的英雄形象所吸引，千里迢迢地前來投入公孫瓚帳下，也因此與劉備結下了不解之緣。

田豫在劉備麾下幹了哪些事不大清楚，但他至少是屬於劉備最初的幽州人小圈圈中的一員，劉備和田楷一同進軍青州時，田豫也在陣中，與劉備一同經歷了初平三年到四年（西元一九二到一九三年）的中原大混戰，並且在興平元年（西元一九四年）隨劉備進軍徐州，抵抗萬惡曹操。然而當劉備決定久留徐州時，田豫猶豫了，他表示為了侍奉母親，要返回幽州。

我們看了太多的歷史傳奇人物，往往會有一種錯覺，以為從中國河北拼戰到淮南，就像是今天從台北外派到上海一樣，春節還可以搭包機回家吃年夜飯。然而事實上，二千年前的幽州和徐州，比較像是同一個世界下的兩個國度，除了共通的基礎文明外，兩個地方有著不同的氣候、不同的語言、不同的文化、不同的飲食習慣，當決定開始流浪時，便是斬斷了自己和故鄉間的連繫，放逐到一個全然陌生的環境中。流浪者賭的是一個衣錦還鄉的機會，不過更大的機率是客死異鄉。因此，在劉備決定流浪的當時，田豫的反應其實比較接近正常人，他不是個梟雄，故鄉與家人的羈絆，勝過對權力的渴望。

回到幽州後，田豫繼續為公孫瓚效力，不過當時公孫瓚已開始走下坡，他殺了官派的幽州牧劉虞，引起幽州人大規模的反彈；劉虞的舊部鮮于輔和烏桓達人閻柔聯手起兵，袁紹也趁勢派出公孫瓚剋星麴義率軍北上，雙方聯軍在鮑丘一戰大破公孫軍，公孫瓚從此喪失了攻擊的主動權，只能在易京等著被宰而已。

田豫在公孫瓚底下只當了一個小小的東州縣縣長，因此當公孫瓚失敗時，他有了另一次選擇老闆的機會，這回他跑去投靠鮮于輔，他們兩個都是幽州漁陽人，溝通無礙，鮮于輔當時代理漁陽太守，便以田豫為長史。

建安四年，西元一九九年，三月，公孫瓚兵敗自殺，鮮于輔向許都朝廷輸誠，受命為建忠將軍，代領幽州六郡。隔年，官渡之戰爆發，鮮于輔聽從田豫建議，選擇向曹操靠攏，曹操任命鮮于輔為左度遼將軍，封亭侯，但年約三十歲的田豫卻沒能從曹操手上撈到一官半職，一直要到好幾年後，建安十三年，西元二〇八年，田豫才被曹操招為丞相軍謀掾，開始了他在曹魏的政治生涯。

在往後的十年內，田豫擔任過潁陰縣令、朗陵縣令、弋陽太守等不大不小的地方官職，直到四十七歲那年，田豫才迎來了他政治生涯中的轉捩點，那年是建安二十三年，西元二一八年，幽州代郡的烏桓起兵造反，曹操派出他的兒子鄢陵侯曹彰出征，而熟悉北方風土民情的田豫則擔任曹彰的參謀，首次在曹魏軍隊中亮相。這場作戰中，曹彰曾一度受到烏桓的伏擊，多虧田豫冷靜地重組陣地，以車陣擋住烏桓騎兵的衝鋒，又趁敵軍退去散亂時追擊，這才取得勝利。

田豫一戰成名，智勇雙全的表現深受肯定，曹操因此將田豫改任命為南陽太守，前往一級戰區處理爛攤子。當時南陽郡宛城的侯音之亂雖已被曹仁平定，但南陽一地仍散佈著嘯聚山頭的勢力，再加上南邊關羽強大的壓力，曹魏勢力面臨崩潰的危機。田豫到任南陽後，並沒有浪費兵力去討伐那些民變集團，他將原本逮捕的變民釋放，並宣佈赦免所有變民的罪刑，這些被釋放的變民於是為田豫四處宣傳，各地的民變集團也因此逐漸解散了。

在建安二十四年的襄樊大戰期間，屬於後方的河南一地民變四起，但前線的南陽卻是「一郡清平」，為曹魏的反攻提供良好的基礎，也顯示了田豫的價值。

不過田豫和劉備集團的緣份就到此為止了，曹丕即位後，決定藉重田豫豐富的北疆經驗，將他北調為護烏桓校尉，不過主要防禦的對象已不是烏桓，而是新興的鮮卑部族；田豫採取分化策略，避免鮮卑勢力的壯大。六十歲時，田豫南調擔任汝南太守，參與對孫吳的戰爭，七十歲時，再度北調為護匈奴中郎將、并州刺史、振威將軍，鎮領北方。當時已經是西元二四〇年左右的正始年間，建安世代活躍的將領大多死光了，曹魏中央這才想到這位年高德劭的將領，想任命他為九卿之一的衛尉，不過田豫已懶得在當時混亂的政壇中打滾，堅決退休。退休後他住在魏縣，過著清貧的生活，八十二歲時過世，當時已經是西元二五二年左右，連司馬懿都已經過世，比田豫長壽的只剩下太尉高柔而已吧。

除了田豫以外，在曹魏陣營中，還有一位劉備當年的老友，那就是雁門太守牽招。他是冀州安平郡人，曾是袁紹麾下督軍從事，率領烏桓突騎，官渡之戰後袁紹過世，牽招又為袁尚效力，但後來卻被袁尚的表兄弟高幹陷害，只好投降曹操，曹操讓他當冀州牧從事，協助北伐遼東。

曹魏建立後，牽招任護鮮卑校尉，又轉任右中郎將、雁門太守，和田豫一起擔負曹魏北疆防守重任，他一方面以鐵腕討伐新興的鮮卑軻比能部落，另一方面又興修水利、提倡文教，送邊境子弟到洛陽太學留學，使他在邊境贏得很高的尊重。

曹魏太和二年，西元二二八年，諸葛亮開始進行北伐，並與軻比能相連結，曹魏政府遂命當時年約六十歲的牽招負責討伐軻比能，牽招認為游牧民族行蹤難定，每回都要帶兵遠征事倍功半，因此計畫出塞外建立據點，屯田養兵，趁秋冬之際就近攻擊鮮卑，然而這項計畫尚未實施，牽招就因病過世了。

在陳壽的《三國志》中並沒有記載牽招與劉備的關係，不過西晉時，出身太原的詩人孫楚為五十年前的老太守牽招立了塊《雁門太守牽招碑》，上頭就提到：「君與劉備，少長河朔，英雄同契，為刎頸之交。」可見牽招可能也是當年眾多投靠劉備的「遊俠」之一，是劉備出生入死的契兄弟。據記載，牽招也曾經是個「情和義值千金」的熱血青年，當年他的老師樂隱捲入何進與十常侍的鬥爭被殺，他不顧危險前往洛陽為老師收屍，扶靈返鄉的路上還遇到賊寇想要搶棺材上的釘子（亂世之中金屬值錢），他同樣不顧自身安危，流淚力爭，盜賊被他的道義感動，才放了他一馬。這樣一個血性男兒和劉備自然是氣味相投，想來一起睡覺、「you jump I jump」之類的誓詞自然也免不了。

田豫和牽招為曹魏防守北方，功勞不小，為人品德也沒什麼大瑕疵，不過說也奇怪，這兩人的官爵一直都很低，田豫七老八十了才拼到一個雜號的振威將軍，加一個并州刺史；牽招更慘，到死還只是一個右中郎將加雁門太守，連將軍的頭銜都沒有。在《三國志》中，陳壽很有趣地將田、牽二人，與滿寵（曹魏東南門神，官至太尉）和郭淮（曹魏西線重要統帥，官至征西將軍）二人共同立傳，然後認為田豫官位只到小州刺史，牽招只能當一個郡守，都是「未盡其用」。

田、牽二人仕途不順有很多種可能，年少時和劉備的深厚關係也可能是其中之一。以田豫來說，他顯然很不得曹丕、曹叡兩任皇帝的信任，當初他當護烏丸校尉九年，立有大功，卻被幽州刺史王雄的朋友（還不是王雄本人）散佈謠言，說田豫搗亂邊防、為國生事，結果就被南調成汝南太守；之後他奉派都督青州軍事，成功勦滅孫權的海軍船隊，卻又被青州刺史程喜參了一本，說田豫擅自將戰利品發給部下，田豫這場戰功遂被一筆勾銷。

這些疑忌可能都與「田豫曾經是劉備的人」有關，田豫在這種環境下也加倍小心，鎮守北疆期間，凡是胡人送來的私人禮物一概不收，即便礙於面子收了一點，也馬上呈報中央，也多虧田豫這種戰戰兢兢的態度，才讓他保全身家，活到八十二歲。

至於牽招，他的後代粉絲孫楚在紀念碑上就說得更明白了，他說牽招年輕與劉備深交，後來為曹魏效力，但劉備卻在巴蜀立國，這樣特別的交友背景，使牽招「為時所忌」，每次做決定都要思前想後，留意很多「楣角」。話說當年曹操征漢中時，牽招其實也在陣中，不過沒什麼表現，或許這只是一個考驗吧。

不過牽招與劉備的緣份還不只如此，牽招有兩個兒子，長子牽嘉繼承他的爵位，次子牽弘則加入曹魏軍方。劉備過世四十年後，西元二六三年，牽弘以隴西太守的身分，隨鄧艾進軍蜀中，逼迫劉禪投降，進駐成都。

或許，在慶功宴上，牽弘會告訴別人：「天意難測，我竟然消滅了我父親年少時好友所建立的國家！」

（全書完）

附錄：

江夏戰神

黃祖傳

前言

黃祖是一個有趣的人物，他應該在三國中算是中等知名人物，和陶謙、公孫瓚等人知名度相當，凡讀孫家史，不可避免一定會碰上這位老兄，他坐鎮荊州江夏十餘年，是劉表的馬頭卒，孫家的死對頭。更重要的是，他是個傳奇：他和孫家作戰數次，怎麼戰怎麼敗，但怎麼敗江夏和夏口永遠還在他的治下，他江夏太守的位置，也永遠坐得牢牢的，不曾有失。

不過這一個還算重要的人物，在史書上的記載卻是少得可憐，連字與籍貫都沒有留下。或許孫權恨此人入骨，因此銷毀了所有關於他的記錄，只留下不光彩的敗戰記載，也有可能這個人就是不怎麼重要，沒有人有興趣理會他。

這篇《江夏戰神黃祖傳》是以有限的歷史資料和我個人的歷史想像寫成，中間當然不乏誇大或主觀之處；當然為介紹黃祖這個人，不可避免也要提及當代時局和一些相關人物，相關史料我就不多引，大致上不脫後漢書和三國志的範圍便是。若有任何謬誤，還請不吝指正。

以下就讓我們進入這位江夏戰神波瀾壯闊的後半生。

早年經歷

之所以我們只能經歷黃祖的後半生，是因為他早年的生平完全不詳，如前所述，史書上沒記載黃祖的字號、籍貫、父祖；他少年幹過哪些奇事或蠢事、黨錮之禍時有沒有受難、黃巾之亂時有沒有建功等，史書上也完全沒記錄。關於他的私生活，我們只知道他有一個兒子叫黃射而已。

不過我們還是得稍稍將這個人的形象給塑造出來。第一是他的年紀，黃祖的生年不詳，卒年倒是很清楚：建安十三年、西元二〇八年春天，但他卒年幾歲同樣不明，唯一的線索只有甘寧於建安十二年或十三年時，對孫權說的「（黃）祖今年老，昏耄已甚」；禮記上「耄」這個字指的是八十、九十歲，這邊倒不一定照嚴格字面解釋，但推估黃祖死時年約六十到七十之間，應該不算過份。再者，他的兒子黃射在建安初年、也就是黃祖死亡前十年就擔任章陵太守，按常理出任一郡太守也不能太年輕，多半還是四十開外。因此我們就假設黃祖的生年大概在西元一三八年到一四八年之間，死時是六十到七十歲。

至於黃祖的出身就更是個謎了，他第一次登場的時候是初平二年，西元一九一年，當時他的身分已是劉表將領，統兵迎戰來犯的孫堅。由於劉表是在西元一九〇年才隻身入主荊州，因此黃祖的出身大概只有兩種可能：一、他是劉表從北邊帶下來的私家部曲；二、他是荊州本地的大族出身。第二種說法或許比第一種說法多了一些可信度，首先，漢末三國之際，部曲出身而當將帥者不是沒有（如魏延、牛金），但總還要花時間累積功勞，若劉表剛入荊州就派自己部曲統兵迎敵，恐怕不能服眾；再者，受世族政治的影響，這些部曲出身將領功勞很少能及於自己的兒子，而黃祖和他的兒子黃射同時擔任二千石的郡太守職位，或許說明他們的血還有那麼一點點價值。

一些比較有趣的說法是把黃祖和黃承彥扯上關係。黃承彥就是諸葛亮的岳父、劉表的連襟，沔南襄陽一代的名士之首，更大膽地說法是認為黃祖就是黃承彥，祖為名、承彥為字，換言之黃祖就是諸葛亮的泰山丈人！我並不打算做這麼大膽的推論，不過我個人是傾向黃祖應為荊州本地大族出身。事實上，江夏黃氏打從東漢初年出了一個幫老爸溫被子的黃香之後，一直都是當地大姓，也不排除黃祖和江夏黃氏有關，不過理論上他不會是江夏本地人，東漢有本籍迴避的規矩，因此若黃祖出身江夏黃氏，原則上劉表是不會讓他接任江夏太守的。

最後關於黃祖的個性與教育水準，這就必須扯出一個傳奇人物，禰衡。禰衡是個兼具天才與小丑人物，建安初年，他二十四歲，從荊州到了許昌，對當時曹操身邊的名士全都不屑一顧，認為司馬朗和陳群只是賣肉賣酒的小兒，荀彧最好的出路是去葬禮幫人家哭墓，他稱孔融是大兒子，楊修是小兒子，這還是因為他瞧得起他們。曹操在一次宴會上想整整這年輕人，要他穿鼓衣擊鼓，結果禰衡就在殿上直接更衣，下場擊鼓，鼓聲震撼，令全場賓客為之動容。也因為他確實有才華，曹操雖然受不了這賤嘴男，但也不想殺他，於是就把他丟到劉表那去，結果曾經在洛陽被人家稱為「八俊」的劉表無法忍受，他知道黃祖個性急躁，於是就把禰衡派去黃祖身邊。

有趣的是，這個狂妄囂張的禰衡，竟然和黃祖的兒子黃射十分要好，兩人常一起出遊，禰衡還應黃射的要求做了他的代表作「鸚鵡賦」，這大概會讓曹操或劉表驚訝到下巴掉下來。黃祖一開始對待禰衡也相當好，請他當書記，對他寫的東西也是讚賞有加。不過劉表對黃祖的認識倒也沒錯，過了一陣子，黃祖在船上宴客，禰衡老毛病又犯，出言不遜，黃祖以長輩兼老闆的身分喝叱他，禰衡頂嘴罵道：「死老頭，你講個屁啊！」黃祖受不了在那麼多人面前受辱，派人把禰衡拖下去打，禰衡繼續大罵，黃祖一怒之下就下令將這小子砍頭，黃祖底下的人等這天已經等很久了，命令一到就馬上動手，結果後還黃射要來求饒已經來不及，而黃祖自己也頗為後悔，下令厚葬之。

從黃祖對禰衡的態度看來，他是頗欣賞禰衡，只是最後被他搞到理智線斷裂，才下了殺手。相對於之後黃祖對盜賊出身的甘寧冷漠以對，我會認為黃祖應該算是階級上層的人物，有著那種「文士」情節，或許這也稍為支持一下我認為黃祖是荊州大族出身的說法。

綜上所述，我們大概可以描繪一下黃祖的樣子，在接下來的生平敘事裡，他大概是個五十到六十之間的中年將領，荊州本地人，出身不錯的家庭，有受過教育，但不聰明、並不勇猛、也沒那麼深的城府，不是那種可以成大事的梟雄。

初登場：殺孫堅

初平二年，西元一九一年。

當時三國才正揭開序幕，董卓一把火燒了洛陽，退往長安，原本氣燄囂張的關東軍聯盟瞬間瓦解，取而代之的是名門兄弟鬩牆的戲碼。袁紹從韓馥手中接下了冀州，稱雄河北，袁術則在孫堅的支持下取得南陽，經略淮南，這兩兄弟早就互看不爽，現在各自有了兵和地，更是要拼個死活，雙方都各自拉攏盟友，在對方背後插刀，於是袁術遠交了幽州的公孫瓚，而袁紹則勾結了荊州的劉表。當時孫堅是以「行破虜將軍、領豫州刺史」的身分待在魯陽城（這兩個職位都是袁術表的），聽令於袁術，為求掃除後患，袁術遂命孫堅向荊州下手。

孫堅可以算是當世名將，之前他在江東、荊南、西涼都有戰功，在討董卓戰爭中，他是唯一一個能戰勝董卓西涼兵團的將領，挫胡軫、呂布，還宰了華雄，並首先進軍洛陽。面對這樣一個狠角色來襲，荊州自是感到壓力沉重。然而劉表也不是省油的燈，他前一年隻身進入荊州，聯合南郡的蔡家、蒯家等勢力，用些手段處理的州內的宗賊問題，一舉安定了荊北四郡，成為當時數一數二的大軍閥，手下能征善戰的將領不知有多少，自然要派一個旗鼓相當的名將，來會會江東之虎孫文臺。

沒錯，這位荊州上將，就是我們的男主角，黃祖。

當時孫堅大軍直指襄陽而來，黃祖受命率軍逆擊，雙方交戰於樊城、鄧城之間，結果不負所望，黃祖被擊敗，孫堅則渡過漢水，進而包圍襄陽。在圍城之內，劉表還是只能依賴黃祖，於是派黃祖發動夜襲，但這把戲對孫堅也行不通，荊州軍一樣是大敗，黃祖想要逃回城中，卻被孫堅苦追，只得竄入城邊的峴山中。孫堅在暗夜中趁勝追擊，或許是輕敵，或許意外，黃祖的士兵從竹林之間向孫堅放了一箭，就這樣簡單的一箭，這位三國前期的愛國英雄，便壯志未酬地死於山林之間。

之前曾有網友在 ptt 三國板上討論「荊州兵善射」，並舉出很多名將在荊州被流矢所傷甚至射死的例子，孫堅就是一例。我想這雖然沒有結論，不過還滿有趣的，或許荊州水域較多，因此弓箭使用比例自然較大，這在後面黃祖和孫家的戰爭中還會看到。

黃祖這一箭殺了孫堅自然是立了大功，但也和孫家間結下了血海深仇，孫堅的幾個兒子、姪子都不是好惹的貨色，接下來的十五年內，黃祖就要活在這些孩子的復仇陰影之下。

襄陽一戰之後，黃祖被任命為江夏太守，他的兒子黃射則為章陵太守，父子兩人同為二千石大員，一門風光。之後黃祖便在江夏渡過了八年安穩的時光，荊州在劉表保守的治理之下，避免捲入北方血腥的戰爭，政治安定，經濟繁榮，成為許多中原人士的避難所。黃祖所鎮守的江夏郡是荊州的東方門戶，約是今天湖北武漢市沿長江一直到安徽一帶，其中最重要的地區就是漢水（又稱沔水）與長江交匯一帶的沙羨縣，二江匯口處稱為「夏口」，尤為要緊，從沙羨向東順長江而下會經過鄂縣、蘄春，然後就是揚州的柴桑。不過江夏雖是戰略要地，但在這八年內並沒有太嚴重的戰事，大概就是一些山越或宗賊為亂而已，因此黃家父子只能韜戈卷甲，平常宴請賓客，或陪同禰衡之類的文士四處遊山玩水。

不過在亂世之中，平靜的日子總是過得特別快。建安四年，朔風方起，夏口平靜的江水，已泛起陣陣的漣漪。

孫策來了。

血戰沙羨

孫堅死了後，他的舊部由他的姪子孫賁率領歸於袁術。當時孫堅的長子孫策才十七歲，他處理了父親的後事之後，又回袁術帳下待了二年，好說歹說才說服袁術讓他帶領父親的舊部出征江東。於是興平二年，西元一九三年，這個十九歲的孩子帶領了千餘人的部隊離開了袁術的壽春大本營，開始了他的江東驚奇之旅。短短五年之間，他和他的夥伴們橫掃了揚州一半的州郡，盧江太守陸康、揚州刺史劉繇、吳郡太守許貢、會稽太守王朗，以及江東一眾渠帥豪帥如嚴白虎等，全都拜倒在這孩子的腳下，建安四年，西元一九九年時，二十四歲的孫策已完全控制了丹陽、吳郡與會稽三個郡，領會稽太守、明漢將軍，封吳侯，成為名副其實的江東小霸王。

然而在孫策經略江東之時，他始終沒有忘記，在西邊，在江水的上游，有他的不共載天的殺父仇人，這江水載著便是沉重的國仇家恨，日日提醒他要報仇雪恨。因此當孫策大致上穩定了東方三郡，又得到袁術病死的消息時，他的第一個反應便是點齊兵將，逆江西上，找黃祖算算那筆未清的帳。

孫策這趟西征的陣容極為浩大，或許是為父親復仇的關係，孫堅的舊部程普、黃蓋、韓當、呂範都在陣中，孫策的換帖周瑜也隨軍，還有一些新班底如蔣欽、周泰、董襲、陳武等，另外就是孫家子弟：孫策的堂兄弟孫賁和孫輔，以及剛滿十八歲的弟弟孫權。

這是黃祖與孫策第一次也是唯一一次交手，整場戰役可分為兩個階段。孫策並沒有直接往江夏而來，而是先處理了長江北岸的廬江郡，當時廬江太守是袁術的舊部劉勳，他收拾了袁術死後的勢力，在江淮間自成一霸。孫策也忌憚劉勳兵力強大，於是用了調虎離山之計，他寫信建議劉勳發兵去打位在江南上繚的一些宗賊，結果劉勳竟然便好傻好天真的信了孫策的「好意」，他率軍離開大本營皖城，南渡長江，去和那些宗賊周旋，孫策就趁這時候快速奪取了皖城，並命孫賁和孫輔率軍在長江渡口彭澤堵住劉勳退路。劉勳回軍路上被孫賁與孫輔擊敗，又聽聞皖城失守，只得退守廬江西面的沂縣，同時緊急向劉表與黃祖求援。

黃祖應該也清楚自己才是孫策西征的正主兒，基於境外決戰的策略，他馬上派他兒子黃射率領精銳水軍五千人前往支援劉勳，打算將孫策止於江夏之外。孫策一看有姓黃的來了，可不能假手他人，馬上親自率兵攻打，結果這場新一代孫家軍和黃家軍的交戰，黃射與劉勳聯軍慘敗，黃射帶來的五千人中有二千人被孫策俘虜，舟船被俘獲千餘艘，黃射運氣好逃走，劉勳則向北投靠曹操。

孫家軍在這先鋒戰取得勝利，士氣大振，隨即沿江直入江夏找黃祖算總帳。或許是為集中兵力，或許是誘敵深入，也或許是孫策兵鋒太銳，從柴桑以上包括鄂縣、樊口等據點都沒有戰事，孫策軍一下就深入江夏的核心沙羨。同時，大老闆劉表也感到孫策的威脅，特派遣姪子劉虎與將領韓晞率長矛隊三千人來當黃祖軍前鋒。建安四年十二月十一日清晨，孫策與黃祖兩軍便在夏口長江兩岸，展開水陸兩棲的決戰。

這一戰打得十分激烈，孫家軍水陸並進，箭陣、火攻全部用上，雙方殺得昏天暗地，日月無光，孫策的姑表兄弟徐琨還因此中箭身亡，不過結果倒是頗為簡單明瞭：孫策軍大勝。事後孫策給朝廷的報告表示此戰中，孫家軍斬首二萬餘級，黃祖軍溺斃者一萬餘人，俘獲船隻六千餘艘，財物山積，劉虎、韓晞都被殺，黃祖的妻子與子女七人被俘，不過黃祖卻給逃了。

如果孫策的報告數字屬實，那這場戰役規模搞不好不比赤壁之戰小，不過我想原則上這種戰報還是灌水可能性比較大。但無論如何，黃祖這戰可真是敗得狼狽了，獨自逃走，連老婆子女都被抓了過去，大概就是劉備在徐州或當陽的翻版。不過黃祖還有個硬的靠山劉表，這一敗雖慘，還動搖不了擁兵十餘萬的劉表根基，恰巧這時徐州的陳登煽動江東山越為亂，孫策退兵，劉表並沒因為敗戰而處罰黃祖，黃祖也就回到了江夏，繼續當他的太守。

孫策在隔年就因為遭到暗殺而去世。死訊傳來，正在重整江夏的黃祖應該是鬆了一口氣，同時露出一種世故的微笑，搖頭說：「年輕人就是年輕人……」

不過黃祖這口氣鬆得太早，既然是虎父虎兒，就不會有犬子，十九歲的碧眼兒孫權在孫家群臣的支持下接手了江東政權，他不見得比他的父親兄長兇猛，但他更冷靜、更沉著，而且懂得愛惜自己的性命，他活得比中國歷史上大部分的領導人都還久。

不陷堡壘：夏口城

黃祖在孫策退走之後，深刻反省這次慘敗的教訓，於是定下了新的策略：主動出擊。

孫權初接掌江東的時候，人心浮動不安，許多原本平服的山越宗賊又再度興兵作亂，連孫策任用的親信也對孫權的領導產生懷疑，這其中最嚴重的莫過於廬江太守李術的反叛，以及廬陵太守孫輔的通敵。當時孫家所有的重要的將領幾乎都在東方「周旋三郡，平討不服」，西線防守相對薄弱，黃祖父子首先幾次小股進犯，發現江東防衛果然薄弱，於是他們決定來賭一筆大的，由黃射率數千人，進攻柴桑。

黃射這一擊在時機和機動上都十分巧妙，可以說是正好打在江東的軟肋上，整個江東竟是完全無從反應，柴桑一地只有軍士不到二百人，由一位年輕的柴桑長徐盛負責防守。黃射以絕對優勢兵力攻擊，對這座要塞志在必得。

不過徐盛並不是簡單的人物，而黃家部隊也不是普通的部隊。徐盛在沒有其他支援的情況下，以二百人的兵力據守柴桑，和數千人的黃射軍打陣地戰，結果黃家軍久攻不克，還傷亡千餘人，徐盛索性打開城門主動出擊，結果荊州軍大敗。黃射又一次地展現黃家獨到的撤退本領，安然退回荊州，不過他也嚇破了膽，遂不敢再進犯江東。

孫權最終安定了江東局勢，殺李術、囚孫輔、並撫平了大部分的山越與宗賊的動亂。而他也沒有忘記江夏，父親的大仇未報，哥哥的遺志未申，於此同時，他的帳下來了一個高大肥壯、個性卻有點瘋瘋癲癲的年輕人，成天嚷著要他對黃祖用兵。

這個年輕人叫魯肅。

這一切起於一天晚上的一場對談，孫權和魯肅同坐在一張榻榻米上喝酒，孫權告訴魯肅：「現在漢室傾危，天下大亂，我想像齊桓公或晉文公那樣輔佐漢室，你說我該怎麼辦？」這「輔漢」的思想是孫堅所堅持，也是孫策起兵之初和張紘議定的方略，但魯肅此下卻語出驚人地說：「將軍之言差矣，以前高祖劉邦要尊奉楚義帝，結果差點被項羽所害，今天曹操就像項羽，挾持天子，你幹嘛還要當齊桓晉文？我認為當今局勢就十二個字：『漢室不可復興，曹操不可卒除』，咱們要做的就是鼎足江東，靜觀天下，然後先把北方忘記，傾全力剿除黃祖，進伐劉表，控制整個長江以南，自稱帝號來圖天下，這才是劉邦的志業！」

孫權那時才剛掌權，大師父張昭也是傳統的輔漢派，突然聽到魯肅這種大逆不道的話，心下八成很震撼。稱帝號？這豈不是要我當袁術？不過孫權也沒勃然大怒就把魯肅砍頭，他細細咀嚼了一陣，告訴魯肅：「我現在就先管好江東，盡力輔佐漢室，你的話我看我還做不到。」

雖說孫權當時可能還沒稱帝的打算，不過「剿除黃祖」是一定要做的。建安八年，西元二〇三年，孫權展開了他當權後第一場的江夏西征。

於此同時，黃祖這邊也來了個奇特的人物，這人年紀也四十開外了，是荊州人，但長期待在益州，年少時曾為官，但後來卻變成賊。聽說他以前混的時候是個超屌的大哥，手下全都插五彩鳥羽，帶鈴鐺，只要聽著鈴聲就知道是這人來了；他外出的時候，所有跟班小弟全都穿高檔的五彩織錦，走到哪裡「啪」到哪裡，別人繫船是用麻繩，他是用錦繡，要開船就直接把錦繡割斷。他這賊當得也很有個性，帶人到某一地方，先拜見當地父母官，要是官員對他熱情招待，他就將整個地方的人當自己人，要是有點輕慢，他就下令手下放手搶劫，把益州巴郡一帶搞得雞飛狗跳。他在江湖上走跳二十餘年後，突然決定退休，於是收拾起小弟，開始唸書，然後去荊州投靠劉表。不過雖然這位大哥已金盆洗手，該有的排場還是改不掉，他帶了八百個小弟去向劉表拜碼頭。他在劉表下頭待了一陣子，知道劉表不是成大事的料，打算去江東看看，不過當時黃祖在江夏，他帶那麼多人一下子過不去，索性就留在黃祖帳下。黃祖見著一個大漢帶了那麼多人馬來，也不敢怠慢，問道：「壯士高姓大名？」那大漢道：「好說，俺名叫甘寧，字興霸。」

黃祖大概打從一開始就沒很喜歡這個粗獷又凡事高調的漢子，因此給了他一些類似「壯士先休息一陣，我幫您看看，務必找到一個好位置，配得上您這樣的人才」之類的官腔，甘寧大喜，以為遇上了識貨的主子，於是便靜心等待職務分配，結果這一等就是三年，黃祖待甘寧也就是一般武人而已。

不過不平凡的人在亂世中總是會做出不平凡的事。建安八年孫權率軍來打黃祖，正是甘寧在黃祖帳下的第一戰。孫家軍同樣勢如破竹，直趨沙羨夏口，結果黃祖的水軍面對孫家軍一樣是抵擋不住，節節敗退，黃祖一見勢頭不對，馬上又施展他腳底抹油的絕招，乘船開溜，孫家軍的敢死隊在校尉凌操的帶領之下衝破敵軍防線，以輕舟緊追黃祖，眼看就要瓦解黃祖的江夏傳說，但這時甘寧挺身而出，一箭射倒凌操，殺散追兵，救了黃祖一命。而同時陸戰部分孫家軍並無法順利攻克夏口城，這時候江東又傳來山越反叛的消息，孫權只能咬牙看著夏口城上的「黃」字軍旗，扶著凌操的靈柩，含恨下令退軍。

這一廂黃祖快快樂樂地率兵回營，可能還開了個慶功宴慶祝敵軍撤退。但對於有救命之恩的甘寧，黃祖還是不把他當一回事，反而還偷偷分化他旗下的一些小弟，要瓦解這個大哥的影響力。這下甘寧可真忍無可忍了，他在都督蘇飛的協助之下，終於混得了一個邾縣長的位置，離開黃祖的直轄，他一方面繼續建立自己的私人部隊，另一方面也開始和江東暗通款曲。

話說回來，黃祖又被孫家的小鬼打了一把，心中大大不悅，他兒子前幾年打柴桑被打得大敗，不敢再進兵江東，黃祖這回決定自己動手，建安十一年，他派將軍鄧龍率軍數千人再進入柴桑，打算建立東征的灘頭堡。不過這回黃祖出兵的時機就錯了，就在那一年稍早，江東的中護軍周瑜才奉命討伐了鄱陽地區麻、保等地的宗賊，俘獲萬餘人，還兵屯駐於宮亭。鄧龍入侵柴桑，剛好落在周瑜的守備範圍之內，周瑜沒有多少廢話就將荊州軍擊敗，鄧龍就沒黃家的撤退本事，慘遭俘虜。黃祖還是從孫家身上討不到便宜。

過了一年，建安十二年，孫權又再一次地攻打黃祖，這回的戰況更加不明，三國志上只說孫權強制遷徙了部分江夏民眾。照樣看來，這一仗孫權似乎吃了悶虧，要不是黃祖堅壁清野，就是孫家軍久攻難下，才只能對平民百姓下手。夏口城仍矗立在江口，黃祖仍站在城牆上，臉面模糊，喜怒難辨。

然而黃祖若仍在慶功，那顯然是慶錯時候。這時擔任邾縣長的甘寧已趁這次孫權西征之便，率領手下人馬投入江東。他向孫權提出的第一個建議，就是找黃祖開刀。

甘寧當時得到周瑜和呂蒙的大力推薦，孫權也很喜歡他，待他和舊臣一樣，在某個議論的場合中，甘寧就直接了當地向孫權說：「我看這曹操遲早會篡位，咱們要做的，是先搶下荊州之地，劉表沒啥遠見，兒子又差，事業是傳不下去了，至尊您要早點規畫，否則會被曹操搶了頭香。我的看法是：先取黃祖，黃祖現在又老又番癲，公庫空虛，左右之人又搞些欺瞞、圖利的勾當，欺負基層軍官，基層怨恨，戰船或武器都荒廢，也沒有農耕，也沒有法度，總而言之就是一無是處，至尊打過去一定獲勝，打開對荊楚的門戶，形勢就明朗許多，還可以漸窺巴蜀之地。」

孫權對這話深表同意，但當時一旁的張昭卻不以為然，他潑冷水地說：「我們現在江東情勢還不穩，大舉進軍，一定會有亂事，難道你要負責？」以甘寧的個性自然不會吃「張昭是資深老臣」這套，他對張昭反嗆：「今天咱們老闆把國家交給你，把你當蕭何一樣，這後方之事本來就是你要想辦法，你只會在那邊瞎操心，還談什麼效法古人？」孫權哈哈大笑，舉酒對甘寧說：「老師……喔不，興霸，咱們今年就出兵，這戰事和這杯酒一樣，全都是你的了，你就給我好好打，要拿下黃祖老賊，還管張長史說什麼？」

就在前有魯肅，後有甘寧的大力支持下，建安十三年，春天，算總帳的時候到了。

魂斷夏口

這一戰西征，江東是精銳盡出，孫權打出王牌周瑜都督前部，另外由呂蒙、董襲、凌統三人為前鋒，魯肅、程普、周泰、甘寧、胡綜等人都隨軍征討，後方則留給張昭與呂範。

黃祖聽聞孫權又大舉來犯，趕緊整軍經武，他之前和孫權交手過兩次，深知孫家水軍的厲害，於是決定加強水上作戰，由都督陳就統領水軍一切事務。陳就決定以守為攻，他在漢水與長江交匯的沔口處設下強悍的防事：以兩艘蒙衝大艦扼守住河口，以棕櫚繩綁大石為錨，將大艦固定於河上，每艘船上各有千人，並囤積大量弩箭，形成水上堡壘。黃祖和陳就對此戰深具信心，大艦堅固、弓弩精良、利箭數十萬枝，便是孫家水軍再怎麼善戰，料也衝不破這鬼門關。

但黃祖和陳就沒算到，鬼門關是擋不住不要命的軍隊，偏偏孫家陣營中還多的是不要命的人。

第一個立功的人是凌統，他是之前於江夏戰死的凌操的兒子，他和他老爸一般都是軍中的亡命之徒，常常和手下幾十名家兵共乘一船四處偵搜，一跑就跑離大隊幾十里。在還沒與陳就主力正式交戰前，凌統小隊就在右江一帶碰上了黃祖的將領張碩，當場就斬了張碩，並虜獲其所有船隻人員，令江東軍士氣為之一振，持續往上游推進。不過當江東大軍來到沔口時，才真正見識到陳就水上堡壘的可怕，兩艘蒙衝大艦挾住河流狹窄處，上頭千餘名弓手，左右交互射擊，箭如雨下，一進入射程之內馬上成刺蝟，令江東水軍裹足不前。

這時敢死隊便出馬了。第二個出場不要命的傢伙是董襲，他是會稽人，算是孫策那一代的新血，他和凌統各自率百人敢死隊，人人都穿上兩件鎧甲，乘大舸船便往那滿天的箭雨中衝進去，荊州弓手雖善射，卻阻不住這兩百人的衝鋒，董襲的船硬衝到蒙衝之下，奮力地砍斷兩條繫船的棕櫚繩，失了錨的大艦被河水一沖便打橫，這不破的防守陣就破了。身為前鋒指揮的呂蒙趁勢率大軍前進，大破荊州水軍，一刀斬了陳就，凌統也不落人後，直接進攻夏口城，並率先登城。黃祖本還在城上督戰，一見到蒙衝陣被破就知道不妙，不久又聽得城牆下殺聲震天，一個滿臉殺氣、全身血污的年輕人銜著刀就往城上爬來，他只嚇得心膽俱裂，隨即命令開城門，備馬，施展他的落跑大絕。

但這回黃祖並沒有那麼好運了。他還沒跑離夏口多遠，孫家的騎兵追了上來，一名名叫馮則的騎士大刀一揮，便砍下了這位坐鎮江夏十餘年的郡守的腦袋。

不死的黃祖終究殞命，而不陷的夏口城終於被攻破，見到馮則提著黃祖的人頭回來，孫權的興奮自是無可形容，他讓史官記下馮則的姓名，然後將那首級放進早早就準備好的匣子裡，這是要帶回江東，奠祭父親和哥哥和無數江東英靈的。孫權一方面大力賞賜戰功最大的凌統、董襲與呂蒙三人，另一方面，為一洩十幾年來的悶氣，他下令屠城，將江夏男女數萬名百姓擄回江東。

便這樣，孫權最終終結了黃祖在江夏近十五年的傳說，江東軍大破荊州軍，佔領夏口。

咦？不對，孫權並沒有佔領夏口，因為過沒多久，劉表的長子劉琦就聽從諸葛亮的計策，接任了江夏太守之位，並統率荊州兵萬餘人，進駐夏口。而孫權呢？他又率軍退守柴桑，只留下一個胡綜為鄂長，勉強將前線往前推進百里。之所以要撤退又是因為討厭的山越問題，丹陽郡南面的黟、歙等縣山越又再作亂，孫權命賀齊鎮壓，同時將大隊撤入柴桑，以備支援。

不過無論如何，我們的主角黃祖算是退出歷史舞台了，只留下他在夏口的傳奇，迴盪在天地之間。

後續

孫權終於擊潰江夏部隊，殺了宿敵黃祖，但他心下明白，他的父仇只報了一半，真正的仇人還在南郡，那個叫劉表的傢伙，只有將他的人頭一併取下，祭於吳郡的宗祠前，才能真正弔慰父親、哥哥與眾多東吳烈士的英魂。

然而當孫權在柴桑準備再興干戈時，荊州卻傳來了劉表的死訊，劉表壽終正寢，享年約莫也是六十餘歲。孫權接到這訊息，既感到遺憾，又感到憂慮，遺憾的是他無法手刃這老賊，為父報仇，憂慮的則是另一個姓劉的傢伙，那人叫劉備，目前屯駐於樊城，那傢伙是個天下聞名、不可捉摸的梟雄，若是和劉表那兩個不成材的兒子合作，恐怕會對孫家進軍荊州造成阻礙。

魯肅倒是自告奮勇要前去荊州弔喪，順便探明情況，孫權嘴上沒講，心裡大概會想：「我們家和劉荊州家是世仇你又不是不知道，人家家裡死人我們沒放炮慶祝就不錯了，還去弔喪？傻子都知道你是貓哭耗子，可能下回見著你就是在劉表的墓前，你咬了個果子和豬羊擺在一起了。」不過既然臣子不怕，主上也沒在怕的，於是他向魯肅拱手，道：「子敬小心，快去快回，good luck。」

然而魯肅前腳剛走，荊州又傳來了更驚人的消息：曹操來了！帶來的是數十萬在中原所向無敵的大軍，一班能征善戰的武將，以及算無遺策的智囊團。接管荊州的劉表次子劉琮早早就向曹操輸誠，劉備在當陽被曹操的虎豹騎打得慘敗，現在也不知是死是活。

孫權面對紛亂的情報，不禁有些慌亂，雖然之前甘寧和魯肅也提醒他要注意曹操，但他怎麼也沒想到竟會來得那麼快。曹操，是曹操，當朝丞相，中原之主，在這變數之下，究竟應該要怎麼盤算這一局棋？就在孫權手足無措的時候，魯肅回來了，他帶回來荊州最新、最正確的情報：除了江夏以外，荊北已盡入曹操之手，劉備退守江夏樊口，曹軍的騎兵與水師目前還在江陵，隨時會順江東下。隨著魯肅前來的還有一個年輕人，名叫諸葛亮，聽說是劉備新聘的軍師，他前來為孫權分析局勢，目的就是促成孫劉聯盟。

就在這當下，原本團結的孫家陣營似乎有些亂了，以張昭為首的一票北方寄寓之士，紛紛主張不可與朝廷對抗，應該迎曹軍，稱臣請降。魯肅則力主抗曹，還要孫權將當時在鄱陽的周瑜召回來，為他的抗曹策略背書。整個柴桑的小朝廷，一下變得亂哄哄的。

我想亂是正常的，江東群臣原本設定好的下一個對手是劉表，現在突然升級成曹操，魔王等級差異過大，不免一時令人不知所措。不過亂是亂，孫權和江東軍方的信心還是壓過一切。他們當然知道曹軍有多麼厲害，他們已聽聞過太多曹軍的傳奇，他們知道曹操怎麼在封丘把袁術打得大敗、怎麼在下邳絞殺呂布、怎麼在官渡以少勝多擊敗袁紹、怎麼在長阪把劉備打得潰不成軍。毫無疑問，曹軍一支勁旅，橫掃中原，所向無敵。

但他們也是。他們自從隨孫策渡江以來，十五年間轉戰江東六郡，大大小小千餘戰，未嘗一敗，從一支千人之旅，變成今天十萬大軍，要說奇蹟，要說熱血，這邊同樣多得說不完。江東諸將聚在虎帳中，環視著這一群並肩作戰多年的同僚，有壯有姿貌、英雋異才的周瑜，有相貌奇魁、好施奇計的魯肅，有身經百戰、經驗豐富的老將程普、黃蓋、韓當，有年輕有為、膽略過人的後進將領呂蒙、徐盛、賀齊、甘寧，還有一票不要命的人間兇器凌統、董襲、陳武、周泰、蔣欽、潘璋，而大帳外陳列的是十萬陣列井然、訓練有素的士兵，數千艘堅固先進的戰船，以及百萬石的米糧輜重。

這就是他們稱霸江東的本錢，也足以讓他們挑戰天下任何一支軍隊，即便是曹操，在孫家軍的傳統與榮光之前，也未必就是什麼不敗的神。

放馬過來吧，曹孟德，看看究竟是用誰家的血，祭這江水的神！

建安十三年，冬，赤壁之戰。（完）

後記

我必須要承認，我寫這篇黃祖的故事多少帶了一點對黃祖先生戲謔的味道在內，根據史書記載，他的敗戰資歷實在太可觀，很難讓我寫出什麼他英雄偉大的地方。不過我想要注意的是，歷史也是人記的，對於黃祖這樣的仇人，孫權要求抹去他的某些戰績是完全有可能的。畢竟以現實來講，黃祖每戰必敗，江夏卻沒失地，他也不會受到劉表懲處，這實在很難說得過去，我會以為可能孫家的確是勝戰，但可能就是小勝或慘勝，或是黃祖固守要塞，因此孫家即使得勝也難取得什麼戰果。要不然就是黃祖的背景真的硬到不行，劉表怎麼也不敢動他。

其次就是一些定年的問題可能不是很清楚，包括黃射攻柴桑與凌操被射死這兩個事件，三國志上並沒有清楚定在什麼時候，因此我也只是自行安插合理時點而已。

孫家歷經十餘年的拼鬥，終於掃平江東，並將一腳跨進荊州的地界，毫無疑問，這支軍隊在赤壁戰前是處於一種上升的狀態，直到擊敗另一支天下勁旅曹軍後達到頂巔。不過當然曹軍也是省油的燈，赤壁戰後雙方隊互相較勁，形成東方的膠著狀態。當然時又出現了另一位江夏戰神，不過這是後話，之後再談了。

參考書目

專書

陳壽撰，裴松之注，《三國志》，中華書局（一九六四）
常璩撰，劉琳校注，《華陽國志》，新文豐（台北，一九八八）
錢儀吉，《三國會要》，上海古籍（上海，一九九一）
司馬光撰，胡三省注，《資治通鑑》，中華書局（九龍，一九七一）
司馬光原作，柏楊譯，《柏陽版資治通鑑——黃巾民變、東漢瓦解、三國鼎立》，遠流（台北，一九八七）
萬繩楠，《魏晉南北朝史論稿》，雲龍（台北，二〇〇二）
呂思勉，《三國史話》，商務（香港，二〇〇九）
馬植杰，《三國史》，人民（北京，一九九四）
陳致平，《三國史話》，三民（台北，一九七三）
張儐生，《魏晉南北朝史》，幼獅（台北，一九七八）
王仲犖，《魏晉南北朝史》，漢京文化（台北縣，二〇〇四）

王蕊，《魏晉十六國青徐兗地區政局研究》，齊魯書社（濟南，二〇〇八）
易中天，《品三國》，三聯書店（香港，二〇〇六）
譚其驤主編，《中國歷史地圖集》，中國地圖（北京，二〇〇四）
陳文德，《曹操爭霸經營史》，遠流（台北，二〇〇三）
黎東方，《細說三國》，傳記（台北，一九七七）
劍眉枉凝，《劉備不是傳說》，麥田（台北，二〇一一）
張作耀，《劉備傳》，人民（北京，二〇〇四）
張作耀，《曹操傳》，台灣商務（台北，二〇〇四）
朱大渭、梁滿倉，《諸葛亮大傳》，麥田（台北，二〇〇九）
李則芬，《三國歷史論文集》，黎明（台北，一九八二）
顏清洋，《從關羽到關帝》，遠流（台北，二〇〇六）

專文

丁寶齋，《諸葛亮與漢末襄陽大姓》，漢江傳媒網http://www.hj.cn/html/Culture/Three/XGLYJ/ZGLZH/二〇〇6-9/3/069310434646417.html，（二〇〇六，二〇一一年六月最後瀏覽）
陳寅恪，《魏晉統治者的社會階級》，收錄於萬繩楠整理，《陳寅恪魏晉南北朝史講演錄》，貴州人民（貴陽，二〇〇七）

劉增貴，《漢代的益州士族》，收錄於黃寬重、劉增貴主編，《家族與社會》，中國大百科全書（北京，二〇〇五）

伍伯常，《方士大姓與外來勢力——論劉焉父子的權力基礎》，漢學研究第十九卷第二期（二〇〇一）

萬繩楠，《我國道教的產生與發展》，收錄於萬繩楠，《魏晉南北朝文化史》，昭明（台北，二〇〇〇）

洪武雄，《蜀漢的都督》，通識教育學報第八期，中國醫藥大學通識教育中心（二〇〇五）

網路資訊

漢籍電子文獻資料庫，中央研究院歷史語言研究所（二〇一一年六月最後瀏覽）

不詳，《東漢三國荊州襄陽郡、南陽郡知名人物》http://www.54nyr.com/read-54nyr-tid-134-ordertype-desc.html（二〇一一年六月最後瀏覽）

周郎，《漢末的最後一個諸侯——論劉季玉益州得失》，烽火三國論壇 http://chistory.org/cgi-bin/topic.cgi?forum=80&topic=20&changemode=1&show=250（二〇〇六，二〇一一年六月最後瀏覽）

不詳，《漢末的益州和劉備的益州攻略》，三國之家http://www.sgzj.com/info.asp?item=&id=96（二〇一一年六月最後瀏覽）

遼東管寧，《陶謙領徐州》，轉引自age317，《「討論」陶謙殺曹嵩？》，PTT BBS SAN板，

二〇〇五年八月二十七日

香港李飛，《曹丕三路伐吳》，軒轅論壇 http://wt.xycq.net/FORUM/viewthread.php?tid=二〇八570&highlight=（二〇一〇、二〇一一年六月最後瀏覽）

age317，《（袁紹—曹操—劉表）與（袁術—公孫瓚—陶謙）兩大聯盟鬥爭的細節》，PTT BBS SAN板，二〇〇五年十月三十一日（二〇一一年六月最後瀏覽）

age317，《呂布在徐州》，PTT BBS SAN板，二〇〇六年九月二十五日（二〇一一年六月最後瀏覽）

boman，《漢中爭奪戰與襄樊作戰》，PTT BBS SAN板，精華區，一九九九年一月三十日（二〇一一年六月最後瀏覽）

好書推薦

書　　名：滅蜀記
作　　者：李　柏
定　　價：280元

三國的最後一場戲，智謀、力量與野心的最後一場爭逐。

《本書簡介》

曹魏景元四年，八月，曹魏大將軍司馬昭誓師祭旗，十餘萬魏國大軍西出洛陽，兵鋒直指西南蜀漢，滅蜀之戰正式展開。

這並不是單純的一戰。鎮西將軍鍾會懷著不同的心思，率領主力大軍攻陷漢中陽安關，卻在劍閣一線遭遇蜀漢大將軍姜維，兩軍僵持難下。另一方面，征西將軍鄧艾卻懷著另一般的心思，大膽率軍穿過險峻的陰平道，直鍥入蜀中平原，當最後的抵抗在綿竹關前被瓦解時，蜀漢也走到了末路，鄧艾兵薄成都，後主劉禪出表請降，蜀漢亡。

然而，當戰功已錄，官爵已賞，所有人都以為天下大勢已定時，鍾會與鄧艾各自的野心，加上姜維的復國大計，才正要將蜀中帶進一場權謀風暴之中…

《滅蜀記》以三國末年魏滅蜀的史實為骨幹，以鄧艾、鍾會、姜維等人物之間交錯複雜的心機詭計為經緯，加上作者大膽的創意與改寫，將為你揭開三國末年最後一場智謀大戲的帷幕。

橫走波瀾：劉備傳 / 李柏著. -- 一版.-- 臺北市：
大地, 2012.08
面： 公分. --（History：49）

ISBN 978-986-6451-54-6（平裝）

1.（三國）劉備 2. 傳記

782.825 101014363

橫走波瀾 劉備傳

HISTORY 049

作者	李柏
創辦人	姚宜瑛
發行人	吳錫清
主編	陳玟玟
出版者	大地出版社
社址	114台北市內湖區瑞光路358巷38弄36號4樓之2
劃撥帳號	50031946（戶名 大地出版社有限公司）
電話	02-26277749
傳眞	02-26270895
E-mail	vastplai@ms45.hinet.net
網址	www.vastplain.com.tw
地圖繪製	陳怡卉
美術設計	普林特斯資訊股份有限公司
印刷者	普林特斯資訊股份有限公司
一版一刷	2012年8月

大地

定　　價：280元